Teologia sistemática

EDITORA
intersaberes

Teologia sistemática

Editora InterSaberes (Org.)

Dados Internacionais de Catalogação na Publicação (CIP)
(Câmara Brasileira do Livro, SP, Brasil)

Teologia sistemática/organização da Editora. Curitiba: InterSaberes, 2014.

Bibliografia.
ISBN 978-85-443-0040-4

1. Bíblia - Teologia 2. Teologia dogmática.

14-07660 CDD-230

Índice para catálogo sistemático:
1. Teologia sistemática: Cristianismo 230

EDITORA intersaberes

Rua Clara Vendramin, 58 ∞ Mossunguê
CEP 81200-170 ∞ Curitiba-PR ∞ Brasil ∞ Fone: (41) 2106-4170
www.intersaberes.com
editora@editoraintersaberes.com.br

Sumário

Parte 1

1

2

Parte 2

Parte 4

9

Parte 1

* Todas as passagens bíblicas indicadas neste capítulo são citações de Bíblia (2002).

Soteriologia:

doutrina da salvação*

Capítulo 1

A doutrina da salvação não é de fácil entendimento para muitas pessoas, sendo também considerada contraditória por outras. A confusão que existe sobre essa área de estudo é muito grande. Não temos a pretensão de defender um único caminho e tampouco de sermos os "donos da verdade" – apenas buscaremos fundamentos na Bíblia para discorrermos sobre um assunto tão elevado para o nosso entendimento.

Essa doutrina abrange as da justiça de Deus, da fé, da graça, da regeneração, da eleição, da conversão, da justificação e da santificação, entre outras. Também envolve a necessidade da pregação, do arrependimento e da fé, incluindo ainda as boas obras e a perseverança dos santos. A salvação não é uma doutrina fácil para o entendimento humano, pois se trata de uma atividade divina em que participam as três Pessoas da Trindade agindo sobre o homem. Por tratar da obra de Deus e que resulta no eterno bem do homem para a glória de Deus, somos incentivados a avançar neste assunto com temor e oração para entendê-lo na forma que é do agrado de Deus.

A doutrina da salvação é, ao mesmo tempo, simples e complexa. Por um lado, a maioria dos crentes pode dizer o vers. 16 do Capítulo 3 do Evangelho de São João de cor ou citar a resposta de Paulo ao carcereiro de Filipos sobre o que é necessário para a salvação (Atos, 16: 31). Por outro lado, quem explica como um Deus-homem totalmente santo poderia se tornar pecador e morrer em benefício de homens pecadores e rebeldes?

É extremamente importante entender corretamente a salvação. A Bíblia coloca um anátema (maldição) sobre qualquer pessoa (incluindo anjos e pregadores) que venha a ensinar um evangelho de salvação diferente daquele ensinado nas Escrituras (Gálatas, 1: 8). O que é, então, a verdadeira salvação? Como é oferecida? Como se pode obtê-la? Quais são seus benefícios e suas bênçãos?

A verdadeira salvação é aquela oferecida por Deus, pela morte sacrifical de Seu Filho Jesus Cristo. Não há outro meio pelo qual alguém possa ser salvo da condenação eterna e receber vida eterna (Atos, 4: 12).

Que Deus nos ajude, abrindo nosso entendimento espiritual ao adentrarmos nos Seus desígnios e propósitos revelados nas Santas Escrituras e gerando em nós a convicção verdadeira que, por fim, nos leve a um conhecimento pessoal e íntimo referente a Jesus Cristo, "autor e consumador de nossa fé" (Hebreus, 12: 2).

1.1 Definição de termos

O termo *soteriologia*[1] deriva de duas palavras gregas: *soteria* e *logos*. A primeira significa "salvação, livramento", e a segunda, "discurso, palavra ou doutrina". O conceito de salvação é bastante complexo, visto não estar necessariamente ligado a um significado especificamente cristão. O termo pode tomar o sentido de *emancipação política*, como ocorreu na União Soviética, quando diziam que Lênin era um "salvador", ou, ainda, o sentido de *liberdade humana*.

Assim, neste capítulo, estudaremos o plano de Deus para a salvação do homem na esfera espiritual. Deus previu tudo o que teria lugar na queda do homem e planejou exatamente a salvação necessária antes da fundação do mundo, conforme escreveu o apóstolo João: "[...]Adoraram-na, então, todos os habitantes da terra cujo nome não está escrito desde a fundação do mundo no livro da vida do Cordeiro imolado" (Apocalipse, 13: 8).

A salvação só tem significado quando o ser humano reconhece sua situação espiritual, ou seja, sua alienação de seu Criador. Para acabar com esse abismo que foi criado pelo primeiro pecado cometido no universo, o Senhor planejou e proveu um meio de fuga das ilusões e a condenação do pecado. Logo, a singularidade do cristianismo não se encontra no fato de que ele atribui importância à ideia de salvação, mas sim no fato de que o evangelho de Jesus Cristo se trata das "boas-novas" de salvação.

1 As palavras gregas e hebraicas constantes no texto têm sua transliteração e tradução baseadas em Strong (2002).

1.2 O propósito da salvação

Antes de falarmos do propósito da salvação, devemos entender quem necessita de salvação e por que necessita desta. A palavra de Deus nos diz que o homem, depois de pecar, se tornou um ser totalmente depravado, alienado da glória de Deus e destinado ao castigo eterno. Dessa forma, a raiz do problema espiritual do homem se encontra na sua própria natureza caída. Desde o nascimento até a morte, o homem se encontra em inimizade com seu Criador.

Não há homem algum que, por seu próprio mérito, consiga se salvar, uma vez que todos são inescusáveis diante de Deus, como escreveu o apóstolo Paulo: "Não há homem justo, não há um sequer" (Romanos, 3: 10). Por melhor que seja o ser humano, as Escrituras dizem que: "Todos nós éramos como pessoas impuras, e as nossas boas ações como um pano imundo. Murchamos todos como folhas que secam, as nossas transgressões nos levam como o vento" (Isaías, 64: 5).

Portanto, o propósito de Deus é salvar todos os homens, porém muitos não querem se submeter aos conselhos de Deus. Dessa forma, temos duas classes de pessoas: as que obedecem e as que não obedecem. A obediência é abençoada, pois ela glorifica a Deus (Romanos, 4: 20-21). A obediência desejada é entendida tanto antes do pecado (Gênesis, 2: 16-17) quanto depois (Deuteronômio, 10: 12-13). Pela obediência à Sua palavra, Deus é glorificado. Essa observação contínua é o dever de todo o homem (Eclesiastes, 12: 13).

A desobediência à Lei de Deus é pecado (I João, 3: 4; 5: 17) e provoca a separação eterna da presença de Deus (Gênesis,

2: 17; Romanos, 6: 23). O pecado é uma abominação tamanha justamente por não intentar dar glória ao único Deus (Números, 20: 12-13; 27: 14; Deuteronômio, 32: 51).

Desde o começo da Sua operação com os homens, Deus requer uma obediência explícita. Essa obediência desejada tem o fim de glorificá-Lo. A maldição no jardim do Éden (Gênesis, 3: 14-19; 3: 22-24) foi expressa em razão de o homem não colocar o desejo de Deus em primeiro lugar (Gênesis, 2: 17; 3: 6). A destruição da terra pela água nos dias de Noé (Gênesis, 6: 5-7) foi anunciada sobre todos os homens por estes servirem à carne e, por isso, não glorificarem a Deus (Mateus, 24: 38). A história bíblica mostra o povo de Deus sendo castigado, repetidas vezes – um castigo que perdura até hoje, por uma razão maior: adorar outros deuses (Jeremias, 44: 1-10). A condição natural do homem – a de não ter temor a Deus diante de seus olhos – é abominável diante de Deus (Romanos, 3: 18). A condenação final do homem ímpio será simplesmente em função de este não ter Deus nas suas cogitações (Salmo, 10: 4), desprezar toda a Sua repreensão (Provérbios, 1: 30) e por não se arrepender para dar glória a Deus (Apocalipse, 16: 9). Deus nunca dará a outro a glória que lhe é devida (Isaías, 42: 8). Ao Deus da glória (Atos, 7: 2) e ao Pai da glória (Efésios, 1: 17) é devida toda a glória para todo o sempre (Filipenses, 4: 20; I Timóteo, 1: 17).

1.2.1 O alcance da salvação

A salvação de Jesus é para todo mundo. Ele convida qualquer um que estiver espiritualmente sedento a aproximar-se e receber a salvação, conforme está escrito: "E o Espírito e a esposa dizem:

Vem! E quem ouve diga: Vem! Que o sedento venha, e quem o deseja receba gratuitamente água da vida" (Apocalipse, 22: 17).

A Bíblia é clara em nos dizer que o sacrifício perfeito de Jesus Cristo alcançou todos os habitantes da terra, como se pode observar em I João (2: 2): "E ele é a vítima de expiação pelos nossos pecados e não somente pelos nossos, mas também pelos de todo o mundo". Apesar de Jesus ter sido morto pelos pecados do mundo inteiro, nem todos aceitam o sacrifício vicário realizado na cruz. Desse modo, apesar de a salvação estar à disposição de toda a humanidade, de forma experimental ela se aplica exclusivamente àqueles que creem.

Foi pela descrença que o primeiro homem se afastou de Deus; portanto, é muito lógico que o retorno a Deus seja pela fé. Cristo abriu o reino de Deus para todos os crentes; o caminho para Deus está livre, e quem quer que queira poderá vir.

1.3 Consequências da morte de Cristo

A salvação é algo ligado à vida, morte e ressurreição de Jesus Cristo. Assim, várias foram as consequências que a morte de Cristo gerou. Abordaremos a seguir aquelas que entendemos serem as mais essenciais para este estudo.

1.3.1 A morte de Cristo foi uma substituição pelo pecado

Há muitas facetas no significado da morte de Cristo, mas a principal – sem a qual as demais não teriam qualquer significado eterno – é a substituição. Isso significa simplesmente que Cristo morreu no lugar dos pecadores. O uso da preposição grega *anti* claramente ensina isso, pois significa "em lugar de". Essa preposição é usada numa passagem que oferece a interpretação do próprio Senhor Jesus Cristo sobre a Sua morte: "Desse modo, o Filho do Homem não veio para ser servido, mas para servir e para dar a sua vida em resgate de muitos" (Mateus, 20: 28; Marcos, 10: 45).

Sua morte, disse Ele, seria um pagamento em lugar de muitos. Outra preposição grega, *huper*, é usada também no Novo Testamento e tem dois significados: às vezes significa "em benefício de" e, em outros momentos, "em lugar de". É claro que a morte de Cristo foi ao mesmo tempo em nosso lugar e em nosso benefício, e não há razão pela qual o termo *huper* não possa incluir ambas as ideias ao ser usado em relação ao assunto (veja, por exemplo, II Coríntios, 5: 21, e I Pedro, 3: 18).

A expiação de Cristo é o cerne do cristianismo; é a marca distintiva da religião cristã. Assim, podemos dizer que o cristianismo é exclusivamente uma religião de redenção.

1.3.2 A morte de Cristo ofereceu a redenção do pecado

A doutrina da redenção é edificada sobre três significados para a palavra *redenção* no Novo Testamento. O primeiro significado – redimir – é uma palavra simples que, segundo Houaiss, Villar e Franco (2001, p. 638), refere-se a *remir*, que significa: "3 compensar, ressarcir (perda, dano etc.). 4 reparar, expiar (falta, crime etc.) 5 livrar (algo) de ônus, pagando". É usada, por exemplo, com um sentido cotidiano, comum, na parábola do tesouro escondido num campo, que motivou o homem a comprar (redimir) o campo (Mateus, 13: 44). Em relação à nossa salvação, a palavra significa "pagar o preço que nosso pecado exigiu para que pudéssemos ser redimidos".

O segundo significado – comprar – é da mesma raiz da primeira palavra mencionada, prefixada por uma preposição que intensifica o seu sentido. Em português, de acordo com Houaiss, Villar e Franco (2001, p. 174), a palavra ganha o sentido de "adquirir, pagando. [...] conseguir com muito esforço". Assim, a ideia dessa segunda palavra é que a morte de Cristo, além de pagar o preço do pecado, retirou-nos do mercado de escravos do pecado, para nos dar plena certeza de que jamais seremos novamente submetidos à escravidão e às penas do pecado.

O terceiro significado para *redenção* é totalmente diferente dos dois primeiros. Seu sentido básico é "soltar", e isso significa que a pessoa resgatada é libertada no sentido mais completo da palavra. O meio pelo qual essa libertação é obtida é a substituição realizada por Cristo; sua base é o sangue de Cristo (Hebreus, 9: 12); o seu resultado é a purificação de um povo zeloso de boas obras (Tito, 2: 14). Assim, a doutrina da redenção significa que, devido ao derramamento do sangue de Cristo, os crentes foram comprados, libertos da escravidão e postos em plena liberdade.

1.3.3 A morte de Cristo efetuou a reconciliação

Um dos significados da palavra *reconciliar*, segundo Houaiss, Villar e Franco (2001, p. 636), é "estabelecer a paz, a harmonia entre; consagrar". A reconciliação efetuada pela morte de Cristo significa que o estado de alienação em relação a Deus em que o homem vive foi mudado, de modo que ele agora pode ser reconciliado com Deus, como escreveu o apóstolo Paulo: "Pois era Deus que em Cristo reconciliava o mundo consigo, não imputando aos homens as suas faltas e colocando em nós a palavra da reconciliação" (II Coríntios, 5: 19). Quando o homem crê, seu antigo estado de alienação é mudado e ele se torna membro da família de Deus.

1.3.4 A morte de Cristo oferece a propiciação

Propiciar significa "apaziguar; satisfazer; tornar propício; favorável". Esse significado naturalmente levanta a seguinte questão: Por que a divindade precisa ser apaziguada? A resposta bíblica a essa pergunta é simplesmente que o verdadeiro Deus está irado com a humanidade em razão de seu pecado. O tema da ira de Deus aparece frequentemente na Bíblia. Ira não é apenas o desdobramento impessoal e inevitável da lei da causa e efeito, mas é também a intervenção pessoal de Deus na vida da humanidade (Romanos, 1: 18; Efésios, 5: 6).

A morte de Cristo propiciou a Deus, extinguindo Sua ira e permitindo que Ele recebesse em Sua família aqueles que colocam sua fé naquele que O satisfez, a saber, Jesus Cristo. A extensão da obra propiciatória de Cristo é Universal, e a base da propiciação é o Seu sangue derramado (Romanos, 3: 25).

Pelo fato de Cristo ter morrido pelo pecado, Deus está satisfeito. Portanto, não devemos nem precisamos pedir a alguém que faça alguma coisa para satisfazê-Lo. Isso significaria tentar apaziguar alguém que já está apaziguado, algo totalmente desnecessário. Antes da cruz, o indivíduo não podia ter certeza de que Deus ficaria satisfeito com a oferta que Lhe trouxera. É por isso que o publicano orou: "Ó Deus, tem misericórdia de mim, pecador!" (Lucas, 18: 13). Hoje, tal oração seria desnecessária, pois Deus já foi propiciado pela morte de Seu Filho Jesus Cristo. Por isso, nossa mensagem aos homens hoje não deveria de modo algum sugerir-lhes que podem agradar ou satisfazer a Deus praticando alguma ação, mas que podem ficar satisfeitos e descansados com o sacrifício de Cristo, que satisfez completamente a ira de Deus.

1.3.5 A morte de Cristo julgou a natureza pecaminosa

A morte de Cristo nos trouxe outro benefício importantíssimo ao tornar inoperante o poder dominador de nossa natureza pecaminosa, como disse o apóstolo Paulo em Romanos (6: 1-7):

> *Que diremos, então? Que devemos permanecer no pecado a fim de que a graça atinja sua plenitude? De modo algum! Nós, que morremos para o pecado, como haveríamos de viver ainda nele? Ou não sabeis que todos os que fomos batizados em Cristo Jesus, é na sua morte que fomos batizados? Portanto pelo batismo nós fomos sepultados com ele na morte para que, como Cristo foi ressuscitado dentre os mortos pela glória do Pai, assim também nós vivamos vida nova. Porque se nos tornamos uma coisa só com ele por uma morte semelhante à sua, seremos uma coisa só com ele também por uma ressurreição semelhante à sua, sabendo que nosso velho homem foi crucificado com ele para que fosse destruído este corpo de pecado, e assim não sirvamos mais ao pecado. Com efeito, quem morreu, ficou livre do pecado.*

Embora esse conceito não seja fácil de entender, Paulo diz que nossa união com Cristo pelo batismo envolve participar de sua morte, de modo que estamos mortos para o pecado. A ideia de morte, tão proeminente nessa passagem, não significa extinguir ou cessar, mas, como sempre na Bíblia, separar, afastar.

A crucificação do cristão com Cristo significa a separação do domínio do pecado sobre sua vida. A pergunta "Devemos permanecer no pecado [...]?" é respondida com um enfático "não", com base em nossa morte com Cristo. Isso "destruiu" o corpo do pecado. "Destruir" não significa "aniquilar", pois, se o fizesse, a natureza pecaminosa seria erradicada, um fato que nossa experiência dificilmente comprovaria! Significa, isto sim, tornar ineficaz a natureza pecaminosa. O cristão está livre, portanto, para viver uma vida agradável a Deus. Embora ainda seja possível ouvir e seguir as sugestões do pecado, nunca será possível ao pecado reconquistar o domínio e o controle que possuía antes da conversão.

1.3.6 A morte de Cristo oferece a base para a purificação do pecado do crente

O sangue (a morte) de Cristo é a base de nossa purificação cotidiana do pecado, como disse o apóstolo João: "Mas se caminhamos na luz como ele está na luz, estamos em comunhão uns com os outros, e o sangue de Jesus, seu Filho, nos purifica de todo pecado" (I João, 1: 7). Significa que o sacrifício definitivo de nosso Senhor oferece purificação constante ao crente quando pecar. Nossa posição de membros da família de Deus é mantida por Sua morte; nossa comunhão familiar é restaurada pela confissão do pecado.

1.4 Elementos da salvação

O homem é primária e essencialmente um pecador, não devido ao que faz, mas em razão do que é. Sendo assim, por mais alto que seja seu padrão de moralidade, ele jamais conseguiria obter o favor de Deus. O homem, por natureza, está alienado à vida de Deus e sua primeira necessidade é de ser reconciliado com Ele. Para que isso ocorra, somente Deus, por meio de elementos constitutivos de Seu ser, pode realizar tal feito. E foi o que aconteceu! Nos itens a seguir, indicamos alguns desses elementos característicos que nos garantem a certeza e a segurança de nossa salvação.

1.4.1 O amor de Deus

Uma das principais causas da nossa salvação é o amor de Deus, conforme indicou João: "Pois Deus amou tanto o mundo, que entregou o seu Filho único, para que todo o que nele crê não pereça, mas tenha vida eterna" (João, 3: 16).

Esse amor exclusivo de Deus faz com que os pecadores aceitem seu plano de salvação.

O homem salvo deve sempre combater os desejos da carne e mortificar seu corpo, buscando sempre a perfeição, assim como ensinou Jesus: "Portanto, deveis ser perfeitos como o vosso Pai celeste é perfeito" (Mateus, 5: 48). Não é nada fácil, pois o pecado que habita na "carne" age contra o novo homem, aquele homem espiritual que tem prazer na Lei de Deus, que nasceu de novo por meio do Espírito Santo.

Foi por meio desse amor incondicional que Deus planejou a salvação, dessa forma, Seu amor é instrumental na preservação dos salvos até o fim, pois não há possibilidade de existir nada mais poderoso do que esse amor. Somos vencedores por Aquele que nos amou!

Devemos lembrar que o amor de Deus é eterno e invariável, como é todo Seu ser. Sendo eterno, não tem começo nem fim! Nessa verdade podemos entender que o amor de Deus é um meio que Ele usa para garantir e efetuar a preservação de Seus filhos. O amor de Deus pode ser manifesto em um grau menor por determinado período e é revelado em outras ocasiões, mas isso não quer dizer que a natureza do próprio amor ou a sua perpetuidade são diminuídas. Esse amor continua eterno apesar das fraquezas dos salvos. Nisso entendemos que o amor de Deus é um meio pelo qual o cristão é provocado a perseverar até o fim e pelo qual ele é preservado na fé.

1.4.2 A graça de Deus

Graça é uma palavra usada no Novo Testamento para traduzir a palavra grega *charis,* que significa "favor sem recompensa". De acordo com Houaiss, Villar e Franco (2001, p. 380), o termo *graça* também indica dádiva ou favor; ou seja, misericórdia, tolerância relacionada ao amor de Deus para com o ser humano. Graça também conota o ato de não se fazer o mal para um ofensor e a disposição para perdoar uma ofensa.

Portanto, a graça é o favor divino manifestado a quem não merece. Com essa palavra, os escritores inspirados demonstram que ninguém é merecedor do favor divino, que, pelo pecado herdado de Adão, todos, sem exceção, são merecedores de condenação. No entanto, Deus não nos retribuiu conforme nossos merecimentos, mas nos trata de forma oposta, conforme disse o apóstolo Paulo: "apagou, em detrimento das ordens legais, o título de dívida que existia contra nós; e o suprimiu, pregando-o na cruz" (Colossenses, 2: 14).

O apóstolo Paulo, ao escrever à Igreja que se encontrava em Roma, disse: "sendo que todos pecaram e todos estão privados da glória de Deus" (Romanos, 3: 23). Esse é o resultado do pecado que entrou na humanidade por intermédio de Adão. O vers. 24 do mesmo capítulo, porém, revela que somos livrados dessa situação mediante a graça: "e são justificados gratuitamente, por sua graça, em virtude da redenção realizada em Cristo Jesus". Fomos criados à imagem e semelhança de Deus a fim de manifestarmos Sua glória, mas, por causa do pecado, nos tornamos carentes dessa glória e incapazes de manifestarmos Deus.

Mas Deus não muda Sua vontade. Em Seu desígnio eterno, Ele havia determinado que a redenção do homem fosse realizada por meio do Cordeiro de Deus. O homem que se encontra sob a graça de Deus é um homem que tem sido absolvido da pena e do poder do pecado, um vencedor do mal em todas as suas formas. É um homem cujo presente e cujo futuro estão sob o poder e a direção do Espírito Santo de Deus. É um homem que tem passado da morte para a vida, da potestade das trevas para o reino do Filho do Seu amor, deste século para o século vindouro.

O apóstolo Paulo caracteriza a condição do homem que se encontra "sob a graça" com as seguintes palavras: "Portanto, não existe mais condenação para aqueles que estão em Cristo Jesus" (Romanos, 8: 1). Depois de liberto do poder do pecado, Deus nos concede a oportunidade de sermos repletos de dons da graça, porém nos adverte para que não recebamos em vão a graça vinda Dele: "Visto que somos colaboradores com ele, exortamo-vos ainda a que não recebais a graça de Deus em vão" (II Coríntios, 6: 1).

1.4.3 A imutabilidade de Deus

Segundo Gardner (2008):

> *A imutabilidade de Deus é intimamente ligada aos seus outros atributos [pessoais]. A sua perfeição e eternidade faz com que a imutabilidade seja tanto uma necessidade quanto uma realidade. Se Deus é perfeito, ele não pode mudar para melhor. Se Deus é eternamente perfeito, é certo que não pode mudar para o pior. [...] Não somente o Ser de Deus não muda como também não muda o Seu decreto*

("Passarão o céu e a terra. Minhas palavras, porém não passarão" [Mateus, 13: 31]).

Aplicando essa perfeição de Deus à salvação faz a doutrina da salvação ter valor e conforto. Deus não só planejou em salvar o pecador arrependido, mas também é firme e constante neste propósito. [...] Este plano é reforçado pelo fato que nem o desejo nem o poder de Deus podem mudar. Deus sempre terá o Seu amor para com os Seus e o Seu poder será sempre exercitado para o eterno bem deles. O homem muda os seus valores, o seu amor enfraquece, a sua fidelidade falha. Todavia, Deus não muda. Por causa da Sua imutabilidade, Deus não muda o Seu amor e plano para com os Seus, mesmo que os objetos (os salvos) do seu amor falham [sic].

1.4.4 As promessas de Deus

As promessas de Deus são asseguradas pela verdade e firmeza de Seu caráter. A verdade e a firmeza andam juntas nas Escrituras, assim como afirmou o profeta Isaías: "Iahweh, tu és o meu Deus, exaltar-te-ei, louvarei o teu nome, porque tu realizaste os teus desígnios maravilhosos de outrora, com toda a fidelidade" (Isaías, 25: 1). Quando Deus promete algo, Sua verdade gera a confiança de que essa promessa será cumprida: "Ele podia cumprir o que prometeu" (Romanos, 4: 20-21).

As promessas de Deus são reveladas a nós pela palavra de Deus para que todo cristão saiba das suas responsabilidades para com a sua perseverança. Também elas são o meio de sabermos que a preservação divina não falhará. Essas promessas são tidas como "grandíssimas e preciosas", pelas quais somos feitos participantes da natureza divina (II Pedro, 1: 4).

A Bíblia, além de ser um livro profético por natureza, é também o livro das promessas. Nela encontramos Deus e o homem prometendo. Portanto, podemos dizer que não faltam promessas nas Escrituras, desde o livro de Gênesis até o Apocalipse.

Dessa forma, o importante não é a promessa, mas sim quem prometeu. Conhecer a Deus é a necessidade de todo obreiro, pois aquele que prometeu é fiel para cumprir seu desígnio, como escreveu o autor aos hebreus: "Sem esmorecer, continuemos a afirmar a nossa esperança, porque é fiel quem fez a promessa" (Hebreus, 10: 23).

O cristianismo só existe hoje porque Deus cumpriu Suas promessas, na vida de Seus servos que creram nelas. Da mesma forma, elas nos animam a obedecer a Ele, sabendo de antemão dos efeitos de tal postura na vida espiritual, dando tanto segurança e paz no presente quanto esperança em relação ao futuro, pois Aquele que prometeu disse:

> *Como a chuva e a neve descem do céu e para lá não voltam, sem terem regado a terra, tornando-a fecunda e fazendo-a germinar, dando semente ao semeador e pão ao que come, tal ocorre com a palavra que sai da minha boca: ela não torna a mim sem fruto; antes, ela cumpre a minha vontade e assegura o êxito da missão para a qual a enviei.* (Isaías, 55: 10-11)

As Escrituras Sagradas são nosso porto seguro, pois constantemente nos relembram de que Deus sustentou e continua sustentando Seu povo com muitas promessas encorajadoras, em meio às situações mais difíceis, por meio de Sua graça.

A observância das promessas de Deus encherá nosso coração com o vigor renovado pelas maravilhas do Deus que promete e cumpre, aquecendo-nos com a determinação de refletir a glória de Deus, expandir Seu Reino e consolar todos os que se encontram necessitados de uma palavra de ânimo, coragem e consolo.

1.5 O lado humano da salvação

O conceito de *salvação* se baseia na raiz hebraica *shuwb* (retornar, virar), que implica um movimento em determinada direção, e nas palavras gregas do Novo Testamento *strepho* (virar, girar) e *epistrepho* (voltar-se, virar-se em direção a), ou seja, o ser humano abandonando o pecado e se voltando para Deus. A conversão então é a mudança de direção da alma, do pecado para Deus.

A salvação é obra de Deus em favor do homem, e não o contrário. Portanto, o ser humano é totalmente incapaz de agradar a Deus, pois carrega sobre si a sentença de "morte espiritual". Por esse motivo, Deus tomou a iniciativa de prover a salvação independentemente dos méritos e das possibilidades do homem. Mesmo diante de tamanha precisão em tal projeto, há uma coisa que Deus não faz no que diz respeito à salvação do homem: não o obriga a aceitá-la – ele precisa tomar essa decisão por si mesmo. Quando o homem aceita o plano redentor de Cristo, automaticamente ocorrem algumas mudanças no mundo espiritual. São essas alterações que passaremos a analisar nos itens a seguir.

1.5.1 Conversão

A palavra *conversão* tem o sentido de "transformação de uma coisa em outra" (Houaiss; Villar; Franco, 2001, p. 190). De acordo com as Escrituras Sagradas, *conversão* é o ato de o pecador se voltar de sua vida pecaminosa para Jesus Cristo, tanto para obter perdão dos pecados quanto para se ver livre deles, conforme Atos (15: 3; 20: 21) e Marcos (1: 4).

Podemos definir *conversão* da seguinte maneira: é nossa resposta espontânea ao chamado do Evangelho de Jesus Cristo, pela qual voluntária e sinceramente nos arrependemos dos nossos pecados e colocamos a confiança em Cristo para receber a salvação.

Não basta conhecer os fatos e **aprová-los** ou **concordar** que eles são verdadeiros. Nicodemos sabia que Jesus tinha vindo de Deus, porque disse: "À noite ele veio encontrar Jesus e lhe disse: 'Rabi, sabemos que vens da parte de Deus como um mestre, pois ninguém pode fazer os sinais que fazes, se Deus não estiver com ele'" (João, 3: 2). Ele havia avaliado os fatos da situação, incluindo os ensinos de Jesus e seus milagres notáveis, e chegado a uma conclusão correta com base neles: Jesus era um mestre vindo de Deus. Mas isso somente não significa que Nicodemos tinha fé salvífica, porque ele ainda tinha de depositar sua confiança em Cristo para receber a salvação; ele ainda tinha de crer Nele.

A verdadeira conversão envolve pelo menos dois atos da parte do pecador:

1. Despojar o velho homem, conforme escreveu o apóstolo Paulo: "remover o vosso modo de vida anterior – o homem velho, que se corrompe ao sabor das concupiscências enganosas – e a renovar-vos pela transformação espiritual da vossa mente e revestir-vos do Homem Novo, criado segundo Deus, na justiça e santidade da verdade" (Efésios, 4: 22-24).
2. Crer em Jesus, entregando-se a Ele e abraçando a vida eterna (João, 3: 15).

1.5.2 Arrependimento

O arrependimento é uma mudança de pensamento sobre o pecado, por isso está intimamente relacionado à conversão, visto que voltar-se do pecado para Deus é parte do arrependimento.

Duas palavras hebraicas são usadas no Antigo Testamento para apontar o arrependimento: *naham*, que significa "rosnado, rugido, suspiro de ira", passa a significar "ansiar, suspirar ou gemer", e, por fim, tomou o sentido de "lamentar, sofrer, lamentar amargamente, arrepender-se" (Jó, 42: 6; Jeremias, 8: 6). O tipo de arrependimento que Deus deseja do pecador é mais comumente expresso pela palavra *shuwb*, da qual já demos o significado anteriormente. No Novo Testamento, a palavra grega *metanoia* (mudança de mente, arrependimento) é empregada 23 vezes, enquanto *metanoeo* (mudar de ideia ou propósito) é usada 34 vezes. Dessa forma, o conceito de arrependimento do Antigo Testamento era de lamentação, sofrimento, amargo arrependimento de uma ação pecaminosa, abandono dessa prática e retorno a Deus, em cumprimento à Sua vontade. O conceito do Novo Testamento enfatiza a mudança do pecado para uma nova vida.

O arrependimento é parte essencial do evangelho, tendo sido a mensagem de João Batista (Mateus, 3: 2), de Jesus (Mateus, 4: 17), de Pedro (Atos, 3: 19) e de Paulo (Atos, 17: 30) ao mundo como parte primária dessa doutrina (Lucas, 24: 46-48).

1.5.3 Fé salvadora

A palavra *fé*, do hebraico *emunah* (firmeza, estabilidade) dá a ideia de confiança absoluta em alguém ou em algo (Houaiss; Villar; Franco, 2001, p. 342). Dessa forma, acreditar é estar certo sobre algo, é ter certeza, convicção. Em grego, essa palavra ganha o significado de "persuasão, convicção firme, baseado no ouvir".

A fé bíblica, portanto, é a crença na veracidade de uma pessoa – nesse caso, Deus. Por meio da fé, o relacionamento do homem com Deus, que estava rompido devido ao pecado, é reatado, passando ele a desfrutar da paz. A fé não é uma emoção que passa de uma pessoa para outra, mas uma convicção gerada pela presença do Espírito Santo na vida do fiel que reconheceu seu estado de alienação.

1.5.4 Regeneração

Na obra de regeneração, não desempenhamos papel algum, pois se trata de um ato sobrenatural e instantâneo em que Deus concede vida espiritual ao pecador que aceitou Cristo como seu único e suficiente salvador. Portanto, é uma obra exclusivamente de Deus. Vemos isso, por exemplo, quando João fala a respeito daqueles a quem Cristo deu poder de se tornarem filhos de Deus – "ele, que não foi gerado nem do sangue, nem de uma vontade da carne, nem de uma vontade do homem, mas de Deus" (João, 1: 13). Nesse trecho, João especifica que os filhos de Deus são os que nasceram de Deus e que a nossa vontade humana ("vontade do homem") não realiza esse tipo de nascimento.

Por meio da regeneração, a natureza divina passa a habitar na vida do fiel, por meio da presença do Espírito Santo. Sem esse ato sobrenatural, o pecador arrependido jamais poderia entrar em relacionamento com Deus, visto que ainda permaneceria na sua natureza pecaminosa contrária à vontade Dele.

Desse modo, todos necessitam "nascer de novo", por ao menos três razões:

1. **Para entrar no reino de Deus** – "A isto, respondeu Jesus: 'Em verdade, em verdade te digo que, se alguém não nascer do alto não pode ver o reino de Deus'" (João, 3: 3).
2. **Para resistir ao pecado** – "Sabemos que todo aquele que nasceu de Deus não peca" (I João, 5: 18).
3. **Para uma vida de retidão** – "Se sabeis que ele é justo, reconhecei que todo aquele que pratica a justiça nasceu dele" (I João, 2: 29).

Por meio do profeta Jeremias, Deus demonstrou que todos os seres humanos, por melhor que sejam, precisam de mudança de vida, ao dizer: "Pode o etíope mudar a sua pele? Um leopardo as suas pintas? Podeis vós também fazer o bem, vós que estais acostumados ao mal?" (Jeremias, 13: 23). Da mesma maneira, o homem é incapaz de mudar para melhor sua natureza pecaminosa. Por maior que seja seu esforço, jamais conseguirá atingir os padrões exigidos pela justiça de Deus. Somente Ele poderia fazer esse milagre em nosso favor, e foi o que aconteceu quando enviou Seu Filho para morrer pelos homens.

1.6 Benefícios da salvação

A salvação operada por meio de nosso Senhor Jesus Cristo confere privilégios sem medida ao homem regenerado, que passa a ser visto por Deus de outra maneira. Tais privilégios são a justificação, a adoção e a santificação, os quais são explicados nos itens a seguir.

1.6.1 Justificação

Nas seções anteriores, consideramos o chamado do **Evangelho** (pelo qual Deus nos chama a confiar em Cristo quanto à salvação), a **regeneração** (pela qual Deus nos concede nova vida espiritual) e a **conversão** (pela qual respondemos ao chamado do evangelho com arrependimento pelos pecados e fé em Cristo para a salvação).

A justificação está relacionada à posição do arrependido diante de Deus. O ser humano é um transgressor da Lei de Deus, de acordo com o que indicou o apóstolo Paulo: "como está escrito: Não há homem justo, nem há um sequer" (Romanos, 3: 10). Como já indicamos, por meio da regeneração, o homem recebe uma **nova vida** e uma nova natureza; já na justificação, ele é colocado em uma **nova posição**.

Entende-se por *justificação* o ato pelo qual o pecador comparece diante do tribunal de Deus para receber a sentença de condenação devido aos seus delitos. Entretanto, ao ser pronunciada a sentença, ele é judicialmente absolvido das acusações que lhe pesavam, sendo declarado justo.

Portanto, podemos dizer que a justificação é o ato pelo qual Deus declara posicionalmente justo aquele que se achega a Ele por meio da fé em Jesus Cristo.

1.6.2 Adoção

Na **regeneração**, Deus concede ao pecador arrependido uma nova vida espiritual interior. Na **justificação**, dá-lhe o direito legal de estar diante Dele. Na **adoção**, Deus torna o pecador membro de Sua família por meio de Jesus Cristo. Portanto, a adoção é o ato gracioso de Deus, pelo qual o novo convertido é declarado filho de Deus.

O apóstolo João menciona a adoção no começo do seu evangelho, quando declara: "Mas a todos que o receberam deu o poder de se tornarem filhos de Deus: aos que creem em seu nome" (João, 1: 12). Em contraste com essa afirmação, aqueles que não creem em Cristo não são filhos de Deus nem adotados na Sua família, mas são "filhos da ira" (Efésios, 2: 3) e "filhos da desobediência" (Efésios, 2: 2; 5: 6).

As Escrituras Sagradas declaram que muitos são os benefícios ou privilégios que acompanham a adoção, dos quais citamos os seguintes:

- **Filiação** – Um dos grandes privilégios que a adoção proporciona é nos tornarmos filhos de Deus e, consequentemente, termos a possibilidade de falar com Ele como um Pai bom e amoroso. De acordo com Duewel (1999, p. 179), "A adoção era uma providência legal antiga que se tornou comum entre os romanos e gregos, mas permanecia relativamente desconhecida entre os judeus. [...] O termo adoção não é encontrado no Antigo Testamento ou na linguagem hebraica".

Jesus revolucionou quando ensinou Seus discípulos a se relacionarem com Deus dizendo: "Pai nosso, que estás nos céus" (Mateus, 6: 9). Com isso, recebemos os privilégios, as bênçãos e os deveres familiares.

∞ **Irmandade com Cristo** – Jesus, ao se referir a Seus discípulos, chamou-os de *irmãos* e *irmãs*: "porque aquele que fizer a vontade de meu Pai, que está nos Céus, esse é meu irmão, irmã, mãe" (Mateus, 12: 50). Ele nos considera Sua família no sentido mais completo, a família de Deus.

∞ **Filiação confirmada pelo Espírito Santo** – Deus Pai nos adotou em Sua família, Jesus nos considera como irmãos e o Espírito Santo confirma nossa filiação: "O próprio Espírito se une ao nosso espírito para testemunhar que somos filhos de Deus" (Romanos, 8: 16).

∞ **Herança eterna** – Como filhos adotivos de Deus, recebemos dele uma herança, segundo escreveu o apóstolo Pedro: "Bendito seja o Deus e Pai de nosso Senhor Jesus Cristo, que, em sua grande misericórdia, nos gerou de novo, pela ressurreição de Jesus Cristo dentre os mortos, para uma herança viva, para uma herança incorruptível, imaculada e imarcescível, reservada nos céus para vós" (I Pedro, 1: 3-4). A herança inclui: a) a ressurreição do corpo (João, 11: 25); b) o reino de Deus (Lucas, 12: 32); c) a vida eterna (João, 5: 24).

1.6.3 Santificação

Santidade é o termo principal, e *santificação* é o ato ou processo pelo qual algo ou alguém se torna santo. No Antigo Testamento, a palavra *santificação* recebia o sentido de "consagrar, santificar, preparar, dedicar, ser consagrado, ser santo" (Santificação, 2002).

Conforme o caráter de Deus ia sendo mais e mais revelado em Suas palavras e atos e em Seus procedimentos com Israel, Seu caráter santo atribuía cada vez mais significado às Suas palavras. No Novo Testamento, Jesus completou o significado da santidade, e o Espírito Santo iluminou o significado espiritual. Assim, a ênfase não estava somente na santidade como separação, mas também como pureza.

A obra da santificação na vida do crente, dependendo do ponto de vista, pode ser considerada tanto instantânea como gradual. A primeira é a **purificação inicial**, que ocorre no momento do novo nascimento, da conversão, conhecida como *santificação inicial*. A outra inclui um **processo diário de transformação**, quando o Espírito Santo convence o crente gradativamente e o transforma à semelhança de Cristo até a glorificação no céu, como está escrito: "E nós todos que, com a face descoberta, refletimos como num espelho a glória do Senhor, somos transfigurados nessa mesma imagem, cada vez mais resplandecente, pela ação do Senhor, que é Espírito" (II Coríntios, 3: 18).

O papel que desempenhamos na santificação é tanto passivo, pelo qual dependemos de Deus para nos santificar, como ativo, pelo qual nos esforçamos para obedecer a Deus e dar os passos que aumentarão a nossa santificação.

Questionário de Soteriologia

1. O que significa o termo *soteriologia*?
2. Por que é extremamente importante entender corretamente a salvação?
3. Quando a salvação tem significado para o ser humano?
4. A quem a salvação de Jesus alcança?
5. O que significa a substituição que Cristo fez?
6. O que significa no Evangelho a palavra *reconciliar*?
7. Por que a divindade precisa ser apaziguada?
8. Qual é a base de nossa purificação cotidiana do pecado?
9. Cite os elementos da salvação.
10. O que significa *conversão*, de acordo com as Escrituras?
11. Quais são as duas palavras hebraicas usadas no Antigo Testamento para apontar o arrependimento?
12. Todos necessitam "nascer de novo" ao menos por três razões. Quais são elas?
13. Quais são os benefícios da salvação?
14. O que se entende por *justificação*?
15. O que significam os papéis ativo e passivo na santificação?

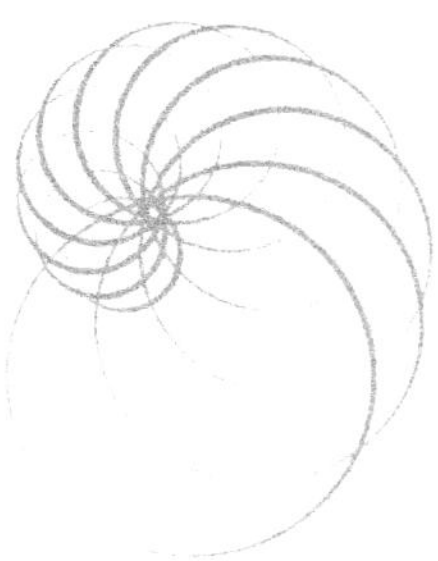

* *Todas as passagens bíblicas indicadas neste capítulo são citações de* Bíblia (2002).

Cristologia:

doutrina de Jesus Cristo*

Capítulo 2

Jesus Cristo é o cerne de toda a realidade cristã; é o personagem central da história do mundo. O cristianismo é Cristo, e Cristo é o cristianismo; sendo assim, como líder espiritual do cristianismo, Jesus é o objeto do conhecimento e também da fé. Omiti-Lo seria como a astronomia omitir as estrelas, e a botânica, as flores.

Segundo Champlin (1995, p. 527):

> *A grandeza de Jesus, sua subsequente vastíssima influência, e nosso conhecimento relativamente exíguo de sua vida, ministério e ensinos, de pronto nos colocam em um dilema, porquanto qualquer esforço terá de ficar muito aquém do alvo de uma caracterização adequada de sua pessoa.*

O Antigo Testamento aborda em sua essência a vinda de Cristo, realizando essa previsão por meio de tipos, símbolos e profecias relacionadas ao fato.

Com brilho, Bancroft (1995, p. 97) conclui que "a pessoa de Jesus Cristo não somente está firmemente engastada na história humana e gravada nas páginas abertas das Escrituras Sagradas, mas também é experimentalmente materializada nas vidas de milhões de crentes e entrelaçada no tecido de toda a civilização digna desse nome".

As Escrituras apresentam a Pessoa de Cristo como tema central da mensagem transmitida aos homens através dos tempos, conforme destacamos a seguir.

Tema da mensagem dos patriarcas:

"Dele todos os profetas dão testemunho de que, por meio de seu nome, receberá a remissão dos pecados todo aquele que nele crer" (Atos, 10: 43).

Tema da mensagem dos apóstolos:

> *Chamaram de novo os apóstolos e açoitaram-nos com varas. E, depois de intimá-los a que não falassem mais no nome de Jesus, soltaram- nos. Quanto a eles, saíram do recinto do Sinédrio regozijando-se, por terem sido achados dignos de sofrer afrontas pelo Nome. E cada dia, no Templo e pelas casas, não cessavam de ensinar e de anunciar a Boa Nova do Cristo Jesus.* (Atos, 5: 40-42)

Tema apresentado aos judeus:

> *Após terem atravessado Anfípolis e Apolônia, chegaram a Tessalônica, onde havia uma sinagoga dos judeus. Segundo seu costume, Paulo foi procurá-los. Por três sábados dialogou com eles, partindo das Escrituras. Explicou-lhes e demonstrou-lhes que era preciso que o Cristo sofresse e depois ressurgisse dentre os mortos. E o Cristo, dizia ele, é este Jesus que eu vos anuncio.* (Atos, 17: 1-3)

Tema da mensagem aos gentios:

"Quando, porém, aquele que me separou desde o seio materno e me chamou por sua graça, houve por bem revelar em mim o seu Filho, para que eu o evangelizasse entre os gentios, não consultei carne nem sangue" (Gálatas, 1: 15-16).

Tema da mensagem da Igreja no tempo e no espaço:

"E disse-lhes: 'Ide por todo o mundo, proclamai o Evangelho a toda criatura'" (Marcos, 16: 15).

Diante do exposto, você pode perceber que o estudo da Pessoa de Cristo se reveste de congruência por causa da relação vital que Ele sustém com o cristianismo. Conforme observação do IPC (2004), "Durante esta vida podemos e devemos conhecer Deus até o ponto necessário para a salvação, confraternização, serviço e maturidade, mas na glória do céu passaremos a conhecê-Lo mais plenamente". Assim, pois, de forma bem real, o estudo da vida de Jesus Cristo e de Sua importância é, ao mesmo tempo, uma sondagem na significação da nossa existência e uma previsão de nosso destino. Por certo, todos nós deveríamos nos interessar por essa inquirição.

2.1 A influência de Jesus Cristo

O Mestre da Galileia, ao que sabemos, nada escreveu, apesar de haver milhares de livros escritos a respeito Dele. Viveu na Palestina durante todo Seu ministério terreno, retirando-se apenas quando esteve na região de Tiro e Sidom, entretanto, Seu nome é conhecido em toda parte do mundo.

> *Impérios surgiram e se foram, civilizações inteiras desapareceram; revoluções militares, convulsões sociais e políticas mudaram a própria ordem do nosso mundo. Mas aquela pequena comunidade de pescadores fundada pelo judeu Jesus [de Nazaré], a sua Igreja, permanece em pé até hoje; como um rochedo firme no meio de um mar em contínuo movimento.*
>
> *[...]*
>
> *Em cada época, o homem descobriu veios inesgotáveis de criatividade no Novo Testamento e, se os primeiros seguidores de Jesus Cristo eram simples pescadores galileus, depois, prostraram-se diante de sua cruz os espíritos mais elevados de todos os povos. A sua revelação iluminou o pensamento de Agostinho e de Pascal. O amor a ele fez surgirem os maciços das catedrais levantados pelas mãos do homem, guiou o estro criativo de poetas e artistas, suscitou as harmonias de sinfonias e corais. A imagem do Filho do Homem inspirou as obras de um Andrei Rublev, de Michelangelo, de Rembrandt. No alvorecer do Terceiro Milênio, o Evangelho, que narra a vida terrena de Cristo, está traduzido em mais de mil e quinhentos idiomas e lido em todo mundo.* (Vida..., 2012)

Em contraste a tudo isso, o ser humano, no desenrolar da história, tem procurado perpetuar sua existência. No decurso da humanidade, alguns homens excluíram Deus de suas vidas, chegando ao ponto de afirmarem que Ele não existe (Salmo, 14: 1). Alguns têm passado a vida inteira na tentativa de anular e desacreditar Sua influência e de diminuir-Lhe a importância.

Segundo Gondim (2004, p. 93):

> *Em tempos recentes, os intelectuais da modernidade profetizaram: "Aposentaremos Deus num canto desnecessário do universo, condenaremos a divindade ao ostracismo". Sartre falava do silêncio de Deus.*

> *Jasper da ausência divina. Buber gostava de mencionar o eclipse de Deus. Hamilton propôs a teologia da morte de Deus.*

Essa oposição é apenas um testemunho involuntário acerca da grandeza de Deus e de Seu Filho Jesus Cristo.

2.1.1 Fora das escrituras

Não contamos com muito testemunho ou material que nos forneça informações sobre Jesus. Ele é mencionado pelos historiadores romanos: Tácito (Anais XV, 44), Suetônio, em *A vida dos doze Césares*, em *Nero* 16 (Suetónius, [19--], p. 165) e Plínio, o jovem, nas *Epístolas*, v. X, carta 96 (Plínio el Joven, 2005, p. 557), pelo famoso historiador judeu Flávio Josefo, em uma passagem altamente interpolada, em sua *História dos hebreus* (Josefo, 2004, p. 837), também chamado de *Antiguidades* (XVIII: 3,3), e por outros que foram tocados por suas palavras.

2.1.1.1 Cornélio Tácito

Cornélio Tácito foi um historiador romano, governador da Ásia em 112 d.C., genro de Júlio Agrícola, que foi governador da Grã-Bretanha em 80-84 d.C. Ao escrever sobre o reinado de Nero, Tácito refere-se à morte de Cristo e à existência de cristãos em Roma:

> *Mas nem todo o socorro que uma pessoa poderia ter prestado, nem todas as recompensas que um príncipe poderia ter dado, nem todos os sacrifícios que puderam ser feitos aos deuses, permitiriam que Nero se visse livre da infâmia da suspeita de ter ordenado o grande incêndio, o incêndio de Roma. De modo que, para acabar com os rumores, acusou falsamente as pessoas comumente chamadas de*

cristãs, *que eram odiadas por suas atrocidades, e as puniu com as mais terríveis torturas.* Christus, *o que deu origem ao nome* cristão, *foi condenado à morte por Pôncio Pilatos, durante o reinado de Tibério; mas reprimida por algum tempo, a superstição perniciosa irrompeu novamente, não apenas em toda Judeia, onde o problema teve início, mas também em toda cidade de Roma.* (Tacitus, 2004, p. 325, tradução nossa)

E também este trecho é de Tácito: "Como os judeus, por instigação de *Chrestus* (uma outra forma de escrever *Christus*), estivessem constantemente provocando distúrbios, ele os expulsou de Roma" (Tacitus, 2004, p. 325, tradução nossa). Portanto, Nero infligiu castigo aos cristãos e os culpou falsamente pelo incêndio de Roma.

2.1.1.2 Flávio Josefo

Historiador judeu, Josefo tornou-se fariseu aos 19 anos de idade; no ano 66 d.C., comandava as forças judaicas na Galileia. Num texto de autenticidade bastante questionada, ele afirma:

> *Nesse mesmo tempo, apareceu Jesus, que era um homem sábio, se é que podemos considerá-lo simplesmente um homem, tão admiráveis eram as suas obras. Ele ensinava os que tinham prazer em ser instruídos na verdade e foi seguido não somente por muito judeus, mas também por muitos gentios. Ele era o Cristo. Os mais ilustres dentre os de nossa nação acusaram-no perante Pilatos, e este ordenou que o crucificassem. Os que o haviam amado durante a sua vida não o abandonaram depois da morte. Ele lhes apareceu ressuscitado e vivo no terceiro dia, como os santos profetas haviam predito, dizendo também que ele faria muitos outros milagres. É dele que os cristãos, os quais vemos ainda hoje, tiraram o seu nome.* (Josefo, 2004, p. 837)

Esse mesmo escritor faz alusão a Tiago, irmão de Jesus:

> *Anano, um dos de que nós falamos agora, era homem ousado e empreendedor, da seita dos saduceus, que, como dissemos, são os mais severos de todos judeus e os mais rigorosos nos julgamentos. Ele aproveitou o tempo da morte de Festo, e Albino ainda não tinha chegado, para reunir um conselho, diante do qual fez comparecer Tiago, irmão de Jesus, chamado* Cristo, *e alguns outros; acusou-os de terem desobedecido às leis e os condenou ao apedrejamento.* (Josefo, 2004, p. 939)

2.1.1.3 Suetônio

Oficial da corte de Adriano, escritor dos anais da Casa Imperial, registrou: "Maltratou os cristãos, espécie de homens entregues às superstições e aos sortilégios" (Suetónius, [19--], p. 165).

Teríamos ainda de citar os pais da Igreja – Clemente de Roma, Orígenes, Tertuliano, Inácio de Antioquia, Policarpo de Esmirna, Clemente de Alexandria, Justino Mártir. A todos esses ainda se podem acrescentar os nomes de Agostinho, Crisóstomo, Jerônimo, Atanásio, Ambrósio de Milão, Cirilo de Alexandria, Gregório de Nissa etc.

Se alguém rejeitar a Bíblia alegando não poder confiar nela, terá, então, de rejeitar quase toda a literatura da Antiguidade e as descobertas recentes da arqueologia. Também existem numerosas referências indiretas a Jesus na literatura judaica posterior, em sua maioria, adversa. De modo geral, só nos resta pesquisar as páginas do Novo Testamento, para que encontremos informações fidedignas acerca de Jesus.

2.1.1.4 Napoleão

Napoleão, que, durante o exílio, refletiu longamente sobre os percursos da história, declarou, segundo McDowell (1996, p. 135):

> *Eu conheço homens; e lhes afirmo que Jesus Cristo não é um homem. Mentes superficiais veem uma semelhança entre Cristo e os fundadores de impérios, e também os deuses de outras religiões. Essa semelhança não existe. Entre o cristianismo e qualquer outra religião existe uma distância infinita. [...] Todas as coisas que existem em Cristo me surpreendem. Seu espírito me enche de admiração e respeito, e sua vontade me confunde. Entre Ele e qualquer outra pessoa no mundo não existe termo de comparação. Ele é um ser que verdadeiramente existe por Si próprio. Suas ideias e sentimentos, a verdade que Ele anuncia, sua maneira de convencer as pessoas, nada disso se explica pela organização humana nem pela natureza das coisas. Quanto mais eu me aproximo, quanto mais cuidadosamente eu examino, e eis que tudo está acima de mim, tudo permanece imponente, tendo um esplendor avassalador. Sua religião é uma revelação vinda de uma inteligência que certamente não é humana. Só nele, e absolutamente em mais ninguém, é possível encontrar a imitação ou o exemplo de sua vida. Na história, busco em vão encontrar alguém semelhante a Jesus Cristo, ou algo que possa se aproximar do evangelho. Nem a história, nem a humanidade, nem as eras, nem a natureza me oferecem algo com que eu possa comparar ou explicar o evangelho. Aqui todas as coisas são extraordinárias.*

2.2 Heresias em relação à natureza de Jesus Cristo

A cristologia tem ocupado um lugar de destaque na teologia cristã e desde os primeiros séculos de nossa era houve diversos esforços que objetivaram esclarecer uma pergunta: Quem é Jesus Cristo? Nos primeiros séculos, não era discutido se Jesus existiu ou não, muito menos se Ele era louro ou moreno, alto ou baixo. As discussões eram mais profundas do que hoje, pois pensavam sobre a essência de Jesus. Os cristãos do segundo e terceiro séculos lutaram não só contra as perseguições do mundo pagão, mas também contra as heresias e doutrinas corrompidas dentro do próprio rebanho.

A doutrina de Cristo foi a que mais sofreu ataques em toda a história do cristianismo; a cada fase do Seu messiado, continuamente foi sendo desafiada: Seu nascimento, Sua vida, Seus milagres, Sua morte, Sua ressurreição. Tudo foi questionado.

Até o Concílio de Niceia (100-325), houve controvérsia sobre a divindade de Jesus: se Ele é Deus, como isso se relaciona com o monoteísmo do Antigo Testamento? Em que sentido Jesus é igual ao Pai e em que sentido Ele é diferente? Algumas respostas apresentadas nesse período se constituíram heresias que chegaram aos nossos dias como ebionismo, docetismo, arianismo, entre outros.

Para a descrição de algumas heresias, apoiamo-nos no texto de Bueno (2010), que explica basicamente cada uma delas, com boa qualidade.

2.2.1 Ebionismo

Bueno (2010) relata:

> *O termo grego* ebionaioi *é a transliteração do verbo hebraico* ebionim, *que significa "pobres". Os ebionistas apareceram no ano 107 da Era Cristã e eram [...] judeus-cristãos. Essa seita tinha um ensino exagerado sobre pobreza. Como judeus, eles tinham dificuldade de aceitar a divindade de Cristo – devido ao monoteísmo judaico. Não gostavam dos escritos de Paulo, pois a teologia paulina prega a justificação pela fé, e os ebionistas observavam a lei mosaica, inclusive a circuncisão. Consideravam, então, Paulo um apóstata da lei mosaica. Negavam a divindade de Jesus e o nascimento virginal, pois o Velho Testamento ordena que somente a Deus se deve adorar [...] Para eles, Jesus foi um homem como outro qualquer, mas que observou a lei de forma especial, sendo assim escolhido por Deus para ser o Messias. Jesus teria sido capacitado pelo Espírito Santo, no batismo, para o cumprimento de uma tarefa divina, assim logicamente Jesus não tem como ser preexistente. Nenhum concílio condenou oficialmente o ebionismo, mas Tertuliano, Irineu, Hipólito, Eusébio e Orígenes foram opositores de grande peso.*

Ainda de acordo com Bueno (2010), os *alogi* (álogos ou alogianos), que rejeitavam os escritos de João porque entendiam que sua doutrina do Logos estava em conflito com o restante do Novo Testamento, também consideravam Jesus como um homem como outro qualquer, conquanto miraculosamente nascido de uma virgem, e ensinando que Cristo desceu sobre Ele no batismo, conferindo-lhe poderes sobrenaturais. Essencialmente, esta era também a posição dos **monarquianos dinâmicos**, tendo Paulo de Samósata como seu principal representante, distinguindo entre Jesus e o *logos* (veja sobre monarquismo dinâmico neste mesmo estudo). Sacrificavam a divindade pela defesa da humanidade de Cristo.

2.2.2 Docetismo

Segundo Bueno (2010, grifo nosso):

> *O docetismo [...] tem uma grande ligação com o* **gnosticismo** *que já havia aparecido desde a época apostólica. Docetismo é uma palavra que vem do grego,* docew, *que significa "parecer". Essa referência grega dizia respeito ao corpo aprisionado pelo* aeon *(poder angelical), em que esse corpo é um fantasma ou uma sombra, não um corpo verdadeiro e real como de um ser humano qualquer. Para os gnósticos, a matéria é ruim, e o* logos, *que é o* aeon, *[...] não se envolveria com a matéria, que é o princípio do pecado. Por isso Cristo parecia estar numa matéria carnal, mas na verdade ele era diferente. Cristo era bom e a matéria é essencialmente má, não havendo possibilidade de união entre o* logos[1] *e um corpo terreno. Os docetas, crendo assim, negavam a humanidade de Jesus, dizendo que ele parecia ser humano, mas era divino. Não houve uma condenação oficial a esse pensamento, mas Irineu e Hipólito foram os opositores dessa ideia filosófica grega e pagã da época, mas que foi introduzida na Igreja daqueles tempos.*

1 A concepção filosófica de *logos* ocupa um lugar essencial na história longa e complicada desse termo, pois influenciou, ao menos na forma, as ideias judaicas e pagãs tardias de um *logos* mais ou menos personificado. Dada a alta frequência de utilização da ideia de *logos* antes do cristianismo e simultaneamente a ele, é necessário ao leitor estudá-lo tal qual consta no helenismo e no judaísmo. *Logos* é traduzido por "verbo" em João (1: 1): "No princípio era o verbo (*logos*)".

2.2.3 Monarquianismo

De acordo com Bueno (2010, grifo nosso):

> *Essa designação foi dada pela primeira vez por Tertuliano. O que aconteceu foi que a defesa doutrinária dos apologetas, dos pais antignósticos e dos pais alexandrinos sobre o* logos *não satisfez as dúvidas teológicas de todos na época. A teologia cristológica ainda estava sem consistência e [era nova], surgindo assim novos pensamentos. O monarquianismo surgiu no século III e a grande dificuldade era combinar a fé no Deus único (monoteísta) com a nova fé cristã, no qual Deus é Pai, Filho e Espírito Santo. [...] Essa dificuldade era complicada de resolver, pois, de um lado, [havia] aqueles que criam que o* logos *era uma pessoa divina, parecendo ferir a ideia monoteísta; de outro lado, havia os que defendiam a ideia de que o* logos *era subordinado ao Pai, o que parecia ferir a deidade de Cristo. Nesse conflito teológico [teve origem em] dois tipos de pensamentos: o* **monarquianismo dinâmico**, *conhecido também como adopcionismo, e o* **monarquianismo modalista.**
>
> ***a) Monarquianismo dinâmico***
>
> *Foi uma tentativa de resguardar a Unicidade de Deus. Essa ideia tinha traços do ebionismo, que pregava ser Jesus apenas homem. Teódoto de Bizâncio foi o primeiro a sugerir a ideia. Ele era contra a cristologia do* logos *[e] negava a afirmação de que Jesus Cristo é Deus. Achava mais seguro afirmar que Jesus era um mero homem. Não negava o nascimento virginal, mas esse nascimento não divinizava Jesus: ele continuava sendo um simples homem, apesar de ser justo.*

Teódoto separou a vida de Jesus em tempos, ou seja, até seu batismo, Jesus teria vivido como um homem qualquer, com a distinção de ter sido extremamente virtuoso. Em seu batismo, o Espírito ou Cristo desceu sobre Ele, e, a partir daquele momento, passou a operar milagres, sem, contudo, tornar-se divino (Bueno, 2010).

De acordo com Bueno (2010):

> *Essa ideia recebeu o nome de* dinamismo*; Jesus, então, era um profeta e não Deus, e um profeta com unção divina (assim como Elias, Eliseu...). Somente após a ressurreição, Jesus Cristo uniu-se a Deus. Teódoto, para fazer apologia à unicidade do Pai, teve de ter um bom argumento, e para isso teve de pelo menos negar a deidade de Jesus, igualando-se aos ebionitas.*
>
> *O bispo Vítor de Roma excomungou Teódoto, mas a ideia deixada por ele não teve como ser banida, tanto que Paulo de Samósata, que foi bispo de Antioquia por volta de 260 d.C., defendeu essa forma dinâmica do monarquianismo. Paulo de Samósata foi um pouco mais longe que Teódoto e afirmou que o* logos *é identificado com razão ou sabedoria e que essas igualdades não são peculiares ao Cristo encarnado, mas sim um adjetivo que qualquer homem pode ter, ou seja, diminuiu mais ainda a deidade de Jesus Cristo. O que aconteceu então foi que a sabedoria divina habitou no homem Jesus, e isso não significa que ele seja uma pessoa divina. As doutrinas de Tertuliano sobre o* logos *como uma pessoa e a de Orígenes sobre o* logos *como hipóstase independente foram rejeitadas por Paulo de Samósata.*
>
> *Paulo, em 268, foi declarado herege, mas suas ideias apareceram mais tarde de alguma forma no socinianismo, na neologia e em alguns ramos da teologia liberal.*

Assim como os gnósticos, os monarquianistas modalistas negavam a humanidade de Cristo, que seria apenas uma manifestação de um Deus único.

Segundo Bueno (2010, grifo nosso):

> *Essa é a outra forma de monarquianismo, ou seja, é o outro modo de apologizar o unitarismo divino. O* **modalismo** *(como também era conhecido), diferente do adopcionismo, que dizia que Jesus era adotado por Deus, pregava que Jesus era Deus, mas que se manifestara como criador do mundo (Pai); depois, essa mesma Pessoa viera na*

Terra se encarnando em Jesus para salvar o homem (Filho) e hoje ele se manifesta como Espírito Santo. Para o **modalismo** *há uma só pessoa que se manifestou de formas e nomes diferentes [o Pai]. A ideia do monoteísmo judaico não fora ferida.*

Já Dias (2012, grifo nosso) descreve assim a heresia modalista:

O primeiro teólogo a declarar formalmente a posição monárquica foi Noeto de Esmirna, que, nos últimos anos do segundo século, foi duas vezes convocado pelos presbíteros daquela cidade, a fim de prestar esclarecimentos. O cerne da pregação de Noeto era a enérgica afirmação de que havia apenas um Deus, o Pai.

No Ocidente, seus discípulos ficaram sendo conhecidos como **patripassionistas**[2]*, isto é, a ideia de que foi o Pai quem sofreu e vivenciou as outras experiências humanas de Cristo. Portanto, teria sido o próprio Pai quem entrou no ventre da virgem, tornando-se, por assim dizer, Seu próprio Filho, o qual sofreu, morreu e ressuscitou. Desse modo, essa pessoa singular unia em Si mesma atributos mutuamente incompatíveis, sendo invisível e também visível, impassível e passível. Já no Oriente, este modalismo mais refinado tornou-se conhecido como* **sabelianismo** *em função de seu autor, Sabélio. Recebendo uma estrutura mais sistemática e filosófica por parte de Sabélio, foi levada para Roma perto do final do pontificado de Zeferino, sendo veementemente atacada por Hipólito. Sabélio negou a Trindade, ao afirmar que não há três pessoas e sim uma só pessoa que se manifesta de maneiras diferentes. Ele empregou a analogia do sol, um objeto único que irradia tanto calor quanto luz; o Pai era, por assim dizer, a forma ou essência sendo o Filho e o Espírito Santo, os modos de autoexpressão do Pai.*

Conforme Bueno (2010), "em 261 d.C., as doutrinas de Sabélio foram rejeitadas e condenadas heréticas pela Igreja por

2 Tertuliano cunhou o rótulo de *patripassianismo* para essa heresia, que significa "o sofrimento (e a morte) do Pai".

negar a distinção das pessoas divinas na tentativa de resgatar uma teologia unicista para o cristianismo".

2.2.4 Arianismo

O fim do terceiro século marcou o encerramento da primeira grande fase de desenvolvimento doutrinário. Com o início da segunda fase, devido a uma controvérsia em Alexandria, que foi especialmente decisiva para a fé cristã por ter gerado a regra de fé dos cristãos primitivos, essa questão resultou em um debate acirrado que, provocado pela erupção do arianismo, iria culminar na formulação da teologia da Trindade.

Tudo começou em razão da doutrina da Trindade, especialmente em relação ao Pai e ao Filho.

Ário, presbítero de Alexandria, aproximadamente no ano 318 d.C., defendeu a doutrina que considerava Jesus Cristo superior à natureza humana, porém, inferior a Deus; não admitia a existência eterna de Cristo; ensinava que o *logos* (Cristo) um dia foi criado, ou seja, não era preexistente, não era igual ao Pai em nível de substância e muito menos era coeterno com Ele.

De acordo com Bueno (2010), "Em 318 d.C. Ário foi censurado, mas persistiu nas ideias, até que em 321 d.C. fora excluído. Mas o problema não era tão fácil: Eusébio de Cesareia e outros simpatizavam com a doutrina proposta por Ário, dividindo a Igreja oriental".

Como o problema era sério, o imperador Constantino convocou o Concílio de Niceia para resolver a situação. Nesse concílio foi elaborada a regra de fé dos cristãos (um credo), mas Ário, ainda assim, criou outro credo para sua apologia. Constantino ficou impressionado com o credo de Ário e o recebeu de novo em 331 d.C. Ordenou ao bispo de Constantinopla que o recebesse em comunhão novamente; porém, no dia da cerimônia Ário faleceu.

Conforme Bueno (2010):

> *Ário tinha a ideia dominante que era o princípio monoteísta, ou seja, há um só Deus eterno que não é criado, não gerado, não originado. Para Ário, o* logos *era uma espécie de energia divina que encarnara no homem Jesus. Esse* logos *teve um princípio, um começo, uma criação. O verbo, numa certa altura da história, foi criado para um devido propósito, fora uma criação do nada como a criação do mundo [...]. Jesus não tinha essência divina, pois o* logos *que estava encarnado no homem Jesus é uma criatura, a primeira criatura, feita por Deus Pai, e uma criatura não pode ter a mesma essência/substância do Criador. A criação de Jesus foi importante nessa doutrina, pois o surgimento do* logos *ajudou o Pai eterno na criação do mundo. Jesus é um ser mutável e foi chamado Filho de Deus devido a sua glória futura, à qual foi escolhido. O Filho não tem como ser igual ao Pai, mas está acima de outras criaturas, inclusive o homem, por isso não é errado venerar o Filho. Ário via em Jesus um ser intermediário entre Deus e os homens, mas Deus é somente o Pai que é Uno e Indivisível. Ário abalou sua época com suas ideias, porém não com argumentos vazios, mas usou as Escrituras para apoiar as suas ideias.*
>
> *[...] O Concílio de Niceia realizado em 325 condenou oficialmente o arianismo.*

O principal opositor dessa doutrina foi Atanásio, também de Alexandria, que defendia tenazmente a unidade do Filho com o Pai, a divindade de Cristo e Sua existência eterna.

No período pós-Niceno (325-600 d.C.), a Igreja, na época convicta de que Jesus Cristo era o verdadeiro Deus, tentou resolver como a divindade e a humanidade de Jesus se relacionavam, fazendo surgir novas heresias no seio da cristandade, que são: o apolinarianismo, o nestorianismo, o eutiquianismo, entre outras.

2.2.5 Apolinarianismo

Segundo Bueno (2010):

> *Esse nome deriva de Apolinário, que era bispo de Laodiceia da Síria, nos fins do quarto século. [Ele] se opôs ao arianismo até por demais. Nessa doutrina, Apolinário dizia que o* logos *assumiu o corpo físico pela encarnação. A questão da mutabilidade do* logos, *pregada pelos arianos, era condenada por Apolinário, pois, para ele, o divino, ao se encarnar, não deixou de ser divino nem compartilhou divindade ou energia com a humanidade de Cristo, mas continuou com característica sacra divina, pois algo espiritual não pode misturar com a carne [...], visto ser o* logos *algo perfeito e a carne algo pecaminoso.*
>
> *[...]*
>
> *Para Apolinário, a natureza humana de Jesus tinha qualidades divinas, pois o* logos *é da mesma substância do Pai, não tendo como haver uma espécie de simbiose entre duas naturezas totalmente opostas. Jesus Cristo não teria então herança genética de Maria, pois se assim fosse, sua carne [...] seria como a dos homens comuns, mas ele trouxe do céu uma [...] carne celestial; o ventre de Maria seria apenas um lugar para o desenvolvimento do feto.*
>
> *[...]*
>
> *Essa doutrina tem um pouco haver com o docetismo, pois ambos veem Cristo como ser "metafísico".*

Josefo (2004) afirma que o papa Dâmaso despertou para as implicações da posição de Apolinário e promoveu em Roma um concílio que o condenou abertamente. Sua sentença foi confirmada pelos sínodos realizados no ano de 378, em Alexandria, em 379, em Antioquia, e pelo Concílio de Constantinopla, em 381. Basílio, Teodósio, Gregório de Nazianzo e Gregório de Nissa foram os principais opositores dessa doutrina, ou seja, a oposição a Apolinário partiu particularmente dos capadocianos e da escola de Antioquia.

2.2.6 Nestorianismo

De acordo com Bueno (2010):

> *Essa teoria surgiu no ano 431. Na realidade, essa teoria foi recheada de desejos pelo poder eclesiástico, ou seja, Nestório era da "escola" de Antioquia e Cirilo era de Alexandria, e ambos lutavam pelo poder de dominar o oriente eclesiasticamente, e nessa [disputa entraram] questões teológicas [...].*
>
> *Nestório via o divino e o humano como antítese. Ele, na verdade, foi defensor da teologia de Antioquia, que ensinava que as naturezas divina e humana presentes na pessoa de Cristo não podem ser confundidas, pois elas não se fundem, acontecendo na realidade ter Cristo duas partes ou divisões, uma humana e outra divina. Essa teoria explica que quando Cristo tinha fome, era a parte humana que estava em ação, mas quando Jesus andou por sobre as águas ou fez milagres, o que estava em ação era a parte divina. Jesus, então, era uma pessoa dividida em duas partes com operações parceladas. A ideia de que Cristo agia com toda sua personalidade era inaceitável para Nestório. Outra questão entre Nestório e seu opositor Cirilo de Alexandria fora sobre a expressão* THEÓTOKOS*, pois, para Nestório, Maria deu à luz ao descendente de Davi, no qual o* logos *residiu, por isso seria errado dizer que Maria é mãe de Deus, ou seja, Maria fora mãe da parte humana de Jesus, sendo assim impossível ela ser mãe da parte divina, em que está a divindade de Jesus. Nestório preferia a expressão* XRISTOTOKOS.
>
> *O sínodo de Éfeso realizado no ano 431 apoiou a teologia alexandrina, e Nestório foi declarado herege e ainda foi exilado, mas mesmo assim os nestorianos organizaram uma igreja independente na Pérsia. Apesar de não terem crescido tanto, há igrejas nestorianas até hoje, [a exemplo] da Igreja de São Tomé, na Índia.*

2.2.7 Eutiquianismo

Essa heresia é descrita por Bueno da seguinte maneira (2010):

> *Essa expressão é derivada do nome Eutiques, que era um abade ou arquimandrita*[3] *de um mosteiro fora de Constantinopla, no quinto século. Eutiques era discípulo de Cirilo de Alexandria, o opositor a Nestório. Essa teoria ensinava que, devido à encarnação do* logos, *a natureza humana de Jesus fora absorvida pela divina, tornando Jesus Cristo um homem especial, ou seja, a humanidade de Cristo era diferente [da] de um homem comum, isso em nível de essência.*
>
> *Por ensinar essa teoria, Eutiques fora excomungado de Constantinopla. O Papa Leão I convocou então um sínodo em Éfeso no ano 449, mas o partido alexandrino defendeu Eutiques (eram amigos) e esse voltou ao seu ministério. Aliás, esse sínodo foi uma [desordem]: o Papa Leão I expôs sua ideia numa carta ao bispo Flaviano de Constantinopla, mas a ideia não foi discutida. O tumulto desse sínodo lhe deu o nome de "Sínodo dos ladrões" e não é reconhecido como Concílio ecumênico. Leão I não ficou satisfeito com tais resultados, e em 451 houve outro concílio, agora em Calcedônia. Nesse último, com mais organização, a ideia de Eutiques, que era alexandrina, foi rejeitada, e a posição do Papa Leão I foi aceita.*

2.2.8 Elquesaítas

Nas palavras de Bueno (2010):

> *Eram os seguidores de Elquesai, que dizia ter tido uma visão de um anjo que lhe trouxera revelações. Quem aceitasse os ensinamentos de Elquesai teria alcance ao perdão dos pecados. Os membros dessa seita rejeitaram o nascimento virginal de Cristo, nascido este assim*

3 Superior de mosteiro na Igreja Grega.

como outro qualquer. Mesmo assim, Jesus era considerado um anjo superior, o mais elevado arcanjo. Essa seita era de natureza judaica, porém sincrética, pois além de observarem a lei praticavam a mágica e a astrologia.

2.2.9 Monofisismo

Conforme o estudioso Bueno (2010), encontramos:

> *Essa palavra é derivada de outras duas palavras gregas que são:* monos = *único e* physis = *natureza. A morfologia da palavra já explica o que essa teoria ensina, ou seja, Cristo tem uma só natureza, que é composta. Uma das formulações dessa ideia diz que uma energia única uniu as duas naturezas tão perfeitamente que não restou distinção entre as duas naturezas. Outra formulação explica que a humanidade de Cristo foi transformada pela divina, havendo uma espécie de simbiose, fazendo de Jesus um homem impecável e divino, ou seja, a parte físico-humana de Jesus foi transformada numa natureza divina. [...] Na realidade, o que houve foi que grupos não aceitaram a posição calcedoniana, alegando que tal concílio negou a unidade de Cristo. Severo de Antioquia, que era defensor da teoria, dizia que o* logos *só tem uma natureza, a saber, a que se fez carne. Ele defendia que "uma natureza" é equivalente a "hipóstase ou uma pessoa". Os monofisistas achavam impossível dizer que Cristo tem duas naturezas e ao mesmo tempo tem um corpo ou é uma Pessoa apenas. [...] Em 451, o monofisismo foi condenado, e o Concílio de Constantinopla de 680 também rejeitou o monofisismo, mas os Jacobitas Sírios, as igrejas cópticas, Abissínia e Armênia adotaram a ideia monofisista.*

2.2.10 Monotelismo

Em Bueno (2010), descreve-se:

> *Tal palavra também vem do grego,* monos = *único e* qelhsis = *vontade. Assim sendo, essa ideia que surgiu dentro dos monofisistas [inquiria] o seguinte: a vontade pertence à pessoa ou à natureza? Isso em Cristo é claro! A resposta dada por eles (os monotelitas) era que Cristo tinha apenas uma vontade, negando que tinha vontades humanas. Paradoxalmente aos monotelitas, os duotelitas pregavam ter Cristo duas vontades como também duas naturezas. O sexto Concílio ecumênico, de Constantinopla, realizado no ano 680 adotou a doutrina das duas vontades como doutrina ortodoxa, porém a vontade humana é subordinada à divina, não havendo diminuição da humana nem absorção de uma natureza na outra, e ainda as duas se unem e agem em perfeita harmonia.*

2.3 A humanidade e a divindade de Jesus

A temática a respeito da humanidade de Cristo é fundamental para entendermos Sua pessoa, missão e obra. Com base na humanidade de Cristo, podemos perceber que Deus se fez homem e assumiu a forma de servo com o propósito de resgatar todos os seres humanos da desobediência e da transgressão.

2.3.1 Jesus homem

A figura de Cristo perturbou tanto os judeus quanto os gregos. Para enquadrá-Lo em suas categorias usuais, os primeiros acreditavam que Jesus não passava de um comum mortal inspirado por Deus; os segundos, ao contrário, sustentavam que Ele tinha um corpo só aparente, mas na realidade continuava um ser inteiramente divino.

Os Evangelhos descrevem-No como um homem real, que comia e bebia, que conheceu a alegria e a dor, a tentação e a morte e, ao mesmo tempo, embora sem nunca ter caído no pecado, perdoava os pecadores, como só Deus pode perdoar. É por isso que a Igreja reconhece em Jesus de Nazaré o Filho de Deus, a Palavra do Eterno. Deus mesmo que desce ao íntimo da criação.

Portanto, não é de se admirar que Cristo continue ainda hoje um mistério incompreensível para tantas pessoas. É até possível entender aqueles que procuravam ver Nele um mito, embora em nossos dias se possam julgar superadas tais tentativas. Na realidade, é difícil imaginar que em Israel um homem tivesse a ousadia de afirmar: "Eu e o Pai somos um". Ao contrário, é decididamente mais fácil supor que os gregos e os sírios tenham tramado a lenda do Filho de Deus recorrendo a vagas crenças orientais, pois os pagãos acreditavam que às vezes os deuses assumiam aparências humanas e vinham visitar os mortais na terra. Para chegar a essa verdade, o povo escolhido pagara um preço alto demais, lutara muito tempo contra o paganismo para poder inventar depois um profeta que dizia: "Eu estou no Pai e o Pai está em mim".

Jesus Cristo, o Homem mais importante que já viveu, transformou praticamente cada aspecto da vida humana. Tudo o que Ele tocou foi transformado. Ele disse em Apocalipse (21: 5): "Eis que eu faço novas todas as coisas". Ele tocou no tempo quando nasceu neste mundo; a data do seu nascimento alterou completamente o nosso calendário[4].

A pergunta que Ele fez a Seus discípulos – "Quem o povo acha que eu sou?" – ainda ressoa em nossos ouvidos (Lucas, 9: 18). Também hoje, como há 2 mil anos, muitos veem em Jesus de Nazaré só um profeta ou um mestre defensor de uma doutrina moral e perguntam por que milhões de pessoas reconhecem isso precisamente Nele, e não em Isaías ou em Moisés.

Em que consiste de fato a atração exclusiva exercida por Jesus? Apenas na Sua doutrina moral? Buda, Jeremias, Sócrates e Sêneca também propunham uma ética elevada. Portanto, como o cristianismo poderia ultrapassar tanto assim essas doutrinas "concorrentes"? Além disso, o mais importante é que o Evangelho não se assemelha a uma simples pregação moralizadora.

Com essa pergunta penetramos em um campo que toca o que de mais misterioso e difícil existe na Nova Aliança[5]. Aqui se escancara de improviso diante de nós o abismo que separa o Filho do Homem dos filósofos, moralistas e fundadores de religiões de todas as épocas.

Ainda que a vida de Jesus não fosse muito diferente da vida de vários profetas, o que Ele declarou sobre Si nos impede de colocá-Lo no mesmo patamar dos outros mestres da humanidade. Todos se professaram simples mortais, homens como os outros que, em certo momento, conheceram a verdade e se sentiram chamados a anunciá-la; isto é, viam claramente a

---

4 Dionísio Exíguo, um monge cita, criou a "era cristã" em 525 d.C. Ele definiu como primeiro ano da nossa era o ano do nascimento de Jesus. Provou-se mais tarde que ele equivocou-se em quatro anos, o que significa que Cristo nasceu antes da data apontada para seu nascimento (Josefo, 1990).

5 Nova aliança, a nova vida em Cristo. Tudo acontece depois da morte de Jesus; uma nova vida é concedida para aqueles que acreditam que a morte do Cristo tem poder suficiente para resolver qualquer problema do pecado.

distância que os separava do Ser supremo. E Jesus? Quando Filipe Lhe pediu timidamente que lhes mostrasse o Pai, Jesus respondeu com palavras que nem Moisés, Confúcio ou Platão jamais poderiam proferir: "Há quanto tempo estou convosco, e ainda não me conheces, Filipe? Quem me vê, vê o Pai" (João, 14: 9). Com tranquila convicção, Jesus claramente proclamou-se Filho único de Deus; Ele não falava mais como profeta em nome do Eterno, falava como o próprio Deus.

Se Jesus não é um mito nem um simples reformador religioso, quem é o Homem de Nazaré? Talvez em nossa busca de uma resposta para essa pergunta crucial, devamos prestar atenção naqueles que percorriam com Ele os caminhos da Palestina, naqueles que sempre Lhe estavam próximos; com os quais Ele compartilhava as experiências mais íntimas. A pergunta "Quem sou eu na vossa opinião?" encontrou uma declaração de fé: "És o Cristo, o filho do Deus vivo" (Mateus, 16: 16).

2.3.2 O testemunho das Escrituras sobre a humanidade de Jesus

Houve um tempo em que a realidade (gnosticismo) e a integridade natural (docetismo, apolinarianismo) da natureza humana de Cristo eram negadas, mas atualmente são poucos os que questionam seriamente a verdadeira humanidade de Jesus Cristo.

É nas Escrituras que encontramos evidências de que Jesus era uma pessoa plenamente humana, sujeita a todas as limitações comuns à raça humana. Nasceu como todo ser humano nasce, todavia, sem pecado. Embora Sua concepção tenha sido excepcional, todos os outros estágios de Sua vida foram idênticos ao de qualquer ser humano normal, física, intelectual e emocionalmente. Também no sentido psicológico, Jesus era genuinamente humano, pois pensava, raciocinava e se emocionava como qualquer ser humano normal.

Era necessário que Cristo assumisse a natureza humana, não somente com todas as suas propriedades essenciais, mas também com todas as debilidades a que essa natureza está sujeita. Ele precisava participar da natureza daqueles a quem veio redimir e ter o poder para subjugar todo o mal e a dignidade de valorizar sua obediência e sofrimento. Portanto, do princípio ao fim da Bíblia, de Gênesis ao Apocalipse, um redentor Deus e homem é apresentado como objeto de suprema reverência, amor e confiança aos filhos dos homens que pereciam.

Nas seções a seguir apresentaremos, desde o Antigo até o Novo Testamento, os ensinamentos sobre a humanidade de Jesus.

2.3.3 Jesus Cristo, o Messias prometido

O Antigo Testamento, escrito durante um período de mais de mil anos, contém centenas de referências ao Messias que viria. Destacamos a seguir algumas promessas a respeito do Messias no Antigo Testamento, e seus cumprimentos no Novo Testamento.

1. **Ele seria um ser humano, nascido de uma mulher**

Em Gênesis (3: 15), falando ao tentador que seduzira Adão e Eva, induzindo-os ao pecado, disse Deus: "Porei hostilidade entre ti e a mulher, entre tua linhagem e a linhagem dela. Ela te esmagará a cabeça e tu lhe ferirás o calcanhar". No Novo Testamento, o registro em Lucas (2: 6-7) se refere a Maria, mãe de Jesus: "Enquanto lá estavam, completaram-se os dias para o parto, e ela deu à luz o seu filho primogênito [...]", ou seja, Jesus nasceu conforme o processo humano normal.

2. Ele seria descendente de Abraão

Em Gênesis (12: 3), prometeu Deus a Abraão: "Abençoarei os que te abençoarem, amaldiçoarei os que te amaldiçoarem. Por ti serão benditos todos os clãs da terra". No Novo Testamento, a árvore genealógica de Jesus, no Evangelho segundo São Mateus, remonta até Abraão.

3. Ele viria da tribo de Judá

Em Gênesis (49: 10), Jacó, no seu leito de morte, foi inspirado a proferir esta profecia acerca de Judá, a um dos seus 12 filhos: "O cetro não se afastará de Judá, nem o bastão de chefe de entre seus pés, até que o tributo lhe seja trazido e que lhe obedeçam os povos". No Novo Testamento, na mesma árvore genealógica, apenas um dos filhos de Jacó é mencionado: Judá (Mateus, 1: 2).

4. Ele viria da casa de Davi

Em II Samuel (7: 13), o profeta Natã diz a Davi que da família deste surgiria um grande rei, acerca de quem Deus prometera: "[...] construirá uma casa para o meu Nome, e estabelecerei para sempre o seu trono". No Novo Testamento, na mesma árvore genealógica, é incluído, e com exatidão, o "rei Davi" (Mateus, 1: 6).

5. Ele nasceria de uma virgem

Em Isaías (7: 13-14), Deus aparece prometendo ao rei Acaz: "Então disse ele: Ouvi vós, da casa de Davi! Parece-vos pouco o fatigardes os homens, e quereis fatigar também a meu Deus? Pois sabei que o Senhor mesmo vos dará um sinal: Eis que a jovem concebeu e dará à luz um filho e pôr-lhe-á o nome de Emanuel".

No Novo Testamento, a Virgem Maria recebeu a mensagem de um anjo, que disse que ela daria à luz um filho: "Eis que conceberás no teu seio e darás à luz um filho, e tu o chamarás com o nome de Jesus. Ele será grande, será chamado Filho do Altíssimo, e o Senhor Deus lhe dará o trono de Davi, seu pai; ele reinará na casa de Jacó para sempre, e o seu reinado não terá fim" (Lucas, 1: 31-33).

Quando José, o noivo de Maria, ficou sabendo da gravidez desta, consciente de não ser ele mesmo o responsável, quis romper o noivado, mas Deus lhe falou em sonho, dizendo: "Ela dará à luz um filho e tu o chamarás com o nome de Jesus, pois ele salvará o seu povo dos seus pecados. Tudo isso aconteceu para que se cumprisse o que o Senhor havia dito pelo profeta" (Mateus, 1: 21-22).

E Mateus (1: 22-23) explicou tratar-se do cumprimento da profecia citada anteriormente (Isaías, 7: 14).

6. **Ele nasceria em Belém**

Em Miqueias (5: 2), Deus prometeu: "Por isso ele os abandonará até o tempo em que a parturiente dará à luz. Então o resto de seus irmãos voltará para os filhos de Israel".

No Novo Testamento, Maria e José moravam na cidade de Nazaré, mas, nos dias em que Jesus estava para nascer, as autoridades romanas levantaram um censo, no qual cada família tinha de se alistar em sua cidade ancestral:

> *E todos iam se alistar, cada um na própria cidade. Também José subiu da cidade de Nazaré, na Galileia, para a Judeia, na cidade de Davi, chamada Belém, por ser da casa e da família de Davi, para se inscrever com Maria, sua mulher, que estava grávida. Enquanto lá estavam, completaram-se os dias para o parto, e ela deu à luz o seu*

filho primogênito, envolveu-o com faixas e reclinou-o numa manjedoura, porque não havia um lugar para eles na sala. (Lucas, 2: 3-7)

Existem diversas outras profecias no Antigo Testamento a respeito do Messias, Jesus Cristo, que podem ser encontradas tanto no *Manual Bíblico Halley* (Halley, 2001) quanto no livro *Evidência que exige um veredito*, de McDowell (1996), citadas por extenso com breves comentários. Trata-se de leituras fáceis e proveitosas, que fazem parte da Doutrina de Cristo como Divino Salvador.

2.3.4 A divindade de Jesus Cristo no Novo Testamento

Quando caminhamos na direção do Novo Testamento, as informações sobre a humanidade e a divindade de Jesus se tornam evidentes em muitos textos. A vida, os ensinamentos e as obras de Jesus são narrados nos quatro Evangelhos: Mateus, Marcos, Lucas e João. Destes, Mateus, Marcos e Lucas são chamados de *sinóticos* (ou seja, adotam a mesma compreensão histórica). Os três juntos oferecem uma vista tridimensional, estereoscópica de Jesus Cristo, das Suas ações e doutrinas. Marcos é o mais breve e direto, e tanto Mateus quanto Lucas contêm (nunca em linguagem exatamente idêntica nem na mesma ordem) a maior parte desse conteúdo, mas cada um deles contribui com muitos relatos e ensinos para completar o quadro.

No texto original escrito em grego, percebe-se que os três sinóticos usam linguagem e vocabulário diferentes em textos paralelos, mas as línguas modernas não refletem essas diferenças. De qualquer forma, João se diferencia por conter muitos discursos de Jesus que revelam a Sua pessoa, especialmente em particular com Seus discípulos. Esse conteúdo receberá tratamento separado mais adiante.

Jesus, com o título "Filho de Deus" e "Filho do Homem", afirmava a Sua Divindade, sendo muitos dos Seus atributos exclusivamente privativos do próprio Deus. Os próprios judeus que O ouviam entendiam isso muito bem: "Então os judeus, com mais empenho, procuravam matá-lo, pois, além de violar o sábado, ele dizia ser Deus seu próprio pai, fazendo-se, assim, igual a Deus" (João, 5: 18).

Quando Jesus disse: "Eu e o Pai somos um", a reação dos judeus foi: "Os judeus lhe responderam: 'Não te lapidamos por causa de uma boa obra, mas por blasfêmia, porque, sendo apenas homem, tu te fazes Deus'" (João, 10: 33).

Quando Jesus curou um paralítico, dizendo: "Filho, os teus pecados estão perdoados", os escribas judeus disseram: "Ele blasfema! Quem pode perdoar pecados a não ser Deus?", e Jesus confirmou ter autoridade para perdoar pecados (Marcos, 2: 7-11).

Quando Jesus foi interrogado diante do Sinédrio judaico, o sumo sacerdote Lhe perguntou: "És tu o Messias, o Filho do Deus Bendito?". Jesus respondeu: "Eu sou, e vereis o Filho do Homem sentado à direita do Poderoso vindo com as nuvens do céu" (Marcos, 14: 61-64).

Tão íntima era sua relação com Deus que Jesus declarou que conhecer a Ele era conhecer a Deus (João, 8: 19; 14: 9-11); vê-Lo era ver a Deus (João, 12: 45; 14: 9); crer Nele era crer em Deus (João, 12: 44; 14: 1); recebê-Lo era receber a Deus (Marcos, 9: 37); odiá-Lo era odiar a Deus (João, 15: 23); honrá-Lo era honrar a Deus (João, 5: 23).

Cristo revelou um poder sobre as forças da natureza que somente Deus, autor dessas forças, poderia possuir. Acalmou uma furiosa tempestade de vento e vagalhões no mar da Galileia. Ao fazê-lo, arrancou dos que estavam no barco a pergunta cheia de reverência: "Quem é este a quem até o vento e o mar obedecem?" (Marcos, 4: 41).

Transformou a água em vinho, alimentou 5 mil pessoas com cinco pães e dois peixes. Devolveu a uma viúva aflita seu único filho levantando-o dentre os mortos e trouxe à vida a filha morta dum pai esmagado pela dor. A um antigo amigo morto e sepultado, Jesus disse: "Lázaro, vem para fora!" e de forma dramática o levantou dentre os mortos. Seus inimigos não podiam negar esse milagre e procuravam matá-Lo para evitar que todos cressem em Suas realizações (João, 11: 48).

Jesus revelou possuir o poder do Criador sobre as enfermidades e a doença. Ele fez coxos andarem, mudos falarem e cegos verem; inclusive, há um caso de cura de cegueira congênita no Evangelho segundo São João. O homem curado, submetido a interrogatório sobre a cura que recebera de Jesus, reafirmava: "Eu era cego, e agora vejo" e confirmou: "Jamais se ouviu dizer que alguém tenha aberto os olhos de um cego de nascença. Se esse homem não viesse de Deus, nada poderia fazer" (João, 9: 32-33).

A suprema credencial de Jesus para autenticar a Sua divindade foi a Sua ressurreição dentre os mortos. Conforme profetizara aos Seus discípulos, foi morto e, em três dias, ressuscitou e apareceu de novo diante deles. Os quatro Evangelhos narram com pormenores a história: a partir de Mateus (26: 47), Marcos (14: 43), Lucas (22: 47-53), João (18: 2), até ao fim de cada um deles.

Apenas reconhecendo a divindade de Cristo é que o Novo Testamento e a própria fé cristã fazem sentido. Todos os grupos e seitas que alegam ser cristãos, mas que negam a divindade de Cristo, são classificados como *hereges*.

2.3.5 Jesus em Atos dos apóstolos

A importância especial de Atos na cristologia é que o mesmo Lucas que escreveu o Evangelho é também autor de Atos, como se fosse uma continuação do primeiro; seria como um quinto Evangelho, ou o Evangelho de Jesus, demonstrado e pregado por Seus seguidores. O texto de Atos (1: 1-11) reafirma a vida, a morte, a ressurreição e a ascensão de Jesus Cristo. Em João (14: 16-26; 16: 5-16), Jesus Cristo reafirma a promessa da vinda do Espírito Santo sobre seus seguidores.

O cumprimento dessa promessa (Atos, 2: 1-13) revestiu de poder os apóstolos, e Pedro pregou, com autoridade, um resumo do Evangelho, enxergado à luz da ascensão e da vinda do Espírito Santo:

> *Homens de Israel, ouvi estas palavras! Jesus, o Nazareu, foi por Deus aprovado diante de vós com milagres, prodígios e sinais, que Deus operou por meio dele entre vós, como bem o sabeis. Este homem, entregue segundo o desígnio determinado e a presciência de Deus, vós o matastes, crucificando-o pela mão dos ímpios. Mas Deus o ressuscitou, libertando-o das angústias do Hades, pois não era possível que ele fosse retido em seu poder.* (Atos, 2: 22-24)

Trata-se de um resumo do conteúdo dos Evangelhos, com a conclusão pós-pentecostal: "Saiba, portanto, com certeza, toda a casa de Israel: Deus o constituiu Senhor e Cristo, este

Jesus a quem vós crucificastes" (Atos, 2: 36), e a aplicação: "Respondeu-lhes Pedro: 'Arrependei-vos, e cada um de vós seja batizado em nome de Jesus Cristo para a remissão dos vossos pecados. Então recebereis o dom do Espírito Santo'" (Atos, 2: 38). Esses versículos denotam a pregação do Evangelho, as boas-novas da salvação, mediante a obra completada de Jesus Cristo.

No Capítulo 3, após uma cura em público em nome de Jesus Cristo, Pedro disse diante do povo: "[...] Mas Deus o ressuscitou dentre os mortos, e disto nós somos testemunhas. Graças à fé em seu nome, este homem que contemplais e a quem conheceis, foi o Seu nome que o revigorou; e a fé que nos vem por Ele é que deu a este homem a sua perfeita saúde diante de todos vós" (Atos, 3: 15-16). Por fim, o convite: "Arrependei-vos, pois, e convertei-vos, a fim de que sejam apagados os vossos pecados, e deste modo venham da face do Senhor os tempos do refrigério. Então enviará ele o Cristo que vos foi destinado, Jesus" (Atos, 3: 19-20).

No capítulo seguinte, interrogados diante do Sinédrio (concílio judaico), os apóstolos explicaram: "seja manifesto a todos vós e a todo o povo de Israel: é em nome de Jesus Cristo, o Nazareu, aquele a quem vós crucificastes, mas a quem Deus ressuscitou dentre os mortos, é por seu nome e por nenhum outro que este homem se apresenta curado, diante de vós" (Atos, 4: 10). A conclusão: "Pois não há, debaixo do céu, outro nome dado aos homens pelo qual devamos ser salvos" (Atos, 4: 12).

No Capítulo 7, Estevão fez sua defesa, ou apologia de Jesus Cristo, diante do Sinédrio, demonstrando que a totalidade da história de Israel e das Escrituras do Antigo Testamento tinha o Salvador como seu alvo, propósito e cumprimento. Cristo foi apedrejado à morte por isso, estando presente Saulo, que posteriormente passou a ser conhecido como apóstolo Paulo. O ponto de partida de Paulo, nas suas viagens missionárias, era pregar dessa mesma maneira nas sinagogas judaicas, em Chipre (Atos, 13: 4), em Antioquia da Pisídia (Atos, 13: 13-51), em Icônio (Atos, 14: 1-7), em Tessalônica (Atos, 17: 1-5), em Bereia (Atos, 17: 10-15), em Atenas (Atos, 17: 16), em Corinto (Atos, 18: 1-8), em Éfeso (Atos, 19: 1), baseando-se em exegese do Antigo Testamento, com fartos detalhes e ricos em analogias.

Na sequência, no Capítulo 8, o evangelista Filipe explica para o tesoureiro da rainha da Etiópia o significado de Isaías (53: 7-8) e o leva a Cristo. Quando o eunuco (título de oficial com livre acesso aos aposentos reais) perguntou: "Que impede que eu seja batizado?", Filipe o batizou, e o eunuco assumiu a fé em Cristo, passando a pregar a Boa-Nova em todas as cidades por que passava" (Atos, 8: 36-40). Essa passagem pode ser considerada a primeira (e mais breve!) **assunção de fé** que as Igrejas exigem para alguém ser recebido como cristão.

Em Atos (9: 1-19), Paulo teve uma visão de Jesus Cristo; Ele o encaminhou a quem o instruísse na fé, lhe impusesse as mãos para curar a cegueira provocada pela forte visão, lhe transmitisse a plenitude do Espírito Santo e fosse batizado (vers. 18). Em seguida, Paulo passou a ser evangelista e apologista de Jesus entre os judeus (vers. 20-22).

No capítulo subsequente, como resultado de visões recebidas, tanto pelo centurião romano quanto pelo apóstolo Pedro, houve um encontro entre um judeu cristão e uma autoridade romana (gentia). Quando os gentios que foram aceitando a pregação de Pedro receberam o Espírito Santo como no Dia do Pentecoste (Atos, 10: 44-46), foi-lhes concedido o batismo como membros plenários da Igreja. Isso deu ímpeto para a evangelização dos gentios (Atos, 13: 1-3 é o ponto de partida).

Nas viagens missionárias, Paulo buscava primeiramente os judeus nas sinagogas, dando-lhes a oportunidade de aceitarem Cristo como Salvador. O padrão normal era o repúdio pelos judeus à pregação bíblica a respeito do Messias de Israel, impelindo o apóstolo Paulo a levar as boas-novas aos gentios. Assim foi em Antioquia da Pisídia, onde Paulo concluiu: "Era preciso que a vós primeiro fosse dirigida a palavra de Deus. Uma vez, porém, que a rejeitais e julgais a vós mesmos indignos da vida eterna, nós nos voltamos para os gentios" (Atos, 13: 46). E o resultado foi imediato: "Ouvindo isto, os gentios se alegravam e glorificavam a palavra do Senhor, e todos os que eram destinados à vida eterna abraçaram a fé" (vers. 48).

No Capítulo 16, Paulo e Silas pregaram na colônia romana de Filipos, sendo encarcerados por isso, e o bom testemunho deles em meio a torturas e um terremoto levou à conversão do carcereiro, que perguntou: "Senhores, que devo fazer para ser salvo?". E eles responderam: "Crê no Senhor e serás salvo, tu e a tua casa" (Atos, 16: 30-31). Após a pregação da palavra de Deus, houve batismo daqueles que creram Nele (Atos, 16: 32-34).

Em Bereia, os membros da sinagoga foram elogiados porque examinaram "cada dia as Escrituras, para ver se as coisas eram mesmo assim" (Atos, 17: 11). O padrão é crer no Senhor Jesus da mesma forma que se crê em Deus, e isso em total consonância com as Escrituras, a palavra de Deus.

Em Atenas, Paulo anunciou Jesus na praça de uma grande cidade intelectual, tendo como ponto de partida um altar "ao Deus Desconhecido" e alusões aos pensadores gregos. O Deus que fez o mundo agora (ou seja, com a vinda de Cristo) ordena que todos, em todo lugar, se arrependam (Atos, 17: 24-31).

No Capítulo 20, Paulo, encerrando sua terceira viagem missionária, despediu-se dos presbíteros em Éfeso, elucidando a obra de Cristo (passado e futuro) junto aos seus: "Eu servi ao Senhor com toda a humildade, com lágrimas [...]. E nada do que vos pudesse ser útil eu negligenciei de anunciar-vos e ensinar-vos, em público e pelas casas, conjurando judeus e gregos ao arrependimento diante de Deus e à fé em Jesus, nosso Senhor" (Atos, 20: 19-21).

> *Agora, acorrentado pelo Espírito, dirijo-me a Jerusalém, sem saber o que lá me sucederá. Senão que, de cidade em cidade, o Espírito Santo me adverte dizendo que me aguardam cadeias e tribulações. Mas de forma alguma considero minha vida preciosa a mim mesmo, contanto que leve a bom termo a minha carreira e o ministério que recebi do Senhor Jesus: dar testemunho do Evangelho da graça de Deus.* (Atos, 20: 22-24)

Jesus Cristo recebe total dedicação dos Seus convertidos, e estes recebem a ajuda do Espírito Santo para testemunhar o Evangelho da graça de Deus. Esse trecho prenuncia a obra missionária de Paulo como encarcerado por causa da sua fé em Cristo, tanto em suas apologias de Cristo diante de várias autoridades quanto nas Epístolas que continuava escrevendo na cadeia (Filipenses, Efésios, Colossenses, Filemom, I e II Timóteo, Tito).

No Capítulo 22, Paulo, preso em razão de um tumulto provocado pelos judeus contra ele no templo, recebeu do oficial romano licença de fazer sua defesa. Ressaltou seus sólidos fundamentos judaicos, deu testemunho da sua conversão a Jesus, mas os judeus não queriam escutar mais nada depois de ele declarar que Jesus o mandou evangelizar os gentios.

Diante do governador Félix e do rei Agripa, Paulo confirmou que toda a sua pregação de Cristo estava dentro daquilo que a Escritura do Antigo Testamento profetizava, prenunciava e ensinava: "Isto, porém, confesso-te: é segundo o Caminho, a que chamam de seita, que eu sirvo ao Deus de meus pais, crendo em tudo o que está conforme a Lei e se encontra escrito nos Profetas" (Atos, 24: 14), e

> *Tendo alcançado, porém, o auxílio que vem de Deus, até o presente dia continuo a dar o meu testemunho diante de pequenos e de grandes, nada mais dizendo senão o que os Profetas e Moisés disseram que havia de acontecer: que o Cristo devia sofrer e que, sendo o primeiro a ressuscitar dentre os mortos, anunciaria a luz ao povo e aos gentios.* (Atos, 26: 22-23)

Depois da explanação histórica da doutrina de Jesus Cristo em Atos dos apóstolos, fundamentada nos Evangelhos, e em plena consonância com o conteúdo das Escrituras do Antigo Testamento, passamos para a continuação e aplicação dessa mesma doutrina nas Epístolas.

2.3.6 A doutrina de Jesus Cristo nas Epístolas

As Epístolas têm como tema central a pessoa e a obra de Jesus Cristo, conforme são reveladas nos Evangelhos, confirmadas para os fiéis pelo Espírito Santo e pregadas por eles, historicamente, em Atos dos apóstolos. Tudo isso é tomado por certo, um fundamento, pelos autores das Epístolas, e todas estas foram escritas às Igrejas e às comunidades daqueles que já de antemão tinham crido em Cristo como Salvador e sido batizados, conforme vimos anteriormente na Seção 2.3.5.

Repassando a narrativa cronológica da vida de Jesus Cristo nos Evangelhos, podemos ver repetidas alusões a ela nas Epístolas:

- ∞ **Jesus nasceu como judeu**: "Quando, porém, chegou a plenitude do tempo, enviou Deus o seu Filho, nascido de uma mulher, nascido sob a Lei, para remir os que estavam sob a Lei, a fim de que recebêssemos a adoção filial" (Gálatas, 4: 4-5).
- ∞ **Jesus é Descendente de Davi**: "[...] e que diz respeito a seu Filho, nascido da estirpe de Davi segundo a carne, estabelecido Filho de Deus com poder por sua ressurreição dos mortos, segundo o Espírito de santidade, Jesus Cristo nosso Senhor" (Romanos, 1: 3-4).
- ∞ **As qualidades de Jesus**: manso: "[...] pela mansidão e pela bondade de Cristo" (II Coríntios, 10: 1); sem pecado: "Aquele que não conhecera o pecado, Deus o fez pecado por causa de nós, a fim de que, por ele, nos tornemos justiça de Deus" (II Coríntios, 5: 21); humilde: "Tende em vós o mesmo sentimento de Cristo Jesus: Ele tinha a condição divina, e não considerou o ser igual a Deus como algo a que se apegar ciosamente. Mas esvaziou-se a si mesmo, e assumiu a condição de servo, tomando a semelhança humana. E, achado em figura de homem, humilhou-se e foi obediente até a morte, e morte de cruz!" (Filipenses, 2: 5-8).
- ∞ **Jesus foi tentado**: "Pois, tendo ele mesmo sofrido pela tentação, é capaz de socorrer os que são tentados" (Hebreus, 2: 18); "Com efeito, não temos um sumo sacerdote incapaz de se compadecer das nossas fraquezas, pois ele mesmo

foi provado em tudo como nós, com exceção do pecado" (Hebreus, 4: 15).

- **Jesus foi transfigurado**: "Pois ele recebeu de Deus Pai honra e glória, quando uma voz vinda da sua Glória lhe disse: 'Este é o meu Filho amado, em quem me comprazo'. Esta voz, nós a ouvimos quando lhe foi dirigida do céu, ao estarmos com ele no monte santo" (II Pedro, 1: 17-18).
- **Jesus foi traído**: "Com efeito, eu mesmo recebi do Senhor o que vos transmiti: na noite em que foi entregue, o Senhor Jesus tomou o pão e, depois de dar graças, partiu-o e disse: 'Isto é o meu corpo, que é para vós; fazei isto em memória de mim'" (I Coríntios, 11: 23-24).
- **Jesus foi crucificado**: "nós, porém, anunciamos Cristo crucificado, que para os judeus é escândalo, para os gentios é loucura" (I Coríntios, 1: 23).
- **Jesus ressuscitou**: "Transmiti-vos, em primeiro lugar, aquilo que eu mesmo recebi: Cristo morreu por nossos pecados, segundo as Escrituras. Foi sepultado, ressuscitou ao terceiro dia, segundo as Escrituras. Apareceu a Cefas, e depois aos Doze" (I Coríntios, 15: 3-5).
- **Jesus subiu aos céus**: "por isso é que se diz: Tendo subido às alturas, levou cativo o cativeiro, concedeu dons aos homens. Que significa 'subiu', senão que ele também desceu? às profundezas da terra? O que desceu é também o que subiu acima de todos os céus, a fim de plenificar todas as coisas" (Efésios, 4: 8-10).

Você pode perceber, com a leitura desses textos (e em diversos outros), que os fatos históricos de Jesus Cristo passam a ser doutrina e teologia, o conteúdo da fé cristã.

O que também fica claro nas Epístolas (em acréscimo ao título "Filho de Deus" nos Evangelhos) é a divindade de Jesus Cristo, nos Seus vários aspectos, conforme indicamos a seguir:

- **A Jesus são dirigidas orações como a Deus**: "[...] à Igreja de Deus, que está em Corinto, àqueles que foram santificados em Cristo Jesus, chamados a ser santos, com todos os que em qualquer lugar invocam o nome de nosso Senhor Jesus Cristo, Senhor deles e nosso" (I Coríntios, 1: 2).
- **Jesus é colocado em igualdade com Deus Pai nas saudações de algumas Epístolas**: "Graça e paz a vós da parte de Deus nosso Pai e do Senhor Jesus Cristo!" (I Coríntios, 1: 3).
- **Jesus é Deus revelado a nós**: "para os incrédulos, dos quais o deus deste mundo obscureceu a inteligência, a fim de que não vejam brilhar a luz do evangelho da glória de Cristo, que é a imagem de Deus. Não pregamos a nós mesmos, mas a Cristo Jesus, Senhor. Quanto a nós mesmos, apresentamo-nos como vossos servos por causa de Jesus. Porquanto Deus, que disse: Do meio das trevas brilhe a luz!, foi ele mesmo quem reluziu em nossos corações, para fazer brilhar o conhecimento da glória de Deus, que resplandece na face de Cristo" (II Coríntios, 4: 4-6).

  "Ele é a Imagem do Deus invisível, o Primogênito de toda criatura" (Colossenses, 1: 15). Devemos entender a palavra *imagem* como expressão exata, manifestação perfeita, e subentender primogênito do Pai, de quem surgiu toda a criação. "É ele o resplendor de sua glória e a expressão do seu ser; sustenta o universo com o poder de sua palavra [...]" (Hebreus, 1: 3).

Jesus Cristo é referido muitas vezes como "Senhor" nas Epístolas do Novo Testamento – "Senhor" é a transliteração do tetragrama *Yhvh* (erroneamente transcrito como *Jeová*), que é Deus Pai Onipotente.

Em I Coríntios (7: 10; 7: 12; 7: 25), "Senhor" é alusão histórica a Jesus Cristo e Seus ensinamentos (no contexto do casamento); no vers. 17, o "Senhor" (Jesus Cristo) é equiparado a Deus Pai, e no vers. 22 a palavra *Senhor* é claramente associada ao próprio Jesus Cristo. Temos essa mesma definição em Efésios (6: 6-9).

A expressão "O Senhor Jesus" (II Tessalonicenses, 1: 7) trata-se de um conceito ensinado pelo Espírito Santo àqueles que se convertem, conforme temos em I Coríntios (12: 3): "Ninguém pode dizer: 'Jesus é Senhor' a não ser no Espírito Santo". Como crentes, entendemos a palavra *Senhor*, dirigida tão frequentemente a Jesus Cristo, no seu pleno significado divino.

- **Jesus Cristo confessado como Deus**: "[...] não me envergonho, porque eu sei em quem coloquei a minha fé, e estou certo de que ele tem poder para guardar o meu depósito, até aquele Dia" (II Timóteo, 1: 12). "Seguramente, grande é o mistério da piedade: Ele foi manifestado na carne, justificado no Espírito, contemplado pelos anjos, proclamado às nações, crido no mundo, exaltado na glória" (I Timóteo, 3: 16). Aguardamos "a nossa bendita esperança, a manifestação da glória do nosso grande Deus e Salvador, Cristo Jesus" (Tito, 2: 13).
- **Jesus Cristo, nosso divino Salvador**: Pedro escreveu: "[...] aos que receberam, pela justiça de nosso Deus e Salvador Jesus Cristo uma fé de valor igual à nossa, graça e paz vos sejam abundantemente concedidas pelo conhecimento de nosso Senhor!" (II Pedro, 1: 1-2).

2.3.7 A doutrina de Jesus Cristo no Apocalipse

O próprio Livro do Apocalipse é intitulado "Revelação de Jesus Cristo [...]" (Apocalipse, 1: 1). Jesus Cristo, o ser sobrenatural "semelhante a um filho de homem" (Apocalipse, 1: 13), manifestou-se ao apóstolo João, dizendo: "Escreve, pois, o que viste: tanto as coisas presentes como as que deverão acontecer depois destas" (Apocalipse, 1: 19). É a história de Jesus Cristo, aplicável aos tempos neotestamentários, à história da Igreja no mundo durante pelo menos 2 mil anos e à segunda vinda de Jesus.

O senhorio ou a soberania de Jesus Cristo se ressalta do começo ao fim do Apocalipse. Quando Jesus se manifesta, andando entre sete candelabros de ouro e segurando sete estrelas na mão direita, passa a explicar que os candelabros são as sete grandes Igrejas da Ásia Menor (onde João estava) e que as estrelas eram os anjos dessas Igrejas. Jesus está pessoalmente vigiando as Igrejas, presente entre elas, naqueles tempos e até hoje.

As cartas que Jesus mandou escrever àquelas Igrejas têm aplicação imediata a cada uma delas, naquele momento histórico, mas também são consideradas admoestações a vários tipos de Igrejas durante toda a história da Igreja cristã, e é muito comum identificar cada uma delas, na ordem em que aqui aparece como profecia do que se sucederia à cristandade no decurso dos séculos.

Nesse contexto, temos duas declarações paralelas que, juntas, nos revelam a plena divindade de Cristo: "Eu sou o Alfa e o Ômega, diz o Senhor Deus, 'Aquele-que-é, Aquele-que-era e Aquele-que-vem', o Todo-Poderoso" (Apocalipse, 1: 8). E Jesus diz a João: "Ao vê-lo, caí como morto a seus pés. Ele, porém, colocou a mão direita sobre mim assegurando: 'Não temas! Eu sou o Primeiro e o Último, o Vivente; estive morto, mas eis que estou vivo pelos séculos dos séculos, e tenho as chaves da Morte e do Hades'" (Apocalipse, 1: 17-18). É Jesus Cristo reinando como Deus.

Nas cartas às sete Igrejas, Jesus Cristo está ditando-as, mas cada uma delas termina com a exortação: "Quem tem ouvidos, ouça o que o Espírito diz às Igrejas: ao vencedor, conceder-lhe-ei comer da árvore da vida que está no paraíso de Deus" (Apocalipse, 2: 7). Aquilo que Cristo diz equivale àquilo que o Espírito Santo diz. Já nos Evangelhos estamos acostumados com a seguinte exortação de Jesus: "Quem tem ouvidos, ouça!" (Mateus, 11: 15), com referência aos seus ensinos, e há muitas expressões paralelas.

A soberania divina de Jesus Cristo, tema que percorre o Apocalipse, já é anunciada no início do texto (1: 5): "[...] a Testemunha fiel, o Primogênito dos mortos, o Príncipe dos reis da terra. Àquele que nos ama, e que nos lavou de nossos pecados com seu sangue". Em plena harmonia com a declaração de Jesus nos Evangelhos, "Toda a autoridade sobre o céu e sobre a terra me foi entregue" (Mateus, 28: 18), temos o cântico de milhões de anjos no Apocalipse: "Digno é o Cordeiro imolado de receber o poder, a riqueza, a sabedoria, a força, a honra, a glória e o louvor!". Da mesma forma, todas as criaturas existentes no Universo diziam: "Àquele que está sentado no trono e ao Cordeiro pertencem o louvor, a honra, a glória e o domínio pelos séculos!" (Apocalipse, 5: 11-13).

Títulos messiânicos do Antigo Testamento, retomados por Jesus nos Evangelhos, reaparecem no Apocalipse: "Um dos

Anciãos, porém, consolou-me: 'Não chores! Eis que o Leão da tribo de Judá, o Rebento de Davi, venceu para poder abrir o livro e seus sete selos'" (Apocalipse, 5: 5); e Jesus disse, no último capítulo: "[...] Eu sou o rebento da estirpe de Davi, a brilhante Estrela da manhã" (Apocalipse, 22: 16).

A segunda vinda de Cristo, referida nos Evangelhos, e declarada detalhadamente nas Epístolas I e II Tessalonicenses, é declarada já no início do Apocalipse: "Eis que ele vem com as nuvens, e todos os olhos o verão, até mesmo os que o traspassaram" (Apocalipse, 1: 7).

Na linguagem da Parábola do Servo Vigilante (Lucas, 12: 35-48), temos, no Apocalipse (16: 15): "Eis que venho como ladrão! Feliz aquele que permanece vigilante e conserva consigo as suas vestes, para que não ande nu e não seja vista a sua vergonha".

No decurso dos eventos narrados no Apocalipse, Jesus Cristo é sempre enaltecido como o Senhor ressurreto e glorificado, soberano, operante em favor do seu povo: "E o sétimo Anjo tocou... Houve então fortes vozes no céu, clamando: 'A realeza do mundo passou agora para nosso Senhor e seu Cristo, e ele reinará pelos séculos dos séculos'" (Apocalipse, 11: 15).

Na passagem a seguir, temos os fiéis vencendo com Cristo:

> *Ouvi então uma voz forte no céu, proclamando: "Agora realizou-se a salvação, o poder e a realeza do nosso Deus, e a autoridade do seu Cristo: porque foi expulso o acusador dos nossos irmãos, aquele que os acusava dia e noite diante do nosso Deus. Eles, porém, o venceram pelo sangue do Cordeiro e pela palavra do seu testemunho, pois desprezaram a própria vida até à morte [...]".* (Apocalipse, 12: 10-11)

O Capítulo 19 do Apocalipse apresenta Jesus Cristo como vencedor, chamado *fiel* e *verdadeiro*:

> *"Fiel" e "Verdadeiro"* ele julga *e combate* com justiça. *[...] veste um* manto embebido de sangue*, e o nome com que é chamado é Verbo de Deus. [...] Ele é quem pisa o lagar do vinho do furor da ira de Deus, o Todo-poderoso. Um nome está escrito sobre seu manto e sobre sua coxa:* Rei dos reis *e* Senhor dos senhores. (Apocalipse, 19: 11-16)

Aqui temos alusão a várias expressões proféticas messiânicas do Antigo Testamento. Em seguida, voltamos ao "princípio" com João, em que Cristo já era a "Palavra", ou Verbo (João, 1: 1).

No último capítulo do Apocalipse, após revelar os eventos tumultuosos profetizados a João, Jesus volta a prometer a sua segunda vinda, mas em linguagem de conforto e encorajamento para seus fiéis: "Eis que eu venho em breve! Feliz aquele que observa as palavras da profecia deste livro" (Apocalipse, 22: 7). "Eis que eu venho em breve, e trago comigo o salário para retribuir a cada um conforme o seu trabalho" (22: 12). "'Sim, venho muito em breve!' Amém! Vem, Senhor Jesus!" (22: 20).

2.4 Os nomes e a natureza de Cristo

Os títulos atribuídos a Jesus nas Escrituras nos ajudam a compreendê-Lo, especialmente em relação aos nomes, pois descrevem em parte Sua natureza, Sua posição oficial e a obra para a qual Ele veio ao mundo.

2.4.1 Jesus

O nome *Jesus* (Lesous) é a forma grega do antigo nome hebraico *Yesua* (Josué, 1: 1; Zacarias, 3: 1). *Yesua* (Josué), segundo Coenen e Brown (2000), veio a ter uso geral perto dos tempos do exílio dos judeus na Babilônia, substituindo a forma mais antiga *Yehosua*. A *Septuaginta* traduziu a forma mais antiga como a mais recente, de modo uniforme, como Lesous, o qual, conforme Coenen e Brown (2000, p. 1075), "é o nome mais antigo que se forma com o nome divino Javé, e significa 'Javé é socorro' ou 'Javé é salvação'".

Jesus foi o Nome dado ao Filho de Deus (Mateus, 1: 21; Lucas, 1: 31) determinado por instruções celestiais dadas ao pai (Mateus) ou à mãe (Lucas). Nesse contexto, Mateus também dá uma interpretação ao nome "Jesus" e, ao mesmo tempo, descreve a tarefa futura do filho de Maria: "[...] ele salvará o seu povo dos seus pecados" (Mateus, 1: 21).

Portanto, temos diante de nós uma cristologia bem antiga, com uma abordagem teológica semelhante àquela de Filipenses (2: 9). Fica evidente que o nome "Jesus" já contém uma promessa.

2.4.2 Cristo

Cristo é derivado do latim *christus*, do grego *christos*, que, na *Septuaginta* (*LXX*) e no Novo Testamento, é o equivalente grego da palavra aramaica *mesiha*. Essa palavra, por sua vez, corresponde ao termo hebraico *maschiach*, que denota uma pessoa que foi cerimonialmente ungida para um cargo. Habitualmente, os reis e sacerdotes eram ungidos, durante a antiga dispensação

(Êxodo, 29: 7; Levítico, 4: 3; Juízes, 9: 8; I Samuel, 9: 16; 10: 1; II Samuel, 19: 10). Ciro, instrumento usado por Deus para uma missão particular, é chamado de *messias*, ungido em Isaías (45: 1). No período monárquico, o rei era conhecido como "ungido de Yahweh" (I Samuel, 24: 10). O óleo utilizado para a unção desses oficiais simbolizava o Espírito Santo (Isaías, 61: 1; Zacarias, 4: 1-6), e a unção representava a transferência do Espírito para a pessoa consagrada (Coenen; Brown, 2000).

No Novo Testamento, os escritores dos Evangelhos se referiram por várias vezes a Jesus como "Cristo", tradução grega para o hebraico *messias* ou *ungido*. Ainda mais alarmante para a mente judaica é o fato de os escritores dos Evangelhos se referirem a Jesus como Filho de Deus (Marcos, 1: 1; Mateus, 16: 16).

Cristo é o Deus dos apóstolos e dos cristãos primitivos, no sentido em que é objeto de todos os seus afetos religiosos. Eles o consideravam a Pessoa a quem especialmente pertenciam; diante de quem eram responsáveis por sua conduta moral; a quem tinham de prestar contas de seus pecados, do emprego de seu tempo e talentos; aquele que estava sempre presente, habitando neles, e ajudando-os em todos os aspectos da vida cotidiana.

Todos aqueles que creem que Jesus é o Filho de Deus, ou seja, todos quantos creem que Jesus de Nazaré é Deus manifestado em carne, O amam e Lhe obedecem como tal são declarados nascidos de Deus.

2.4.3 Filho do Homem

Filho do Homem é a única denominação que, segundo os Evangelhos sinópticos, Jesus aplicou a si mesmo. Era a maneira mais comum de Jesus tratar a Si próprio. Ele aplicou esse nome em mais de 40 ocasiões.

2.4.4 Filho de Deus

A expressão "filhos de Deus" designava, em Israel, os seres espirituais, como os anjos (Jó, 1: 6; 2: 1; 38: 7; Salmos, 29: 1; 82: 6), mas também, às vezes, referia-se aos justos do povo de Deus (Gênesis, 6: 2; Salmo, 73: 15; Provérbios, 14: 26), ou aos monarcas ungidos no momento de subir ao trono, especialmente ao rei prometido da casa de Davi (II Samuel, 7: 14; Salmo, 89: 27). Por isso, era habitual atribuir tal apelativo inclusive ao Messias.

Ser filho de Deus significa em Cristo ser Homem-Deus. Indiscutivelmente, esse título caracteriza, de maneira particular e totalmente ímpar, a relação entre o Pai e o Filho. Cristo se autodefinia *Filho do Pai dos céus*. Pelas suas palavras, fica evidente que o Seu relacionamento com o Pai era substancialmente diferente de qualquer outro. Com efeito, Ele dizia: "[...] ninguém conhece o Filho senão o Pai, e ninguém conhece o Pai senão o Filho e aquele a quem o Filho o quiser revelar" (Mateus, 11: 27). Por meio de Jesus, o mundo veio descobrir que o Ser supremo é **amor**, que Ele é um Pai para cada homem. Os filhos dispersos na terra são chamados à casa desse Pai para reencontrar a dignidade perdida.

Questionário de Cristologia

1. Por que o estudo sobre a pessoa de Cristo se reveste de grande importância?
2. Como o Antigo Testamento prediz a vinda de Cristo?
3. Cite cinco temas centrais da mensagem da Bíblia transmitida aos homens.
4. Jesus escreveu algum Livro?
5. Em quantos idiomas foi escrito o Evangelho?
6. O que os intelectuais da modernidade profetizaram?
7. Por quem Jesus é mencionado fora das Escrituras?
8. Como era Jesus para os ebionitas?
9. Como Ário defendeu a cristologia?
10. O que ensinava o eutiquianismo?
11. Como os Evangelhos descrevem a natureza humana de Jesus?
12. Cite duas profecias do Antigo Testamento em relação a Cristo cumpridas no Novo Testamento.
13. O que Jesus estava afirmando com o título "Filho de Deus" e "Filho do Homem"?
14. O que significa ser "Filho de Deus" para Jesus Cristo?
15. O que significa o termo *patripassionismo*?

* Todas as passagens bíblicas indicadas neste capítulo são citações de Bíblia (2002).

Doutrina de Deus I*

Capítulo 3

A teologia é para todos, pois ela nos leva a pensar sobre Deus e expressar esse pensamento de alguma maneira. A teologia descobre, sistematiza e apresenta as verdades a respeito de Deus. Todo cristão precisa ser teólogo, mesmo porque, de uma forma ou de outra, todos nós já somos teólogos. Nisso está o problema: não há nada de errado em ser um teólogo leigo ou formado, mas certamente ser um mau teólogo ou um teólogo relapso é muito ruim.

A seguir, indicamos algumas razões para justificar que o estudo das doutrinas teológicas não é opcional:

- A crença correta é essencial e influencia nosso relacionamento com Deus.

  No Livro aos Hebreus, o autor escreveu: "Ora, sem a fé é impossível ser-lhe agradável. Pois aquele que se aproxima de Deus deve crer que ele existe e que recompensa os que o procuram" (Hebreus, 11: 6).

- A doutrina é importante, tendo em vista que hoje se valoriza mais a experiência do que a verdade.

  Atualmente, as pessoas vivem como se Deus não existisse. Não aceitam qualquer orientação vinda da parte de Deus, dedicando-se aos sentimentos e ações mais absurdas possíveis. Algumas pessoas até gostam de ouvir falar sobre Deus (sentimento religioso), mas, quando a crença implica compromisso e fé, elas recuam e não se dispõem a seguir as orientações de Deus para suas vidas.
- Para que o crente não se deixe confundir. Na atualidade, há vários pensamentos religiosos; todas essas tendências e filosofias são apresentadas diariamente aos cidadãos e, em razão dessas várias vertentes, devemos esclarecer as pessoas a respeito do verdadeiro Deus, que ama, salva e ajuda todos a viver de acordo com Sua vontade.

Depois de termos abordado a necessidade de conhecer um pouco mais sobre teologia sistemática, a partir deste ponto, trataremos a respeito da doutrina de Deus.

Para se falar em *teologia*, deve-se partir do princípio básico de que Deus existe e que Ele se revelou, deixando essa revelação à disposição da raça humana.

A palavra *teologia* tem origem em dois termos gregos: *theos* (que significa "Deus") e *logia* (que significa "estudo"); portanto, teologia trata-se de **dissertação ou raciocínio sobre Deus**. O termo *teologia* é utilizado de dois modos:

1. Descreve o estudo de toda verdade bíblica.
2. Descreve especificamente o estudo de Deus, bem como de sua existência, natureza, seus nomes, seus atributos e suas obras.

Segundo Araújo (2014):

> *Embora o cristão baseie seu conhecimento de Deus principalmente nas Escrituras Sagradas e na revelação de Deus através de seu Filho Jesus Cristo, ele também acolhe com agrado as evidências comprobatórias do universo e da natureza. Qualquer tentativa de estudar Deus e a verdade divina irá necessariamente tomar alguma forma ou sistema, caso deva ser compreendida e retida.*

O estudo de Deus é da máxima importância, pois Ele é Todo-Poderoso, criador do céu e da terra; Ele dá origem à vida; a partir Dele e para Ele tudo se fez; Ele é a fonte da vida e o sustento: "Porque nele vivemos, e nos movemos, e existimos [...]" (Atos, 17: 28). O apóstolo Paulo, em seu sermão aos atenienses, afirmou: "De um só ele fez toda a raça humana. [...] Tudo isso para que procurassem a divindade e, mesmo se às apalpadelas, se esforçassem por encontrá-la, embora não esteja longe de cada um de nós" (Atos, 17: 26-27). João Calvino disse: "Quase toda sabedoria que possuímos, ou seja, a sabedoria verdadeira e sadia, consiste em duas partes: o conhecimento de Deus e de nós mesmos". É muito duvidoso que possamos conhecer realmente a nós mesmos e ao nosso propósito na vida sem algum conhecimento de Deus e da Sua vontade (Araújo, 2014).

Toda a criação obedece às ordens de seu Criador, a harmonia do universo se dá por causa de Deus. Imagine um planeta tão complexo como a terra, sem um criador e sem a ordem física necessária. Não podemos existir sem Deus, devemos viver para Ele e só a Ele dar glória.

3.1 A existência de Deus

A existência de Deus é uma premissa fundamental das Escrituras, que não tecem argumentos para afirmá-la ou comprová-la. O cristão aceita a verdade da existência de Deus primeiramente pela fé. Essa fé não é cega, mas baseada em provas, e estas se encontram, primariamente, nas Escrituras como a palavra de Deus inspirada, e, secundariamente, na revelação de Deus na natureza. A Bíblia pressupõe a existência de Deus em sua declaração inicial: "No princípio Deus criou o céu e a terra" (Gênesis, 1: 1). Ela não somente descreve Deus como Criador de todas as coisas, mas também como Sustentador de tudo que nos cerca. Ele revelou gradativamente Seu grandioso propósito de redenção através da escolha e direção do povo de Israel na antiga aliança, registrada no Antigo Testamento a partir da pessoa e obra de Cristo. Em quase todas as páginas das Escrituras Sagradas, Deus se revela em atos e palavras, e essa revelação constitui para todos os cristãos a base da crença na existência de Deus, tornando a fé inteiramente razoável.

O finito não pode compreender o infinito. Só conhecemos a Deus à medida que Ele entra em relação conosco. Essa compreensão acontece de forma sobrenatural; pela fé recebemos de Deus uma revelação sobre Sua pessoa, obra e natureza.

3.1.1 Evidências que provam a existência de Deus

O Salmo 14: 1 declara: "Diz o insensato no seu coração: 'Deus não existe!'" e, ainda, "O ímpio é soberbo, jamais investiga: – 'Deus não existe!' – é tudo o que pensa" (Salmo, 10: 4). O apóstolo Paulo lembra aos efésios que eles tinham estado anteriormente "sem Deus no mundo" (Efésios, 2: 12). A incredulidade rejeita, sem pensar, qualquer possibilidade de haver revelação divina, pois o descrente rejeita a Bíblia como revelação divina e, por conseguinte, não aceita aquilo que ela revela, assim se recusa a crer no Deus da Bíblia. Sendo os seres humanos finitos e Deus infinito, não podemos conhecer a Deus, a menos que Ele se revele para nós, ou seja, a menos que Ele se manifeste aos seres humanos de tal forma que estes possam conhecê-Lo e ter comunhão com Ele.

Da parte de Deus, Ele faz todo o possível para ser conhecido. Toda a base para o conhecimento de Deus está nas Escrituras Sagradas, como diz a própria Bíblia: "Pois a fé vem da pregação e a pregação é pela palavra de Cristo" (Romanos, 10: 17).

Embora a Bíblia não apresente argumentos em favor da existência de Deus, existem algumas evidências para os que desejarem ter a certeza de que há um Deus verdadeiro que se revelou ao mundo.

3.1.1.1 Na natureza

O salmista diz: "Os céus contam a glória de Deus [...]" (Salmo, 19: 1); o apóstolo Paulo declarou: "Sua realidade invisível – seu eterno poder e sua divindade – tornou-se inteligível, desde a criação do mundo, através das criaturas, de sorte que não têm desculpa" (Romanos, 1: 20). Esta e outras passagens das Escrituras dão a entender que Deus deixou provas a respeito de Si no mundo que criou.

A Terra está inclinada em seu eixo em relação ao Sol, estabelecendo assim as estações e a melhor distribuição de luz e calor durante o ano. Ela fica a uma distância ideal do Sol, a fim de evitar o calor escaldante e o frio extremo. A composição química da atmosfera se acha num equilíbrio ideal para as vidas animal e vegetal. Uma das substâncias mais comuns é a água. A maior parte das outras substâncias torna-se mais densa quando se diminui a temperatura. A água, felizmente, se expande e se torna menos densa quando congelada. Na forma de gelo, a água flutua sobre a superfície de lagos, rios e marés. Se a água, quando em seu estado sólido, se tornasse mais densa e afundasse, muitos rios, lagos e marés jamais se descongelariam, e grande parte da Terra se tornaria glacial e inabitável. O universo, em toda a parte, manifesta um movimento preciso e ordenado. "Quem plantou o ouvido não ouvirá? Quem formou o olho não olhará?" (Salmo, 94: 9).

3.1.1.2 Na história

Um exemplo da revelação de Deus na história é a preservação do povo de Israel. Essa pequena nação vem sobrevivendo ao longo de séculos, em ambientes basicamente hostis, muitas vezes em face de severa oposição.

3.1.2 Na revelação geral

Em todas as culturas, em todos os tempos e lugares, os homens vêm crendo na existência de uma realidade superior a si mesmos e até em algo superior à raça humana. A palavra de Deus declara que o homem foi criado à imagem Dele:

> *Deus disse: "Façamos o homem à nossa imagem, como nossa semelhança, e que eles dominem sobre os peixes do mar, as aves do céu, os animais domésticos, todas as feras e todos os répteis que rastejam sobre a terra". Deus criou o homem à sua imagem, à imagem de Deus ele o criou, homem e mulher ele os criou.* (Gênesis, 1: 26-27)

Não devemos buscar a imagem de Deus no homem físico, pois "Deus é Espírito [...]" (João, 4: 24). Deus é Espírito; Deus não tem forma; Deus se revela de maneira sobrenatural; a adoração a Deus deve proceder de um indivíduo com fé e atitude de obediência.

3.2 A natureza de Deus

Quem pode definir a natureza e a essência do Deus infinito? Não só os Seus caminhos são "inescrutáveis" (Romanos, 11: 33) como também Sua natureza e Seu ser ultrapassam nossa compreensão. Zofar falou: "Acaso podes sondar a profundeza de Deus, e atingir os limites de Shaddai?" (Jó, 11: 7). "Que haveis de comparar a Deus? Que semelhança podereis produzir dele?" (Isaías, 40: 18). Desde que o tempo teve início, o homem tem procurado descrever ou retratar Deus por meio de figuras, pinturas e palavras descritivas, mas sempre tem falhado, ficando muito distante de seu alvo. Todavia, Deus nos revelou o necessário de Sua natureza essencial para podermos servi-Lo e adorá-Lo. Sem a revelação, o homem nunca seria capaz de adquirir qualquer conhecimento de Deus. E, mesmo depois de Deus ter-se revelado objetivamente, não é a razão humana que descobre Deus, mas é Deus que se descerra aos olhos da fé. Contudo, pela aplicação da razão humana santificada ao estudo da Palavra, o homem pode, sob a direção do Espírito Santo, obter um sempre crescente conhecimento de Deus. Em sua Palavra, Ele revela a Si mesmo fazendo-se conhecer ou proclamando o Seu nome: "Apareci a Abraão, a Isaac e a Jacó como El Shaddai; mas pelo meu nome, Iahweh, não lhes fui conhecido" (Êxodo, 6: 3). Por ser um Deus pessoal, ele se apresenta às pessoas. Quando Moisés pergunta o que diria para identificar a Pessoa que o enviara ao povo de Israel, o Senhor respondeu dizendo-lhe Seu nome: "Eu sou aquele que é" (Êxodo, 3: 14).

A natureza de Deus melhor se revela por Seus atributos. Precisamos ter o cuidado de não imaginá-Lo como sendo abstrato, mas como meios vitais que revelam a natureza de Deus. Segundo Bergstén (1999, p. 26), "atributo é uma característica essencial de um ser, aquilo que lhe é próprio", portanto, são aquelas características essenciais, permanentes e distintivas que podem ser afirmadas a respeito de Seu ser. Várias declarações sobre Deus nas Escrituras definem diversos aspectos de Sua natureza, tais como: Deus é Espírito (João, 4: 24); Deus é luz (I João, 1: 5); Deus é amor (I João, 4: 8) e Deus é fogo consumidor (Hebreus, 12: 29).

Portanto, Deus quer ser conhecido; Ele se revela por seus atributos. Todo seu poder se revela através de Sua criação; Seu amor se revela a partir de Jesus Cristo.

3.2.1 Deus é espírito

A declaração de que Deus é Espírito significa que Ele não pode ficar limitado a um corpo físico nem às dimensões de espaço e tempo. Ele é um Deus invisível e eterno. Por ser Espírito, Ele pode (Mateus, 28: 20). Nosso Senhor indicou que o homem deve "nascer do Espírito" a fim de entrar no reino de Deus, para que possa ter comunhão com Deus que é Espírito (João, 3: 5).

Deus sendo Espírito significa que Ele não tem forma, e a maneira de conhecê-Lo é por meio de Jesus – Seu nascimento e Sua vida terrena são formas de revelar Deus para aquele que crê.

Duas questões surgem a respeito da afirmação de que Deus é Espírito. Primeiramente, algumas passagens bíblicas representam Deus como tendo olhos, ouvidos ou braços (Isaías, 52: 10; Salmo, 34: 15). Essas figuras de linguagem são chamadas de *antropomorfismo* (que significa "semelhante ao homem"). As Escrituras condescendem com a nossa limitação, atribuindo a Deus (em sentido figurado) "ouvidos" para ouvir nossos gemidos, ou "braços" para nos socorrer (Silva, 2004).

O segundo problema com a representação da espiritualidade de Deus é que Ele, algumas vezes, é representado em forma humana (Gênesis, 17: 18-19; Josué, 5: 13-15). Embora Deus seja em essência Espírito, Ele, que fez todos os seres e coisas, pode, para Seus sábios fins, assumir qualquer forma adequada a Seus propósitos. A Bíblia apresenta vários casos em que Deus aparece visivelmente, por exemplo, para Abraão, a fim de lhe assegurar o filho prometido, cujos descendentes seriam abençoados. Essas aparições são chamadas de *teofanias.* Além disso, em I Coríntios (15: 38-54), o apóstolo Paulo declara que os seres espirituais podem ter corpos espirituais. Depois da ressurreição, Jesus passou a ter um corpo espiritual que não estava sujeito a limitações físicas (João, 20: 19-29).

3.2.2 Deus é perfeito

É quase impossível pensar no Criador, que é ao mesmo tempo Justo e Amoroso, Santo e Misericordioso, Juiz Eterno e Pai de nosso Senhor e Salvador Jesus Cristo, como sendo outra coisa além de perfeito, porque todas as qualidades ou atributos de Deus são perfeitos. Jesus disse a Seus discípulos: "Portanto, deveis ser perfeitos como o vosso Pai celeste é perfeito" (Mateus, 5: 48).

3.2.3 Deus é pessoal

Um ser pessoal é aquele que tem consciência de si mesmo, que tem intelecto, sentimentos e vontade. Nos dias atuais, tem-se ressuscitado a crença em um Deus impessoal, distante, que criou o mundo e deixou à própria sorte. Tal divindade não responde às orações nem se desagrada com os atos indignos dos seres humanos: ele é apenas o próprio universo. O Deus das Escrituras é um Deus pessoal, transcendente, que se mantém consciente do universo que criou e, ao mesmo tempo, é um Deus imanente que habita dentro da Sua criação,mantendo-a como Pai celestial (Clínica..., 2014).

3.2.4 Deus é único

A Bíblia Sagrada diz explicitamente que existe um único Deus (Deuteronômio, 6: 4; Marcos, 12: 29-32). O apóstolo João ensinou aos seus discípulos: "Ora, a vida eterna é esta: que eles te conheçam a ti, o único Deus verdadeiro, e aquele que enviaste,

Jesus Cristo" (João, 17: 3). João registrou essas palavras do Senhor Jesus Cristo, deixando claro que existe um único Deus Verdadeiro. Nesse versículo a expressão "Deus Verdadeiro" está claramente associada à pessoa do Pai. Nosso Senhor Jesus disse ser o Pai o único Deus Verdadeiro. No entanto, o mesmo João que escreveu o Evangelho que leva o seu nome escreveu também na sua epístola: "Nós sabemos que veio o Filho de Deus e nos deu a inteligência para conhecermos o Verdadeiro. E nós estamos no Verdadeiro, no seu Filho Jesus Cristo. Este é o Deus verdadeiro e a Vida eterna" (I João, 5: 20).

Assim, ele atribui a palavra *divindade* tanto à pessoa do Pai quanto à pessoa do Filho. Esses textos são provas explícitas de que o apóstolo João cria na unidade composta de Deus, ou seja, a unidade de essência de Deus como sendo único e verdadeiro, composto de três pessoas distintas, nesse caso: Pai, Filho e Espírito Santo, e a conhecia. De maneira alguma estamos dizendo que o Pai seja o Filho, mas que o Pai e o Filho são duas pessoas distintas, como o próprio João declara: "Conosco estarão a graça, a misericórdia e a paz, da parte de Deus Pai e de Jesus Cristo, o Filho do Pai, na verdade e no amor" (II João, 1: 3).

3.3 A possibilidade de conhecer a Deus

Deus é o ser infinito. Em certo sentido, Ele é incompreensível. Como podem seres finitos compreender o Deus infinito, ilimitado? Paulo, ao escrever aos Romanos, declarou:

> *Ó abismo da riqueza, da sabedoria e da ciência de Deus! Como são insondáveis seus juízos e impenetráveis seus caminhos! Quem, com*

efeito, conheceu o pensamento do Senhor? Ou quem se tornou seu conselheiro? Ou quem primeiro lhe fez o dom para receber em troca? Porque tudo é dele, por ele e para ele. A ele a glória pelos séculos! Amém. (Romanos, 11: 33-36)

Não podemos obviamente compreender a plenitude da natureza de Deus nem ter uma ideia completa de todos os Seus planos e desígnios. Todavia, as Escrituras afirmam que se pode conhecer a Deus:

Muitas vezes e de modos diversos falou Deus, outrora, aos Pais pelos profetas; agora, nestes dias que são os últimos, falou-nos por meio do Filho, a quem constituiu herdeiro de todas as coisas, e pelo qual fez os séculos. É ele o resplendor de sua glória e a expressão do seu ser; sustenta o universo com o poder de sua palavra; e depois de ter realizado a purificação dos pecados, sentou-se nas alturas à direita da Majestade. (Hebreus, 1: 1-3)

O apóstolo João declara em seu Evangelho: "Ninguém jamais viu a Deus: o Filho único, que está voltado para o seio do Pai, este o deu a conhecer" (João, 1: 18). Embora o homem, sem ajuda, não possa vir a conhecer o Deus infinito, fica claro que Deus se revelou e pode ser conhecido até o ponto que chega a sua autorrevelação. Podemos dizer que o homem que não conhece a Deus ainda não começou a viver, não tem grandes esperanças e nobres propósitos e aspirações, que o fazem digno de seu direito de nascimento divino. Com efeito, é essencial que o homem conheça a Deus a fim de experimentar a redenção e ter a vida eterna: "Ora, a vida eterna é esta: que eles te conheçam a ti, o único Deus verdadeiro, e aquele que enviaste, Jesus Cristo" (João, 17: 3). Durante esta vida, podemos e devemos conhecer

Deus até o ponto necessário para a salvação, a confraternização, o serviço e a maturidade. Contudo, essa grande revelação não vem para os que se julgam sábios, mas para os humildes cujos corações estão abertos para Deus. Uma coisa é saber sobre Deus; outra completamente diferente é conhecê-Lo.

A nossa esperança é que, por Jesus, seremos transformados segundo a Sua imagem e, como filhos, seremos conduzidos à glória do céu, onde O veremos face a face e passaremos a conhecê-Lo assim como Ele nos conhece: "Agora vemos em espelho e de maneira confusa, mas, depois, veremos face a face. Agora o meu conhecimento é limitado, mas, depois, conhecerei como sou conhecido" (I Coríntios, 13: 12).

3.4 Teorias erradas sobre Deus

Reunimos aqui as escolas de pensamento filosófico e as suas doutrinas mais conhecidas, no intuito de mostrar ao leitor uma síntese do esforço inútil do homem através dos séculos no propósito de adquirir sua própria salvação.

3.4.1 Ateísmo

Teoria que nega a existência de um Deus pessoal. O ateu nega a existência de qualquer divindade, acreditando que o universo surgiu por acaso, ou que sempre existiu, sustentado por leis inerentes e impessoais. Existem dois tipos de ateus: (1) o ateu filosófico, que nega a existência de Deus, e (2) o ateu prático, que vive como se Deus não existisse.

3.4.2 Agnosticismo

O agnóstico não nega a existência de Deus, ele nega a possibilidade de conhecimento de Deus. É o sistema que ensina que não sabemos nem podemos saber se Deus existe ou não. O professor Thomas Henry Huxley foi quem criou a palavra *agnóstico*, baseada em Atos (17: 23), que, no idioma original grego, tinha a inscrição *Agnosto Theo* (o Deus desconhecido). Ele interpretou errado essa inscrição, pois o que o apóstolo estava dizendo aos atenienses era que o "Deus desconhecido" era o Deus verdadeiro, superior a todas as divindades gregas.

O agnosticismo hoje é popular, é um refúgio cômodo para os que se julgam intelectuais, mas não desejam tomar uma posição de fé em relação ao Deus das Escrituras. Todos os que O buscam com sinceridade e humildade mais cedo ou mais tarde O encontrarão, pois:

> *O Deus que fez o mundo e tudo o que nele existe, o Senhor do céu e da terra, não habita em templos feitos por mãos humanas. Também não é servido por mãos humanas, como se precisasse de alguma coisa, Ele que a todos dá vida, respiração e tudo o mais. De um só ele fez toda a raça humana para habitar sobre toda a face da terra, fixando os tempos anteriormente determinados e os limites do seu* habitat. *Tudo isto para que procurassem a divindade e, mesmo se às apalpadelas, se esforçassem por encontrá-la, embora não esteja longe de cada um de nós.* (Atos, 17: 24-27)

3.4.3 Materialismo

O materialismo nega a existência do espírito ou de seres espirituais. Para essa linha de pensamento, toda a realidade é simplesmente matéria em movimento. A mente e a alma humana não passam de funções do cérebro físico desenvolvido no decorrer de bilhões de anos pela evolução gradual, simplesmente matéria em movimento. Negam a vida pós-morte, o céu e o inferno, afirmando que são apenas estados terrenos de prazer ou sofrimento, sucesso ou fracasso (Clínica..., 2014).

Em contraposição a essa visão, em nossos dias, tanto a *Seicho-No-Ie* como a Ciência cristã têm seus ensinos baseados na doutrina espiritualista. Há uma identidade de ensino entre as duas entidades religiosas naquilo que é fundamental para ambas – a negação da realidade da matéria.

O primeiro Livro das Escrituras começa com as seguintes palavras: "No princípio, Deus criou o céu e a terra" (Gênesis, 1: 1). Assim, observa-se que a matéria existe, que é uma substância. A primeira declaração bíblica é uma negação do ensino dessas abordagens religiosas (materialismo, *Seicho-No-Ie* e Ciência cristã). Em Gênesis, 2: 7, está escrito: "Então Iahweh Deus modelou o homem com a argila do solo, insuflou em suas narinas um hálito de vida e o homem se tornou um ser vivente". Deus criou o homem com uma natureza material (o corpo) e uma natureza espiritual (alma e espírito) como se lê em I Tessalonicenses (5: 23): "O Deus da paz vos conceda santidade perfeita; e que o vosso ser inteiro, o espírito, a alma e o corpo sejam guardados de modo irrepreensível para o dia da Vinda de nosso Senhor Jesus Cristo".

3.4.4 Panteísmo

Do grego *pan*, significando "tudo, todas as coisas", e *théos*, "deus". Como o próprio nome sugere, é a doutrina segundo a qual Deus e o mundo se fundem constituindo-se um todo indivisível. Essa é a religião do hinduísmo, em que "tudo é deus e deus é tudo" (Clínica..., 2014).

Spinoza e Hegel foram os panteístas mais conhecidos da Modernidade. A aceitação das religiões orientais por parte de muitos reavivou o panteísmo no continente americano. Sua maior esperança é o nirvana, um estado sem desejos, sem paixões, sem alma.

3.4.5 Politeísmo

Derivado de dois termos gregos, *poly*, que significa "muito", e *theos*, que significa "deus", o politeísmo vem a ser a crença em muitos deuses, muitas vezes representados por elementos da natureza. Os hindus, por exemplo, cultuam milhões de deuses que se associam às suas diversas religiões.

3.4.6 Deísmo

O deísta acredita em um deus transcendente, mas ausente, pois Ele fez o universo e tudo que nele há, deixando, no entanto, que Sua criação fosse regida pelas leis naturais. Para o deísmo, Deus é o princípio, ou causa, do mundo.

3.4.7 Dualismo

Segundo Houaiss, Villar e Franco (2001, p. 263), *dualismo* significa "doutrina, credo ou sistema filosófico em que dois princípios opostos coexistem", como explicação possível do mundo e da vida, mas irredutíveis entre si, inconciliáveis, incapazes de síntese final ou de subordinação de um ao outro.

No sentido religioso, são também dualistas as religiões ou doutrinas que admitem duas divindades – uma positiva, princípio do bem, e outra, sua oposta, destruidora, negativa. As seitas orientais em sua maioria são dualistas. Creem que há duas forças cósmicas, duas energias opostas que formam o universo e tudo que nele há. Essas duas energias recebem o nome de *Yin* e *Yang*. A força positiva do bem, da luz e da masculinidade é o *Yang*; a essência negativa do mal, da morte e da feminilidade é o *Yin*.

3.5 Nomes de Deus

Os hebreus consideravam os nomes como uma revelação, encerrando algum atributo ou característica da pessoa nomeada. Por exemplo: o nome *Adão* significa "da terra" ou "tirado da terra vermelha"; seu nome revela sua origem. As Escrituras revelam vários nomes para Deus, pois nem um só nome nem uma multiplicidade de nomes podem revelar todos os Seus atributos. Uma das maneiras de conhecermos Deus, no limite em que Ele se agrade em revelá-Lo, é por Seus diversos nomes que encontramos nas Escrituras. O estudo dos nomes de Deus irá ajudar-nos significativamente a alcançar este alvo.

3.5.1 Nomes genéricos de Deus

Ao contrário dos nomes específicos, são assim designados por não serem exclusivos da divindade. Os nomes genéricos tanto podem ser usados pelo Deus verdadeiro quanto por uma divindade falsa, por isso recebem essa denominação.

3.5.1.1 *Elohim* e *Eloah* (Deus)

Elohim é plural de *Eloah* (singular). Esse nome, no singular, ocorre 57 vezes no Antigo Testamento, ao passo que, no plural, ocorre 2.498 vezes.

Segundo Silva (1995, p. 128), o substantivo *Eloah* vem do verbo hebraico *alá*, e significa "ser adorado, ser excelente, temido e reverenciado". O substantivo tomado como nome revela a plenitude das excelências divinas, aquele que é supremo. Já *Elohim* aparece 2.555 vezes no Antigo Testamento hebraico, e somente em 245 lugares não se refere ao Deus verdadeiro – Deus de Israel. Aparece relacionando-se a divindades pagãs individuais apenas 22 vezes:

- Com relação ao deus Baal, 4 vezes (Juízes, 6: 31; I Reis, 18: 24-25; 27).
- Com relação a Baal Berit, 1 vez (Juízes, 8: 33).
- Com relação a Quemós ou Camós, 2 vezes (Juízes, 11: 24; I Reis, 11: 33).
- Com relação a Malcan ou Milcom, 1 vez (I Reis, 11: 33).
- Com relação a Dagon, 5 vezes (Juízes, 16: 23-24; I Samuel, 5: 7).

- Com relação a Astarote, 2 vezes (I Reis, 11: 5; 33). No entanto, "Astarote" é um nome que já está no plural; então, gramaticamente, *Elohim* concorda com esse nome.
- Com relação a Baal Zebute, 4 vezes (II Reis, 1: 2-3; 6; 16).
- Com relação a Adrá-Meleque, 1 vez (II Reis, 17: 31). Como o texto fala de dois deuses, o nome só poderia mesmo estar no plural.
- Com relação a Nisroque, 2 vezes (II Reis, 19: 37; Isaías, 37: 38).

Para os pagãos, o seu deus ou os seus deuses significavam a plenitude das excelências divinas. O Deus de Israel representava para o povo hebreu o mesmo que essas divindades representavam para os pagãos. Essa é a justificativa do emprego de *Elohim* (plural) a uma divindade pagã individual.

3.5.1.2 *El* (Deus)

Esse nome se encontra no singular, ocorre cerca de 250 vezes na Bíblia e parece significar "aquele que vai adiante ou começa a coisas". A palavra vem da forma acádia *Illu*, um dos nomes mais antigos de Deus. Não se sabe com certeza se a palavra *El* vem do verbo *ul* (ser forte) ou do verbo *começar* (ou *ir adiante*), de idêntica raiz. Se a procedência desses nomes for do primeiro verbo, *El* significa "ser forte ou poderoso"; se for do segundo, significa "o que vai adiante e começa todas as coisas". Tanto um como outro são significados apropriados para Deus, pois Nele encontramos essas duas características. Deus é Forte e o Criador de todas as coisas. *El* é o nome mais usado na Bíblia para mencionar as divindades pagãs, mas aparece também com relação ao Deus de Israel e com Seus atributos, a saber:

- *El Berit* – "Deus que faz aliança ou pacto" (Gênesis, 31: 13; 35: 1-3).
- *El Olan* – "Deus Eterno". Foi esse o nome pelo qual Abraão invocou seu Deus em Berseba (Gênesis, 21: 33). É também com esse nome que o profeta Isaías denomina o Deus de Israel (Isaías, 40: 28).
- *El Sale'i* – "Deus é minha rocha, o meu refúgio" (Salmos, 42: 9-10).
- *El Ro'i* – "Deus da vista". Assim Deus foi chamado por Agar e é também mais um Nome de Deus (Gênesis, 16: 13).
- *El Nosse* – "Deus de compaixão" (Salmos, 99: 8).
- *El Qana* – "Deus zeloso" (Êxodo, 20: 5; 34: 14).
- *El Ne'eman* – "Deus de graça e misericórdia" (Deuteronômio, 7: 9).

3.5.1.3 *El Elyon* (Deus Altíssimo)

Conforme Silva (1995, p. 128), o nome *elyon* é um adjetivo que se deriva do verbo hebraico *alá*, que significa, entre outros sentidos, "subir, ser elevado" e designa Deus como "Alto e Excelente", o Deus Glorioso. É um dos nomes genéricos porque ele também é aplicado a governantes, mas nunca vem acompanhado de artigo quando se refere ao Deus de Israel.

Abraão adorava o Deus *El Shadday*, "Deus Todo-Poderoso" (Gênesis, 17: 1), e Melquisedeque, rei e sacerdote de Salém, era adorador do Deus *El Elyon* (Gênesis, 14: 19-20). Quando Abraão encontrou-se com Melquisedeque, descobriu que seu Deus era o mesmo deste, apenas conhecido por eles por nomes diferentes (Êxodo, 6: 2-3).

3.5.1.4 *El Olam* (Deus Eterno)

Esse nome não apenas transmite a eternidade de Deus como também Sua fidelidade eterna, como registrado em Gênesis, quando Abraão chamou Yhvh de "Deus Eterno", que guarda suas alianças (Gênesis, 21: 33).

3.5.2 Nomes específicos de Deus na Bíblia

Os nomes específicos são aqueles que nas Escrituras só aparecem aplicados ao Deus verdadeiro. São eles *El Shaday, Adonay,* Yhvh dos Exércitos.

3.5.2.1 *El Shaday* (Deus Todo-poderoso)

O nome hebraico *shaday* é derivado de *shadad*, que significa "ser poderoso, forte e potente"; mas há quem afirme que essa palavra seja derivada do verbo hebraico *shadá*, que quer dizer "alimentar". Tanto o primeiro quanto o segundo termo são inerentes à natureza divina: Deus é o Todo-Poderoso e também dá a vida, alimenta e torna frutuoso. *El Shaday* é encontrado sete vezes nas Escrituras; a palavra *shadday*, significando o "Todo-Poderoso", é mencionada 41 vezes; 31 vezes apenas em Jó.

3.5.2.2 *Adonai* (Senhor, Mestre, Dono, Governante)

Adonai é plural e *Adon*, singular. A palavra *adonai* é usada no Antigo Testamento quase do mesmo modo que *kyrios* é empregada no Novo Testamento grego.

3.5.2.3 Yhvh (nome impronunciável, traduzido por "Senhor")

Esse é o nome que ocorre com mais frequência no Antigo Testamento – 5.321 vezes –, sendo escrito com as quatro consoantes *Yhvh* – o Tetragrama (o alfabeto hebraico não apresenta vogais). Não sabemos realmente como os judeus pronunciavam o nome, pois ele se tornou impronunciável pelos hebreus desde o período intertestamentário. Em vista de os Mandamentos proibirem que se tomasse o nome do Senhor (Yhvh) em vão, os judeus temiam e temem pronunciar o nome de Deus, substituindo-o na leitura pela palavra *Adonai*, ou seja, O Nome, *Há'Shem* em hebraico.

Aqui, é necessário um pouco de cuidado, pois, obviamente, o nome *Jeová*, com essa transcrição e pronúncia, é uma transliteração incorreta do nome hebraico de Deus. A seguir, algumas definições para essa palavra:

- Jehovah: New Latin, reading (as Yĕhōwāh) of Hebrew yhwh Yahweh with the vowel points of 'adhōnāy my lord;[1]
- Jehovah: A mispronunciation (introduced by Christian theologians, but almost entirely disregarded by the Jews) of the Hebrew "Yhwh", the (ineffable) name of God (the Tetragrammaton or "Shem ha-Meforash"). This pronunciation is grammatically impossible it arose through pronouncing the vowels of the "ḳ ere" (marginal reading of the Masorites: = "Adonay") with the consonants of the "ketib" (text-reading: = " Yhwh") – "Adonay" (the Lord) being substituted with one exception wherever Yhwh occurs

1 JEOVÁ: Latim novo, lido como Yehovah, do hebreu *yhvh Yahweh*, com os pontos vogais de Adhonay, meu Senhor. (Jehovah, 2014a, tradução nossa).

in the Biblical and liturgical books. "Adonay" presents the vowels "shewa" (the composite under the guttural א becomes simple under the י), "ḥ olem," and "ḳ ameẓ," and these give the reading (= "Jehovah"). Sometimes, when the two names and occur together, the former is pointed with "ḥ atef segol" ( ) under the י – thus, (="Jehovah") – to indicate that in this combination it is to be pronounced "Elohim" (). These substitutions of "Adonay" and "Elohim" for Yhwh were devised to avoid the profanation of the Ineffable Name (hence is also written, or even, and read "ha-Shem" = "the Name")[2].

3.5.3 Nomes compostos de Yhvh

Yhvh enfatiza a natureza de Deus e seu relacionamento com as várias alianças estabelecidas com seu povo. Desse modo, é natural que seu nome fosse ligado a outros termos que identifiquem e tornem específicas essas relações.

Na leitura da Bíblia, desde o início, podemos verificar que, nos tempos do Antigo Testamento, Deus sempre se mostrava e se apresentava aos seus com nomes, em geral compostos, juntando ao Seu nome, Yhvh, características inerentes, por vezes à Sua natureza e, por outras, às circunstâncias imediatas da revelação

2 JEOVÁ: Uma pronúncia incorreta (introduzida por teólogos cristãos, mas quase inteiramente ignorada pelos judeus) do hebraico *Yhvh*. Essa pronúncia é gramaticalmente impossível e surgiu por meio da pronúncia das vogais do *k'ere* (leitura marginal dos masoritas: *Adonay*) com as consoantes do *ketib* – leitura de texto: Yhvh – Adonay (o senhor) com uma exceção, sempre que Yhvh ocorre na Bíblia e em textos litúrgicos. Adonay apresenta as vogais *shewa* [...], *holem e kamez* e elas dão a leitura Jehovah. Às vezes, quando os dois nomes ocorrem juntos, o primeiro é apontado com *h ateph segol* para indicar que nessa combinação deve ser pronunciado Elohim. Essas substituições por Adonay e Elohim para Yhvh foram concebidas para evitar a profanação do nome impronunciável (por isso, Yhvh também é escrito El [...] e lido ha-Shem – o Nome. (Jehovah, 2014b, p. 160, tradução nossa).

naquele momento. Assim, quando Abraão, no momento em que Deus lhe mostra a provisão para evitar o sacrifício de seu filho Isaac, designa o lugar do sacrifício Yhvh Yireh, ele se refere ao nome composto que significa "o Senhor proverá" (Gênesis, 22: 14); a Moisés, no deserto, quando em luta contra as adversidades após a saída do Egito, Deus promete aos israelitas, se seus mandamentos forem seguidos, que nenhuma das enfermidades que mandara sobre o Egito cairia sobre eles e se apresenta como Yhvh Rafá, isto é, "o Senhor que sara" (Êxodo, 15: 26); também a Gideão, em época de atribulações com invasões de outros povos, aparece como Yhvh Shalom, isto é, "o Senhor é paz" (Juízes, 6: 24); para aqueles que peregrinam sobre a terra entre os homens, ele se mostra como Yhvh Ra'ah, que significa "o Senhor é meu pastor" (Salmo, 23: 1); quando promete a salvação e renovação a Judá, Seu nome é Yhvh Tsidkenu, que quer dizer "o Senhor justiça nossa" (Jeremias, 23: 6); na batalha contra Amaleque, em que Josué triunfa, Deus é chamado por Moisés de Yhvh Nissi, que significa "o Senhor é a minha bandeira" (Êxodo, 17: 15); quando determina a divisão da cidade de Deus, no Milênio, será chamado de Yhvh Shammah, isto é, "o Senhor está ali" (Ezequiel, 48: 35).

Dessa maneira, Deus se mostra a Seu povo também pelas qualidades que apresenta em Sua relação com ele, e esses nomes são reflexos dessa relação.

3.5.4 Nomes de Deus no Novo Testamento

O idioma em que foi escrito o Novo Testamento é o grego, portanto é de fundamental importância analisarmos os nomes de Deus usados nesse vernáculo, comparando-o com a língua materna de nosso Senhor e Salvador Jesus, uma vez que é sabido que há várias versões gregas do texto hebraico do Antigo Testamento, como a *Septuaginta*.

O Novo Testamento original, escrito em grego, apresenta o tetragrama *Yhvh* traduzido na palavra grega *Kyrios*, cujo significado é "Senhor". Esse é o motivo pelo qual as versões para as línguas de todo o mundo o traduziram pelo nome "Senhor", aliás, o que é perfeitamente condizente com o modelo bíblico. O nome *Yahweh* não aparece uma vez sequer no Novo Testamento grego; há sim algumas vezes a manutenção nesse texto do tetragrama em paleo-hebraico em meio ao texto em grego. Entretanto, a partir de certa altura, a substituição pelas palavras gregas citadas é total.

Portanto, é necessário sabermos quais são os equivalentes gregos dos nomes usados para nomear a Deus no Antigo Testamento, como *El*, *Elohim*, *Elyon* e Yhvh.

3.5.4.1 *Theos*

Dos nomes aplicados a Deus, *Theos* é o mais comum. Tanto *Theos* quanto *Elohim* podem significar "Deus" ou "deuses". Às vezes, *Theos* é empregado com referência a deuses pagãos, embora estritamente expresse divindade essencial.

3.5.4.2 Kyrios

A *Septuaginta* traduziu *Adonay* e Yhvh pela palavra grega *Kyrios*[3], que significa "Senhor, nome divino". *Kyrios* designa Deus como o Poderoso, Senhor, o Possuidor, o Governador, que tem poder e autoridade legal, sendo não somente empregado com referência a Deus Pai, mas também a Cristo (Filipenses, 2: 11).

3.5.4.3 Pater

O termo *pater* foi utilizado repetidamente no Antigo Testamento para designar a relação de Deus com Israel (Deuteronômio, 32: 6; Salmo, 103: 13; Isaías, 63: 16; 64: 8; Jeremias, 3: 4; 3: 19; 31: 9; Malaquias, 1: 6, 2: 10), sendo ainda Israel chamado de *filho de Deus* (Êxodo, 4: 22; Deuteronômio, 14: 1; 32: 19; Isaías, 1: 2; Jeremias, 31: 20; Oseias, 11: 1). Nesses casos, o nome expressa a relação especial que Deus mantém com Seu povo.

3.6 Os atributos de Deus

Apresentar os atributos de Deus é um assunto importante, haja vista que o termo *atributo* não é ideal, pois pode transmitir a noção de acrescentar ou consignar alguma coisa a alguém e, portanto, pode criar a impressão de que alguma coisa é acrescentada ao ser divino. Sendo o Eterno um ser infinito, é impossível que qualquer criatura O conheça exatamente como Ele é. Todavia,

3 Todas as traduções das palavras gregas e hebraicas usadas nesta obra se baseiam nos dicionários bíblicos. No entanto, para consulta, há um dicionário bastante acessível em DoSenhor (2014), com os registros em grego e hebraico e tradução para o português.

Ele revelou as perfeições e excelências de Sua natureza que considera essenciais para a nossa redenção, adoração e comunhão. Nas Escrituras, temos a revelação de Deus para nós. O homem não pode extrair conhecimento de Deus como faz com outros objetos de estudo, mas Deus bondosamente transmite conhecimento de si ao homem, conhecimento que o homem pode somente aceitar e assimilar.

Os atributos de Deus são aquelas características essenciais, permanentes e distintivas que podem ser afirmadas a respeito de Seu ser. Seus atributos são Suas perfeições, inseparáveis de Sua natureza e que condicionam Seu caráter.

3.6.1 As várias divisões dos atributos de Deus

Várias classificações para os atributos de Deus têm sido sugeridas, a maioria distingue duas classes gerais. Os atributos são designados em classes por diferentes nomes e representam diferentes pontos de vista, entretanto, substancialmente, as classes são as mesmas. Salientamos que o objetivo da classificação é a ordem, e o objetivo da ordem é a clareza. Destas, as mais importantes são:

- atributos absolutos ou incomunicáveis;
- atributos morais ou comunicáveis.

3.6.2 Atributos absolutos ou incomunicáveis

Os atributos incomunicáveis são aquelas características qualitativas do supremo ser que Ele não compartilha com nenhuma de Suas criaturas.

3.6.2.1 Autoexistência

"Assim como o Pai tem a vida em si mesmo, também concedeu ao Filho ter a vida em si mesmo" (João, 5: 26).

Devemos nos manter nos ensinos das Escrituras e nos recusar a subordinar a autoridade delas e as convicções intuitivas de nossa natureza moral e religiosa às definições arbitrárias de algum sistema filosófico. A Bíblia ensina que Deus é um ser absoluto, no sentido de ser existente em Si mesmo, independente, imutável, eterno e sem limitação nem relação necessária com algo fora Dele mesmo.

Durante toda a sua história, o ser humano tem procurado perpetuar sua existência. No decurso da humanidade, alguns homens excluíram Deus de suas vidas, chegando ao ponto de afirmarem que Ele não existe (Salmo, 14: 1).

Como citamos anteriormente, em Gondim (2004, p. 93), houve uma verdadeira onda, entre os intelectuais da primeira metade do século XX, apresentando Deus como aposentado em um canto desnecessário do universo, desde Sartre; com o silêncio de Deus, Karl Jaspers, comentando a ausência divina; Martin Buber, com o eclipse de Deus; até William Hamilton, que propôs a teologia da morte de Deus. Todos esses sábios, como em um movimento de época, condenavam a divindade ao ostracismo.

Ao contrário do que previam os filósofos da Modernidade, Deus não morreu. Debaixo do Sol morrem os sonhos, morre o estado, morre a arte, morre a família, morre a filosofia, morre o ecossistema, morrem os santos, morre a música; entretanto, Deus é a fonte absoluta de toda a vida e ser, a causa sem causa. Na qualidade de ser infinito, absolutamente independente e eterno, Deus está acima da possibilidade de mudanças. Ele não depende de nada que Lhe seja alheio, mas faz todas as coisas dependem Dele, que é autoexistente, ou seja, tem existência própria.

3.6.2.2 Imutabilidade

Na qualidade de ser infinito, absolutamente independente e eterno, Deus está acima da possibilidade de mudança. Mudam as criaturas e tudo que é da terra; Deus, porém, não muda. Ele é e há de ser eternamente o mesmo, pois é infinitamente perfeito, e a perfeição infinita impede e elimina toda alteração.

Assim, Deus é absolutamente imutável em sua essência e seus atributos. Ele não pode aumentar nem diminuir. Seu conhecimento e poder nunca podem ser maiores nem menores. Ele nunca pode ser mais sábio ou mais santo, nem mais justo ou mais misericordioso do que sempre foi e sempre será.

Veja a seguir diversas passagens bíblicas que apontam a imutabilidade de Deus:

- "todo dom precioso e toda dádiva perfeita vêm do alto e desce do Pai das luzes, no qual não há mudança nem sombra de variação" (Tiago, 1: 17).

- "Deus não é homem, para que minta, nem filho de Adão, para que se retrate. Por acaso ele diz e não o faz, fala e não realiza?" (Números, 23: 19).
- "Sim, eu, Iahweh, não mudei, mas vós filhos de Jacó, não cessastes" (Malaquias, 3: 6).
- "O desígnio de Iahweh permanece para sempre, os projetos de seu coração, de geração em geração" (Salmo, 33: 11).
- "Iahweh dos Exércitos jurou, dizendo: Certamente o que projetei se cumprirá, aquilo que decidi se realizará" (Isaías, 14: 24).
- "Se lhe somos infiéis, ele permanece fiel, pois não pode renegar-se a si mesmo" (II Timóteo, 2: 13).

Outro exemplo da imutabilidade de Deus pode ser encontrado em Isaías (46: 9-11):

> *Lembrai-vos das coisas passadas há muito tempo, porque eu sou Deus e não há outro! Sim, sou Deus e não há quem seja igual a mim. Desde o princípio anunciei o futuro, desde a antiguidade, aquilo que ainda não acontecera. Eu digo: o meu propósito será realizado, hei de cumprir aquilo que me apraz. Chamo do oriente uma ave de rapina, de uma terra distante o homem da minha escolha. Eu o disse, eu o executarei, eu o delineei, eu o cumprirei.*

3.6.2.3 Eternidade

"Ao Rei dos séculos, ao Deus incorruptível, invisível e único, honra e glória pelos séculos dos séculos. Amém!" (I Timóteo, 1: 17).

Deus não teve princípio nem terá fim. Ele conhece os acontecimentos na sua sucessão dentro do tempo, mas não está limitado de nenhum modo pelo tempo. A forma em que a Bíblia apresenta a eternidade de Deus é simplesmente a de duração pelos séculos sem fim (Salmos, 90: 2; 102: 12; Efésios, 3: 21).

3.6.2.4 Onipresença

"Sou, por acaso, Deus apenas de perto – oráculo de Iahweh – e não Deus de longe? Pode alguém esconder-se em lugares secretos sem que eu o veja?, – oráculo de Iahweh. Não sou eu que encho o céu e a terra? Oráculo de Iahweh" (Jeremias, 23: 23-24).

A palavra *onipresença* deriva de dois vocábulos latinos: *omnis*, que significa "tudo", e *praesum*, que indica "estar próximo ou presente". Portanto, Deus está presente em todos os lugares. Ele age em todos os lugares e tem pleno conhecimento de tudo o que ocorre em todos os lugares. Isso não significa, contudo, que Deus esteja presente em todos os lugares em sentido corporal; Sua presença é espiritual, e não material, ainda que seja uma real presença pessoal.

3.6.2.5 Onisciência

"Iahweh, tu me sondas e conheces: conheces meu sentar e meu levantar, de longe penetras o meu pensamento; examinas meu andar e meu deitar, meus caminhos todos são familiares a ti. A palavra ainda não me chegou à língua, e tu, Iahweh, já a conheces inteira" (Salmo, 139: 1-4).

A palavra *onisciência* se deriva de duas palavras latinas: *omnis*, que significa "tudo", e *scientia*, que significa "conhecimento". As Escrituras ensinam que Deus é onisciente – Sua compreensão é infinita; Sua inteligência é perfeita. Há os que perguntam, por exemplo, como pode Deus saber quem há de se perder e, mesmo assim, permitir que os tais se percam. O conhecimento prévio de Deus, porém, não predetermina as escolhas individuais, porquanto Ele respeita nosso arbítrio. Em Efésios (1: 3-14), temos o esboço da história predeterminada do mundo. Mas esse vislumbre da predestinação do universo não elimina a "liberdade" que Deus nos reservou, pois Ele nos fez indivíduos livres. Ele permite que as pessoas escolham o próprio destino pós-morte: céu ou inferno.

3.6.2.6 Onipotência

"Ah! Senhor Iahweh, eis que fizeste o céu e a terra por teu grande poder e teu braço estendido. A ti nada é impossível!" (Jeremias, 32: 17).

A palavra *onipotência* deriva de dois termos latinos, *omnis* e *potentia*, que, juntas, significam "todo poder". Esse atributo significa que o poder de Deus é ilimitado, que Ele tem o poder de fazer qualquer coisa que queira, portanto Ele é o Todo-Poderoso.

Disse Ele "haja luz" (Gênesis, 1: 1-10) e houve luz. O profeta Jeremias exclama: "Ah! Senhor Iahweh, eis que fizeste o céu e a terra por teu grande poder e teu braço estendido. A ti nada é impossível!" (Jeremias, 32: 17). Nosso Senhor disse: "Ao homem é isso impossível, mas a Deus tudo é possível" (Mateus, 19: 26). O salmista, muito antes, dissera: "O nosso Deus está no céu e faz tudo o que deseja" (Salmo, 115: 3). Outra vez: "Iahweh faz tudo o que deseja no céu e sobre a terra, nos mares e nos abismos todos" (Salmo, 135: 6).

O Senhor Deus onipotente reina e age segundo Seu beneplácito entre os exércitos dos céus e os habitantes da terra.

3.6.3 Atributos morais ou comunicáveis

Se os atributos incomunicáveis salientam o absoluto ser de Deus, os demais acentuam a Sua natureza. É nos atributos comunicáveis que Deus se posiciona como Ser moral, consciente, inteligente e livre, como Ser pessoal no mais alto sentido da palavra. Chamaremos de *morais* certos atributos por terem sido compartilhados até certo ponto com o homem que foi remido e se referem ao caráter e à conduta. Todos eles falam da bondade de Deus.

3.6.3.1 Santidade

"Pois sou eu, Iahweh, o vosso Deus. Fostes santificados e vos tornastes santos, pois que eu sou santo; não vos torneis, portanto, impuros com todos esses répteis que rastejam sobre a terra" (Levítico, 11: 44).

O termo hebraico para *santo* é *qadosh*, que pode ser definido, entre outros significados, como "sagrado, separado";

> *[aquele] que obteve no Céu a recompensa prometida aos que observam os ensinamentos evangélicos; bem-aventurado, eleito que vive conforme a lei de Deus; que inspira benevolência e piedade; bondoso; que cumpre com todo o escrúpulo, com a maior exatidão, os seus deveres religiosos e morais; virtuoso; sagrado; [...] que é digno de respeito; que não pode ser violado sem que se cometa uma espécie de profanação.* (Dicionário Michaelis, 2009)

A palavra grega é *hagios*, definida como segue pelo léxico grego: "separação [...] do mundo a serviço a Deus; dedicado a Deus, santo, sagrado; reservado para Deus e seu serviço; puro, perfeito, digno de Deus, consagrado" (Strong, 2002, p. 1796).

As Escrituras declaram a santidade de Deus em solenes palavras: "seu nome é sagrado e terrível" (Salmos, 111: 9). A perfeição da santidade de Deus é o motivo supremo da adoração que Lhe é devida. Por cerca de 30 vezes, o profeta Isaías se refere a Yahweh, chamando-O de "o Santo", desse modo indicando as características daquelas visões beatíficas que mais o impressionaram.

Nos dias do Novo Testamento, a ênfase voltou-se para a pureza da vida interior e a separação do mundo (Romanos, 6: 19; 22; 12: 1-2; II Coríntios, 7: 1; Efésios, 4: 24; I Tessalonicenses, 3: 13; 4: 7; Tito, 2: 3; Hebreus, 12: 10-14; I Pedro, 1: 15-16; II Pedro, 3: 11). Um Deus santo terá um povo santo: "Antes, como é santo aquele que vos chamou, tomai-vos também vós santos em todo o vosso comportamento, porque está escrito: Sede santos, porque eu sou santo" (I Pedro 1: 15-16).

3.6.3.2 Amor (incluindo a misericórdia e a graça)

O amor de Deus transcende a compreensão humana; Deus ama o transgressor e o desobediente. Às vezes, as pessoas não entendem como Deus pode amar um assassino, um traficante de drogas ou até mesmo um viciado. Deus reprova o ato, mas ama o ser humano, e o que faz essa ligação é a infinita graça de Deus, na Sua bondade. Ele sempre vai agir com graça, trazendo as consequências para a transgressão e abrindo a possibilidade do perdão.

> *Aquele que não ama não conheceu a Deus, porque Deus é Amor. Nisso se manifestou o amor de Deus por nós: Deus enviou o seu Filho único ao mundo para que vivamos por Ele. Nisto consiste o amor: não fomos nós que amamos a Deus, mas foi Ele quem nos amou e enviou-nos o Seu Filho como vítima de expiação pelos nossos*

> *pecados. Caríssimos, se Deus assim nos amou, devemos, nós também, amar-nos uns aos outros.* (I João, 13: 34)

Na Sua santidade, Deus é inacessível; no Seu amor, Ele se aproxima de nós. O Antigo Testamento não revela o amor de Deus em palavras até o Livro de Deuteronômio. É possível que fosse necessário estabelecer primeiro a santidade de Deus antes da revelação de Seu amor. O amor é o atributo em razão do qual Ele deseja relação pessoal com aqueles que possuem Sua imagem e semelhança e especialmente com aqueles que foram purificados pelo sangue de Jesus.

3.6.3.3 Justiça (retidão)

"Longe de ti fazeres tal coisa: fazer morrer o justo com o pecador, de modo que o justo seja tratado como o pecador! Longe de ti! Não fará justiça o juiz de toda a terra?" (Gênesis, 18: 25).

A palavra hebraica para retidão é *tsedeq*, definida como

> *justiça, correção, retidão; o que é direito ou justo ou normal; justeza justiça (no governo), referindo-se a juízes, governantes, reis; referindo-se ao rei davídico, o Messias; referindo-se a atributo de Deus; retidão (o que é eticamente correto); justiça (vindicada), justificação (em controvérsia), livramento, vitória, prosperidade referindo-se a Deus que é fiel à aliança na redenção; em nome do rei messiânico; referindo-se a pessoas que têm a salvação* (Strong, 2002, p. 877),

ou seja, integridade, justiça de um juiz, de um rei, de Deus, demonstrada em castigar o perverso ou em vingar, livrar, recompensar o justo.

O termo grego para *reto* é *dikaios*, com a seguinte definição:

- **De Deus** – Usado para aquele cujo modo de pensar, sentir e agir é inteiramente conforme a vontade de Deus e, por essa razão, não necessita de retificação no coração ou na vida; na verdade, apenas Cristo corresponde a esse critério; aprovado ou aceito por Deus (Strong, 2002, p. 1296).
- **Dos homens** – Daqueles que se consideram justos, que se orgulham de ser justos, que se orgulham de suas virtudes, sejam reais, sejam imaginárias; inocente, irrepreensível, sem culpa; num sentido mais restrito, dar a cada um o que merece, sejam em um sentido judicial; emitir um juízo justo em relação aos outros, seja expresso em palavras, demonstrado pelo modo de tratar com eles; justamente, segundo a justiça; propriamente, como é justo; honestamente, de acordo com a lei da retidão (Strong, 2002, p. 1297).

Deus é um Deus reto, porque age sempre em absoluta conformidade com Sua santa natureza e vontade. Nesse atributo, vemos revelado Seu ódio contra o pecado, uma indignação tal que, livre de toda paixão ou capricho, sempre O impele a ser justo e a exigir o que é justo.

3.6.3.4 Fidelidade

A fidelidade de Deus é destacada em todas as Suas ações, Seu amor fiel, Sua bondade e Sua proteção para com os seres humanos. A fidelidade se destaca em vários aspectos nas Escrituras Sagradas.

Sabemos que todas as Suas promessas são cumpridas, porque:

- Deus não irá prometer o que não pretender cumprir;
- sendo onipotente, Ele é capaz de cumprir o que promete. Devemos compreender que certas promessas estão condicionadas à nossa obediência a Deus; se desobedecermos a Deus, Ele não será infiel a uma promessa, mesmo no caso de demorar a cumpri-la. Se Ele demorar, é sempre em nosso favor. Em Seu tempo ditado pela Sua sabedoria, Ele cumprirá fielmente Sua promessa (Hebreus, 10: 23; II Coríntios, 1: 20; II Pedro, 3: 4; I Reis, 8: 56; II Pedro, 1: 4).

"Se lhe somos infiéis, ele permanece fiel, pois não pode renegar-se a si mesmo" (II Timóteo, 2: 13).

Questionário de Doutrina de Deus I

1. As Sagradas Escrituras não procuram demonstrar formalmente a existência de Deus. Por quê?
2. Por que procuramos provar a existência de Deus?
3. Mencione três fontes ou esferas das quais podemos deduzir a existência de Deus.
4. Indique três provas da existência de Deus relacionadas às três fontes indicadas na resposta anterior.
5. Mostre de que maneira o universo demonstra a existência de Deus.
6. De que maneira a natureza do homem, por meio da consciência, demonstra a existência de Deus?

7. Demonstre como a atuação divina na história humana prova a existência de Deus.
8. O que é ateísmo?
9. Indique dois dos nomes bíblicos mais comuns de Deus e uma explicação a respeito de cada um deles.
10. O que significa "atributo" de Deus?
11. Mencione três atributos de Deus sem relação entre si e dê a definição de cada um.
12. O que significa a onipresença de Deus?
13. O que significa a onisciência de Deus?
14. Defina a sabedoria de Deus em relação à sua onisciência e onipotência.
15. Quais são os atributos incomunicáveis de Deus?

* Todas as passagens bíblicas indicadas neste capítulo são citações de Bíblia (2002).

Doutrina de Deus II

a Trindade*

Capítulo 4

Iniciaremos este capítulo com um tema de fundamental importância para a sobrevivência do cristianismo: a Trindade. Aproximamo-nos do estudo desse assunto com um profundo sentimento de reverência.

A doutrina da Trindade Divina é fundamental para a estrutura da fé cristã. Deus trino, Deus Pai, Deus Filho e Deus Espírito Santo, as três pessoas que, em sua essência, são uma apenas. Os três agem em amor e vivem em harmonia, com personalidade, caráter e essência separados; tornam-se um em razão do seu grande amor para com o ser humano.

Todo o estudo da natureza de Deus desafia a nossa total compreensão, porém a triunidade de Deus é o maior de todos os mistérios divinos.

Vejamos o que nos apresenta Frei Agustino Belmonte, na apresentação à obra *A Trindade*, de Santo Agostinho (Agostinho, 1994, p. 10-11), sobre as heresias de sua época:

No século II, erguendo o lema de Monarchiam tenemus *(temos monarquia), surgiu a doutrina da existência de um só Deus com exclusão das diferentes pessoas. Para uma facção dos monarquinianistas, Cristo era um simples homem, e representava apenas o dinamismo de Deus (dinamistas), para outra, era tão só filho de Deus pela graça (adocionistas). Os monarquianos modalistas asseguravam a divindade de Cristo, mas somente como um rosto diferente de Deus; os patripassistas não viam diferença entre o Pai e o Filho e receberam essa denominação pela doutrina que defendiam, ou seja, atribuíam ao Pai os sofrimentos de Cristo. O sabelianismo se insurgiu contra a fé em três pessoas, as quais seriam apenas denominações diferentes para uma essência divina. O adopcionismo considerava o Verbo encarnado como filho natural de Deus na natureza divina, e Filho adotivo na natureza humana. Negando a primeira parte da heresia anterior, o arianismo excluía o Filho da esfera da divindade e o considerava apenas como filho adotivo de Deus. Com relação à Pessoa divina do Espírito Santo, levantaram-se principalmente os pneumáticos que lhe negavam a divindade e, consequentemente, apregoavam sua inferioridade com relação ao Pai e o Filho.*

As vozes dos defensores da ortodoxia levantaram-se em todos os momentos em favor da autenticidade da fé com base na própria Escritura e também com argumentos de razão. Santo Irineu notabilizou-se nesse campo com sua obra Adversus Haereses *(*Contra os Hereges*).*

Sobre Irineu, também encontramos outros dados bibliográficos:

Na sua juventude foi instruído na fé pelo bispo de Esmirna, Policarpo, que aprendeu a tradições do apóstolo João, discípulo de Jesus. Irineu também escreveu um pequeno manual de doutrina cristã, chamado Demonstração da Pregação Apostólica*, também conhecido por* Epideixis *que é um resumo de sua obra mais completa,* Adversus Haereses*. Em latim, esse tipo de livro era chamado* enchiridion*, termo que podia significar tanto "manual" como "punhal". Esses* *pequenos livros de ensinamento cristãos eram considerados armas de guerra espiritual. Tertuliano, no século II ainda, colocou seu talento principalmente contra os modalistas com a obra* Adversus Praxeas *(*Contra Praxeias*).* (Catedral News, 2008)

A obra legada por Tertuliano, que ainda persiste, inclui cerca de 30 livros. Na maioria, são tratados anti-heréticos para desmascarar os erros de vários mestres cristãos de Roma. *Contra Marción,* sua obra maior que, em muitos aspectos, é a mais importante, consiste em cinco tomos.

Marción foi um mestre entre os cristãos de Roma no século II que tentou forçar uma separação permanente entre o cristianismo e tudo quanto era hebraico, inclusive o Deus de Israel (Yahweh) e o Pai de Jesus Cristo. Marción também tentou definir um cânone de Escrituras cristãs, limitando a escritos gentios. Alguns dos seus pensamentos a respeito da humanidade e da criação tinham uma pitada de gnosticismo, e Tertuliano nada poupou no seu ataque fulminante contra os ensinos de Marción (Oliveira, 2006).

Outro objeto da ira anti-herética de Tertuliano foi o mestre cristão romano Praxeias. Talvez tenha sido este o primeiro teólogo cristão que tentou explicar a doutrina da Trindade com detalhes sistemáticos. Ao fazê-lo, porém, parece que obliterou com suas explicações a verdade ontológica da Divina Trindade das pessoas.

Praxeias negou que os cristãos cressem em três identidades, ou pessoas distintas, dentro do único ser divino. Afirmava que o próprio Pai desceu para dentro da virgem, que ele mesmo nasceu dela, que ele mesmo sofreu e que, realmente, era o próprio Jesus Cristo. De acordo com Olson (2004, p. 96), Tertuliano "cunhou o rótulo de *patripassianismo* para essa heresia, que significa o sofrimento (e a morte) do Pai".

Essa teoria de Praxeias posteriormente veio a ser chamada *modalismo* e foi revivificada por outro mestre posterior do cristianismo em Roma chamado Sabélio. Por isso, o modalismo é também conhecido, às vezes, pelo nome de *sabelianismo*.

Sua contribuição mais importante ao pensamento cristão encontra-se na descrição cuidadosa e bastante exata da doutrina da Trindade. Com poucas exceções, suas exposições, tanto da doutrina da Trindade como da humanidade e divindade de Cristo, formaram os alicerces da ortodoxia eclesiástica no Oriente e no Ocidente.

Clemente de Alexandria, Orígines e Basílio foram também propugnadores impertérritos da fé, sem esquecer Dionísio de Alexandria, no seu empenho em refutar a argumentação dos sabelianos; e Novaciano, notável pelo método e pela elegância na exposição do símbolo da fé, assim como santo Ambrósio.

O arianismo perturbou o cristianismo por muitos anos e foi muito perigoso. Seu fundador foi Ário, cujos pormenores de sua vida são desconhecidos; talvez tenha nascido na região da África do Norte onde atualmente está a Líbia.

A controvérsia com os arianos surgiu na cidade de Alexandria, quando Licínio ainda governava no Leste, e Constantino, no Oeste. Ela começou com uma série de debates teológicos entre Alexandre, bispo de Alexandria, e Ário, um dos presbíteros de mais prestígio e popularidade na cidade.

Ário rejeitava todo ensinamento contrário ao princípio monoteísta. Arrazoava a existência de um só Deus eterno que não é criado, não gerado, não originado. Argumentava que o *logos*[1] era uma espécie de energia divina que encarnara no homem Jesus, e esse *logos* teve um princípio, um começo, uma criação. Afirmava que Jesus não tinha essência divina, pois o *logos* encarnara no homem Jesus, que era uma criatura, sendo a primeira criatura feita por Deus Pai e, portanto, uma criatura não poderia ter a mesma essência/substância do Criador.

Para Ário, Jesus era um ser mutável e foi declarado Filho de Deus em razão de sua glória futura, para a qual foi escolhido. Altercava que o Filho não tinha como ser igual ao Pai, mas estava acima de todas as outras criaturas, inclusive o homem, portanto não era errado venerar o Filho. Enxergava em Jesus um ser intermediário entre Deus e os homens, afirmando a existência de um único Deus, o Pai, eterno, absoluto, imutável, incorruptível. Esse ser supremo e absoluto não poderia comunicar segundo sua concepção, seu ser, nem parcelas dele, nem por criação, nem por geração.

Ele abalou a época com suas ideias, porém não usou argumentos vazios: procurou fundamentar sua doutrina nas Escrituras, utilizando-se de modo especial dos textos do Novo Testamento que aparentemente indicam subordinação de Jesus ao Pai.

Depois de várias advertências por parte do bispo de Alexandria, Ário foi convocado em um sínodo, onde expôs suas ideias. Seus adversários não aceitaram seus argumentos e insistiram na eternidade e na consubstancialidade do *logos* com o Pai. Alexandre, após ouvir os argumentos das partes, condenou Ário, que se refugiou em Cesareia, na Palestina, junto ao

1 *Logos* é traduzido por "verbo" em João (1: 1) ("No princípio era o verbo [...]").

bispo Eusébio de Nicomédia, antigo discípulo de Luciano de Antioquia.

A doutrina de Ário seduzia e atraía grande número de fiéis simples. A Palestina, a Síria, a Ásia Menor, o Egito estavam todos tomados por suas ideias, surgindo uma comunidade ariana ao lado da Igreja ortodoxa.

Bispos reunidos em Cesareia da Palestina se posicionaram a favor de Ário e o autorizaram a reassumir suas funções sacerdotais em Alexandria. Alexandre, bispo de Alexandria, recusava-se a aceitá-lo novamente em sua diocese. Estimulado por seus adeptos, Ário desembarcou em Alexandria. Sua chegada causou grande agitação na cidade, pois marinheiros, viajantes, mercadores, camponeses e o povo comum marchavam pelas ruas cantando as máximas teológicas de Ário.

Segundo Frei Agustino Belmonte, na apresentação a Santo Agostinho (1994, p. 11), essa luta que se travava exigia da Igreja uma proclamação oficial que colocasse um ponto-final nas discussões que se alongavam, tumultuando o ambiente e confundindo os espíritos.

O imperador Constantino resolveu intervir enviando o bispo Ósio de Córdoba, seu conselheiro em assuntos eclesiásticos, para que tentasse reconciliar esse conflito. Ósio constatou que as raízes teológicas do conflito eram profundas e que a questão não poderia ser resolvida individualmente.

O imperador ordenou a todos os bispos cristãos que comparecessem, para debater a respeito da pessoa de Cristo e da Trindade, a uma reunião a ser presidida por ele em Niceia, em 325 d.C. A grande assembleia se realizou com a presença de 318 bispos católicos, sendo 22 declaradamente arianos desde o início.

O próprio Ário não obteve licença para participar do concílio por não ser bispo. Foi representado por Eusébio de Nicomédia e Teogno de Niceia. Alexandre de Alexandria dirigiu o processo jurídico contra Ário e o arianismo, sendo auxiliado por seu jovem assistente Atanásio, que viria a sucedê-lo no bispado de Alexandria poucos anos depois.

Além de condenar Ário, Niceia definiu a total divindade do Filho, que não é criatura, mas gerado, desde toda eternidade, da mesma natureza do Pai, idêntico a ele na condição divina. Conforme Bettenson (1998, p. 62), chegou-se à seguinte fórmula, conhecida primeiramente como *Credo de Niceia*:

> *Cremos em um só Deus, Pai onipotente, criador de todas as coisas visíveis e invisíveis; e em um só Senhor Jesus Cristo, o Filho de Deus, gerado pelo Pai, unigênito, isto é, sendo da mesma substância do Pai, Deus de Deus, Luz da Luz, Deus verdadeiro do Deus verdadeiro, gerado não feito, de uma só substância com o Pai, pelo qual foram feitas todas as coisas, as que estão no céu e as que estão na terra; o qual, por nós homens e por nossa salvação, desceu, se encarnou e se fez homem, e sofreu e ressuscitou ao terceiro dia, subiu ao céu, e novamente deve vir para julgar os vivos e os mortos; E no Espírito Santo.*

Conforme Bettenson (1998, p. 55-56), foi acrescentado ao fim do próprio credo um "anátema", uma breve declaração de heresia que estava sendo repudiada:

> *E a quantos dizem: "Ele era quando não era", e "Antes de nascer, Ele não era", ou que "Foi feito do não existente", bem como aqueles que alegam ser o Filho de Deus "de outra substância ou essência", ou "feito", ou "mutável"*[2]*, ou "alterável"; a todos esses a Igreja Católica e Apostólica anatematiza.*

2 Isto é, moralmente mutável.

O assunto não estava finalizado com a formulação desse credo – abriu-se a porta para outra heresia, o sabelianismo. A condenação final e definitiva do arianismo aconteceu no Concílio de Constantinopla, em 381 d.C. Esse concílio esclareceu o pensamento cristão com o acréscimo de expressões que elucidavam a questão. O símbolo da fé, elaborado no primeiro concílio e completado no segundo, chamou-se *Credo niceno-constantinopolitano*, tornando-se conhecido simplesmente por *Credo de Niceia*, que afirma:

> *Cremos em um Deus, Pai todo-poderoso, criador do céu e da terra, de todas as coisas visíveis e invisíveis; e em um Senhor Jesus Cristo, o unigênito Filho de Deus, gerado pelo Pai antes de todos os séculos, Luz de Luz, verdadeiro Deus de verdadeiro Deus, gerado, não feito, de uma só substância com o Pai, pelo qual todas as coisas foram feitas; o qual, por nós homens e por nossa salvação, desceu dos céus, foi feito carne do Espírito Santo e da Virgem Maria, e tornou-se homem, e foi crucificado por nós sob o poder de Pôncio Pilatos, e padeceu, e foi sepultado, e ressuscitou ao terceiro dia conforme as Escrituras, e subiu aos céus, e assentou-se à direita do Pai, e de novo há de vir com glória para julgar os vivos e os mortos, e seu reino não terá fim; e no Espírito Santo, Senhor e Vivificador, que procede do Pai, que com o Pai e o Filho conjuntamente é adorado e glorificado, que falou através dos profetas; e na Igreja una, santa, católica e apostólica; confessamos um só batismo para remissão dos pecados. Esperamos a ressurreição dos mortos e a vida no século vindouro.* (Bettenson, 1998, p. 56)

O Credo de Niceia tornou-se a declaração universal de fé para muitos cristãos, sendo reafirmado pelo quarto concílio ecumênico em Calcedônia, em 451 d.C.

4.1 Procedimento neste estudo sobre a Trindade

Antes de adentrarmos, de fato, no estudo da Santíssima Trindade, é preciso demonstrar, pela autoridade das Santas Escrituras, a certeza da doutrina ora exposta. Aquele que ler estas explanações, quando tiver certeza do que afirmamos, caminhe ao nosso lado; quando duvidar como nós, investigue conosco; quando reconhecer que foi seu o erro, venha ter conosco; se o erro for nosso, chame a nossa atenção. Assim haveremos de buscar juntos o caminho da caridade em direção Àquele de quem está dito: "Deus resiste aos soberbos, mas dá graça aos humildes" (Tiago, 4: 6).

Não nos cansaremos de investigar se tivermos alguma dúvida; e não nos envergonharemos de aprender se cairmos em algum erro, tendo por certo que nenhuma outra questão existe que ofereça mais risco de erros, mais trabalho na investigação e mais fruto na descoberta do que esta: a unidade da Trindade, que se trata do Pai, do Filho e do Espírito Santo.

4.2 A Santíssima Trindade

O termo *trindade* não se encontra na Bíblia, como bem disse Rosenthal (1988, p. 2): "a palavra trindade foi cunhada a fim de referir-se à pluralidade que há em Deus, ao mesmo tempo em que manteria o pensamento da unidade divina. Foi uma escolha bem intencionada, mas infeliz".

De acordo com Silva (1995, p. 158), a teologia cristã tem usado a terminologia citada para designar a tríplice manifestação do único Deus, empregada pela primeira vez por Tertuliano, já no final do século II d.C. Todavia, isso não quer dizer que essa doutrina não exista, e muito menos que não seja bíblica.

> *Há outras palavras não bíblicas, as quais usamos amplamente, pois expressam revelações bíblicas sobre Deus, tais como: onisciência, onipotência e onipresença. Não resta dúvidas, que estas palavras exprimem atributos importantíssimos de Deus mesmo que as mesmas não se encontrem nas Escrituras. A maioria dos comentadores das Escrituras (excluída a literatura herética) que temos a oportunidade de manusear, a qual discorreu sobre a Trindade, que é Deus, expôs sua doutrina conforme as Escrituras nestes termos: o Pai, o Filho e o Espírito Santo perfazem a unidade divina pela inseparável igualdade de uma única e mesma substância. Não são, portanto, três deuses, mas um só Deus, embora o Pai tenha gerado o Filho, e assim, o Filho não é o que é o Pai. O Filho foi gerado pelo Pai, e assim, o Pai não é o que o Filho é. E o Espírito Santo não é o Pai nem o Filho.*
>
> *A palavra "gerado" é uma palavra bíblica, de máxima importância, relacionada com o Filho de Deus, encontrada com frequência no Evangelho segundo João. Se o Filho de Deus fosse "feito" ou "criado", no sentido humano de nossa compreensão, não seria verdadeiramente Deus. Mas, as Escrituras afirmam que ele é divino e que, para a salvação, é necessário que ele seja divino.* (Catedral News, 2008)

A palavra *gerado* é encontrada em vários textos bíblicos e com maior frequência no Evangelho de João. Cabe analisarmos o fato de que, se o Filho de Deus foi "feito" ou "criado", isso não altera em nada a sua existência com Deus. Toda a Bíblia confirma a divindade de Cristo, e é fundamental entendermos que Jesus é Deus e tem poder suficiente para nos dar a salvação.

4.2.1 A unidade composta de Deus

Embora a palavra *trindade* (ou *triunidade*, que seria a tradução correta) não seja mencionada na Bíblia, a essência trinitária e unitária de Deus perpassa todas as páginas do Antigo Testamento e principalmente do Novo Testamento. Muitas passagens, nos mais diversos livros bíblicos, nos levam a crer que era essa a crença apresentada como evidência irrefutável de pluralidade dentro da unidade de Deus.

4.2.1.1 No Antigo Testamento

O Antigo Testamento explicita claramente a doutrina da Trindade. Historicamente, Deus não poderia mostrar os mistérios de Sua Trindade para um povo que era rodeado de nações politeístas, decidindo revelar-se gradualmente.

Como afirma Catedral News (2008),

> *nenhuma doutrina e principalmente a Trindade pode ser adequadamente demonstrada por meio de uma única citação bíblica. Alguns de seus elementos constitutivos estão expostos em um lugar, alguns em outro. Portanto, a unidade do Ser Divino, a consubstancialidade do Pai, do Filho e do Espírito Santo não se apresenta numa fórmula doutrinal na Palavra de Deus, senão que os vários elementos indispensáveis da doutrina são declarados, ou supostos, uma vez e outra do início ao fim da Bíblia.*

O Antigo Testamento apresenta vários nomes no plural utilizados com nome de Deus. *Elohim* é o plural de *Eloah*. Esse nome, no singular, ocorre 57 vezes no Antigo Testamento, enquanto que no plural ocorre 2.498 vezes.

O levantamento a seguir, das passagens em que se pode presumir a Trindade se manifestando no Antigo Testamento, é trazida por Catedral News (2008), baseada em Gruden (1999, p. 109):

> *Deus é apresentado pela primeira vez nas Escrituras com esse nome em Gênesis 1.1: "No princípio, criou Deus (*Elohim – Myhla) *os céus e a terra". Aqui, o verbo apresenta-se no singular (criou) e o sujeito no plural (Deus), que, no original hebraico, está no plural (*Elohim*), com isso revelando a unidade composta de Deus na triunidade. A pluralidade do nome é justificada por uma corrente judaica como sendo "plural de majestade".*
>
> *Na criação do homem, a Trindade estava presente: "E disse Deus:* ***façamos*** *o homem à* ***nossa*** *imagem, conforme a* ***nossa semelhança****..." (Gênesis 1,26). As três Pessoas da Trindade estão presentes na criação; o Filho criou todas as coisas (João 1,1-3; Colossenses 1,16), da mesma maneira o Espírito Santo (Jó 33,4; Salmos 104,30), assim como o Pai (Provérbios 8, 22-30). Não é diferente em Gênesis 1,1-2.*
>
> *Ainda em Gênesis lemos: "Então, disse o SENHOR Deus: Eis que o homem é como um de nós, sabendo o bem e o mal..." (Gênesis 3,22), da mesma forma encontramos em Gênesis 11,7: "Eia, desçamos e confundamos ali a sua língua, para que não entenda um a língua do outro". Essas passagens demonstram a unidade composta de Deus; do contrário, rejeitá-las é rejeitar a revelação de Deus.*
>
> *Em Deuteronômio 6,4, Yahweh é declarado único: "Ouve, Israel, o SENHOR, nosso Deus, é o* ***único*** *SENHOR". Ao ler essa passagem no seu idioma original "*Shemá Israel Adonai Elohenu Adonai echad*", a palavra* Shemá *é o primeiro vocábulo hebraico dessa passagem, e significa "ouve". Inferido nesse texto, o povo judaico frequentemente faz objeção à doutrina da Trindade, por causa daquilo que acreditam ser-lhes ensinado no* Shemá*. Para o judaísmo, o* Shemá *é o coração do judaísmo; negar-lhe significa renunciar sua fé, pois entre os israelitas essa declaração ensina que Deus é indivisível e uno. Entretanto um exame esmerado do trecho de Deuteronômio 6,4 evidenciará a pluralidade na unidade.*

A palavra "único" no texto em apreço, em hebraico, é dxa *(*echad*), um substantivo coletivo que demonstra unidade, usado somente quando se trata de uma unidade em sentido composto, absoluto. Vejamos alguns exemplos.*

Em Gênesis 1,5, Moisés empregou essa palavra ao descrever o primeiro dia da criação: "E Deus chamou à luz Dia; e às trevas chamou Noite. E foi à tarde e a manhã: o dia primeiro". A palavra traduzida nesse texto por "primeiro" é a palavra hebraica echad.

Em Gênesis 2,24, Deus instruiu marido e mulher a tornarem-se "os dois uma só carne". Aqui, novamente, a palavra hebraica é echad.

*Em Esdras 2,64, lemos que "***toda esta congregação** *junta foi de quarenta e dois mil trezentos e sessenta". A palavra aqui traduzida por toda, é a palavra hebraica* echad. *Evidentemente que* echad *é sempre usada para indicar unidade coletiva, uma unidade em sentido composto.*

O profeta Jeremias fez uso da mesma palavra hebraica, echad, *a fim de denotar uma unidade composta. No capítulo 32, versículos 38 e 39, lemos: "Eles serão o meu povo, e eu serei o seu Deus. Dar-lhes-ei* **um só coração** *e* **um só caminho**, *para que me temam todos os dias, para seu bem e bem de seus filhos".*

Depois de atentarmos para essas passagens, chama-nos a atenção o fato de existir outra palavra hebraica que tem o mesmo teor de "unidade absoluta". Conforme apresentam Harris, Archer Jr. e Waltke (1998), essa outra palavra hebraica é *yahid*, a mesma usada em Gênesis (22: 2): "Deus disse: 'Toma teu filho, teu único, que amas, Isaac, e vai à terra de Moriá, e lá o oferecerás em holocausto sobre uma montanha que eu te indicarei'". Segundo Bancroft (1995, p. 43), "essa palavra não é usada nunca no hebraico para expressar a unidade da divindade. Ao contrário, emprega-se *echad*, que indica unidade composta".

Dessa maneira, podemos ver que os escritores sagrados podiam escolher entre duas palavras hebraicas para comunicar a verdade acerca da natureza de Deus.

Existem indicações ainda mais notáveis dessas escolhas pessoais dos escritores bíblicos nas passagens que se referem a Yahweh e ao Anjo de Yahweh, que conceituaremos como *Ele próprio*, a quem se atribuem títulos divinos e a quem se rende adoração divina.

As aparições desse "mensageiro" são inúmeras no Antigo Testamento. Nesses momentos, quando um ser aparece, como anjo ou homem, num fenômeno que tem o nome *teofania* (dos termos gregos *theos* – Deus – e *phanos* – aparecer), os estudiosos das Escrituras entendiam que se tratava de uma aparição própria Dele.

O significado da palavra hebraica *malak*, "anjo", não é totalmente correto: ela significa simplesmente "mensageiro". Ao trocar-se a palavra *anjo* em todas as passagens em que aparece "Anjo do Senhor" por *mensageiro*, poderemos entender que tal enviado não é um anjo qualquer, senão o próprio Yahweh.

Mostra-nos novamente Catedral News (2008):

> *Se ele fosse apenas um mensageiro do SENHOR, ele seria, então, distinto do próprio SENHOR. Entretanto, encontramos várias passagens nas Escrituras onde o Anjo do SENHOR é chamado de "Deus" ou "SENHOR", vejamos:*
>
> *Abraão recebe ordens [de] Deus para sacrificar seu filho, Isaque, no lugar em que Ele mostraria. Em obediência fora "ao lugar que Deus lhes dissera, e edificou Abraão ali um altar, e pôs em ordem a lenha, e amarrou a Isaque, seu filho, e deitou-o sobre o altar em cima da lenha. E estendeu Abraão a sua mão e tomou o cutelo para imolar o seu filho. Mas o* **Anjo do SENHOR** *lhe bradou desde os céus e disse: Abraão, Abraão! E ele disse: Eis-me aqui. Então, disse: Não*

estendas a tua mão sobre o moço e não lhe façás nada; porquanto agora sei que temes a **Deus** *e* **não me negaste o teu filho**, *o teu único" (Gênesis 22,1-19).*

Jacó lutou com um anjo e prevaleceu. Ao final "Jacó lhe perguntou e disse: Dá- me, peço-te, a saber, o teu nome. E disse: Por que perguntas pelo meu nome? E abençoou-o ali. E chamou Jacó o nome daquele lugar Peniel, porque dizia: **Tenho visto a Deus face a face**, *e a minha alma foi salva" (Gênesis 32,30).*

Moisés, ao se encontrar inesperadamente com este mensageiro de Deus no monte Sinai, descobre: "E apareceu-lhe o **Anjo do SENHOR** *em uma chama de fogo, no meio de uma sarça; e olhou, e eis que a sarça ardia no fogo, e a sarça não se consumia. E Moisés disse: Agora me virarei para lá e verei esta grande visão, porque a sarça se não queima. E, vendo o SENHOR que se virava para lá a ver, bradou Deus a ele do meio da sarça e disse: Moisés! Moisés! E ele disse: Eis-me aqui" (Êxodo 3,2-4).*

É chamado de Senhor Jeová: "E o Anjo do SENHOR estendeu a ponta do cajado que estava na sua mão e tocou a carne e os bolos asmos; então, subiu fogo da penha e consumiu a carne e os bolos asmos; e o Anjo do SENHOR desapareceu de seus olhos. Então, viu Gideão que era o **Anjo do SENHOR**; *e disse Gideão: Ah!* **SENHOR Yahveh**, *que eu vi o Anjo do SENHOR face a face. Porém o SENHOR lhe disse: Paz seja contigo; não temas, não morrerás. Então, Gideão edificou ali um altar ao SENHOR e lhe chamou SENHOR é Paz; e ainda até ao dia de hoje está em Ofra dos abiezritas" (Juízes 6,21-24).*

É chamado de maravilhoso; "Porém o **Anjo do SENHOR** *disse a Manoá: Ainda que me detenhas, não comerei de teu pão; e, se fizeres holocausto, o oferecerás ao SENHOR. Porque não sabia Manoá que fosse* **o Anjo do SENHOR**. *E disse Manoá* **ao Anjo do SENHOR**: *Qual é o teu nome? Para que, quando se cumprir a tua palavra, te honremos. E o* **Anjo do SENHOR** *lhe disse: Por que perguntas assim pelo meu nome, visto que é* **maravilhoso**? *Então, Manoá tomou um cabrito e uma oferta de manjares e os ofereceu sobre uma penha* *ao SENHOR; e agiu o Anjo maravilhosamente, vendo-o Manoá e sua mulher. E sucedeu que, subindo a chama do altar para o céu,* **o Anjo do SENHOR** *subiu na chama do altar; o que vendo Manoá e sua mulher caíram em terra sobre seu rosto. E nunca mais apareceu* **o Anjo do SENHOR** *a Manoá, nem à sua mulher; então, conheceu Manoá que era o Anjo do SENHOR. E disse Manoá à sua mulher: Certamente morreremos,* **porquanto temos visto Deus**" *(Juízes 13,16-22).*

Nesse texto, Ele declara ser seu nome secreto a palavra "maravilhoso" que aqui está oculta. Todavia, revela-se em Isaías 9.6 como sendo Ele o Filho de Deus: "Porque um menino nos nasceu, um filho se nos deu; e o principado está sobre os seus ombros; e o seu nome será **maravilhoso** *Conselheiro, Deus Forte, Pai da Eternidade, Príncipe da Paz".*

A revelação progressiva de Deus vai se tornando inteligível na medida de sua vinda à Terra. Através do profeta Malaquias, Deus anuncia: "Eis que eu envio o **meu mensageiro** *(João Batista), que preparará o caminho diante de mim; de repente, virá ao seu templo* **o Senhor** *(Jesus Cristo), a quem vós buscais,* **o Anjo da Aliança**, *a quem vós desejais; eis que ele vem, diz o SENHOR dos Exércitos (Deus Pai)" (Malaquias 3,1).*

Ao estudar essa passagem, Feinberg (1996, p. 340), grande autoridade norte-americana sobre a história dos judeus, línguas e costumes do Antigo Testamento, defende que "o mensageiro é, sem sombra de dúvidas, João Batista" (Mateus, 3: 3; 11: 10; Marcos, 1: 2-3; Lucas, 1: 76; 3: 4; 7: 26-27; João, 1: 23).

Feinberg (1996, p. 340-341) admite que esse Anjo da Aliança é "a autorrevelação de Deus. Ele é o Senhor em Pessoa, o Anjo do Senhor da história do Antigo Testamento, o Cristo pré-encarnado das muitas teofanias (aparições de Deus em forma humana) nos livros do Antigo Testamento".

No Antigo Testamento se mostra evidente o caráter progressivo da revelação divina da unidade composta, unitária e triunitária, do Deus de Israel.

4.2.1.2 No Novo Testamento

Desde sempre, o nome de Deus é uma polissemia, ou seja, aquilo que tem muitas significações. Vejamos um levantamento rápido dos usos dessa palavra:

> *Nas Escrituras se aplica ao Pai (Gálatas 1,1; Efésios 6,23; Filipenses 2,11; Colossenses 3,17; 1 Timóteo 1,2; 2 Timóteo 1,2; Tito 1,4; I Pedro 1,2; II Pedro 1,17; II João 1,3; Judas 1,1), da mesma forma ao Filho (I João 5,20) ao Espírito Santo (Atos 5,3-4) e também ao diabo (II Coríntios 4,4). Dessa mesma forma ocorre com relação ao nome Yahweh. Aplica-se ao Pai (Salmo 110,1), ao Filho (Isaías 40,3 comparado com Mateus 3,3), e ao Espírito Santo (Ezequiel 8,1-3; II Coríntios 3,17-18).* (Catedral News, 2008)

É a partir do momento da escrita do Novo Testamento que ocorre a revelação total do mistério da Trindade. É nele que as pessoas da unidade composta da divindade surgem separadas, vindo a ser expostas claramente aos fiéis na plenitude dos tempos (Gálatas, 4: 4). O mistério do implícito se torna explícito: as pessoas do Pai, do Filho e do Espírito Santo são retratadas no Novo Testamento, como o Deus universalmente reconhecido entre os crentes.

Em muitas passagens na Bíblia, ensina-se que há somente um Deus, como em II Reis (19: 15); Neemias (9: 6); Salmo (83: 18); (86: 10); Isaías (43: 11); I Coríntios (8: 6); Gálatas (3: 20); Efésios (4: 6) etc. No entanto, o único Deus sempre se revela como uma unidade composta de três pessoas distintas.

É no Novo Testamento que se evidencia o que ainda era um grande mistério, a Trindade divina. Só conhecemos Deus segundo o que Ele se fez conhecer, pois o homem não consegue, em sua humanidade, passar a conhecê-Lo, a menos que Ele se revele a Suas criaturas. Sabemos que o mistério da Trindade vai além da razão, mas não se mostra contra essa razão. Não há contradição, ainda que não tenhamos compreensão total.

Queremos, simplesmente, mostrar como aparecem, reveladas nas Escrituras, as declarações e demonstrações da doutrina da Trindade, como segue:

No batismo de Jesus

"Batizado, Jesus subiu imediatamente da água e logo os céus se abriram e ele viu o Espírito de Deus descendo como uma pomba e vindo sobre ele. Ao mesmo tempo, uma voz vinda dos céus dizia: 'Este é o meu Filho amado, em quem me comprazo'" (Mateus, 3: 16-17).

Nesse episódio fica clara a distinção das três pessoas: Deus Pai fala do céu, e Sua voz é ouvida; Deus Filho é batizado; e o Deus Espírito Santo desce do céu para pousar em Jesus.

Na grande comissão

"Ide, portanto, e fazei que todas as nações se tornem discípulos, batizando-as em nome do Pai, do Filho e do Espírito Santo e ensinando-as a observar tudo quanto vos ordenei. E eis que eu estou convosco todos os dias, até a consumação dos séculos!" (Mateus, 28: 19-20).

Essas foram as instruções de despedida que Jesus deixou a Seus discípulos. Na fórmula do batismo que Ele dá, vemos Seu testemunho assertivo sobre a Trindade.

Na bênção apostólica

"A graça do Senhor Jesus Cristo, o amor de Deus e a comunhão do Espírito Santo estejam com todos vós!" (II Coríntios, 13: 13).

Nessa frase da bênção apostólica, mostra-se o pensamento trinitário da igreja primitiva.

Grundem (2001, p. 111) faz uma distinção que deve ser vista, demonstrando que "os autores do Novo Testamento geralmente usam o nome Deus (o grego *theos*) para referir-se a Deus Pai, e o nome Senhor (o grego *kyrios*) para referir-se a Deus Filho".

Também na Primeira Carta aos Coríntios (I Coríntios, 12: 4-6) temos mostras da doutrina da Trindade: "Há diversidade de dons, mas o Espírito é o mesmo; diversidade de ministérios, mas o Senhor é o mesmo; diversos modos de ação, mas é o mesmo Deus que realiza tudo em todos".

Da mesma maneira, em Efésios (4: 4-6) se demonstra a distinção das três pessoas divinas: "Há um só Corpo e um só Espírito, assim como é uma só a esperança da vocação a que fostes chamados; há um só Senhor, uma só fé, um só batismo; há um só Deus e Pai de todos, que é sobre todos, por meio de todos e em todos".

4.2.2 A base da Trindade

Segundo o Novo Testamento, há três pessoas distintas reconhecidas como Deus, portanto, podemos resumir o ensino das Escrituras em duas afirmações:

1. Há um só Deus.
2. Há três pessoas distintas que são Deus: o Pai, o Filho e o Espírito Santo.

Segundo as Escrituras, há somente um Deus, sendo todos os demais falsos (Êxodo, 20: 3; I Coríntios, 8: 5-6). Servi-los é servir aos demônios (Deuteronômio, 32: 17; Salmo, 106: 37; I Coríntios, 10: 20), sendo também a idolatria condenada (Êxodo, 20: 3-5).

Uma das passagens mais significativas em relação à unidade divina dentro do judaísmo monoteísta se chama *Shemá*, como foi elucidado anteriormente. Jesus, ao ser inquirido "Qual é o primeiro de todos os mandamentos?", respondeu citando o *shemá* (Marcos, 12: 28-29). Com isso, o mestre da Galileia ensinou que há somente um Deus, deixando evidente que o cristianismo é *monoteísta*.

Diante do exposto e de acordo com a revelação bíblica, é incontestável a existência de um único Deus. Entretanto, prosseguiremos a demonstrar que essa unidade é composta de três pessoas, ou seja, o Pai, o Filho e o Espírito Santo.

4.2.2.1 Deus Pai

Nas Escrituras, há várias passagens em que o Pai é chamado Deus. São em tão grande número que já não deixam dúvida alguma sobre a deidade do Pai. Não obstante, citaremos algumas dessas passagens.

Jesus ensinou seus discípulos a orar: "Pai nosso, que estás nos céus [...]" (Mateus, 6: 9). Deus é "Pai celeste" (Mateus, 6: 32) e o "Pai dos espíritos" (Hebreus, 12: 9).

O nome *Pai* às vezes se aplica ao Deus Triuno (I Coríntios, 8: 6; Efésios, 3: 15; Hebreus, 12: 9; Tiago, 1: 17); outras vezes, é aplicado para expressar Seu relacionamento com Israel como Seu povo no Antigo Testamento (Deuteronômio, 32: 6; Isaías, 63: 16; 64: 8; Jeremias, 3: 4; Malaquias, 1: 6; 2: 10); e ainda para expressar sua relação com Seus filhos espirituais (Mateus, 5: 45; 6: 6-15; Romanos, 8: 16; I João, 3: 1); e, para concluir, é usado o nome *Pai* para manifestar Sua relação com Jesus Cristo, Seu Filho (João, 1: 14-18; 5: 17-26; 8: 54; 14: 12-13).

Como uma pessoa distinta na Trindade, Deus Pai é definido como Deus em inúmeras passagens (Salmo, 72: 18; Oseias, 13: 4; João, 17: 3; I Coríntios, 8: 4-6; Efésios, 4: 6).

É onipotente (Gênesis, 1: 1; 17: 1; 18: 14; Êxodo, 15: 7; Deuteronômio, 3: 24; 32: 39; I Crônicas, 16: 25; Jó, 40: 2; Isaías, 40: 12-15; Jeremias, 32: 17; Ezequiel, 10: 5; Daniel, 3: 17; 4: 35; Amós, 4: 13; 5: 8; Zacarias, 12: 1; Mateus, 19: 26; Apocalipse, 15: 3; 19: 6).

É onipresente, isto é, não está limitado ao espaço material (Gênesis, 28: 15-16; Deuteronômio, 4: 39; Josué, 2: 11; Salmo, 139: 7-10; Provérbios, 15: 3; 11; Isaías, 66: 1; Jeremias, 23: 23-24; Amós, 9: 2-4; 6; Atos, 7: 48-49; Efésios, 1: 23). Bem sintetizou Pearlman (1999, p. 47) ao afirmar que "embora Deus esteja em todo lugar, ele não habita em todo lugar. Somente ao entrar em relação pessoal com um grupo ou com um indivíduo se diz que ele habita com eles".

Deus é onisciente porque sabe de todas as coisas (Gênesis, 18: 18; 19: 2; II Reis, 8: 10; 13; I Crônicas, 28: 9; Salmos, 94: 9;

139: 1-16; 147: 4-5; Provérbios, 15: 3; Isaías, 29: 15-16; 40: 28; Jeremias, 1: 4-5; Ezequiel, 11: 5; Daniel, 2: 22; 28; Amós, 4: 13; Lucas, 16: 15; Atos, 15: 8; 18; Romanos, 8: 27; 29; I Coríntios, 3: 20; II Timóteo, 2: 19; Hebreus, 4: 13; I Pedro, 1: 2; I João, 3: 20).

4.2.2.2 Deus Filho

Nos primeiros séculos do cristianismo, a maior parte da discussão e controvérsia girava em torno da natureza de Jesus Cristo: Quem é Cristo? Poderia Deus tornar-se humano? Alguém pode crer que Jesus Cristo é uma mistura de humanidade e deidade? Durantes séculos subsequentes, várias dessas perguntas surgiram com nova roupagem, fazendo com que a Igreja se posicionasse diante desses novos confrontos. Muitos livros foram escritos e coletâneas de volumes foram publicadas por teólogos sobre a pessoa de Jesus Cristo. Qualquer boa biblioteca teológica possui estantes repletas desses livros. Traremos aqui uma exposição sucinta da pessoa de Cristo revelada nas Escrituras; todavia, os leitores que desejarem se aprofundar nesse assunto devem procurar um volume sobre cristologia (área da reflexão teológica que trata da pessoa de Cristo), como é o caso do livro de Berkhof (1996).

4.2.2.3 Deus Espírito Santo

Nos levantamentos de passagens e nas contagens estatísticas que seguem, valemo-nos do trabalho de Oliveira (2013).

A Bíblia trata com bastante frequência da personalidade e da divindade do Espírito Santo. Para os que creem, é necessário reconhecer a importância do Espírito Santo em suas vidas.

> *Ele convence-nos do pecado (João 16: 7-8), revela-nos a verdade a respeito de Jesus (João 14: 16,26), realiza o novo nascimento (João 3: 3-6), e faz-nos membros do corpo de Cristo (I Coríntios 12: 13). Na conversão, os cristãos recebem o Espírito Santo (João 3: 3-6; 20: 22) e se tornam coparticipantes da natureza Divina (II Pedro 1:4). O Espírito Santo passa a habitar no crente influenciando sua vida, de modo a viver uma vida piedosa (Romanos 8: 9; I Coríntios 6: 19), longe do pecado (Romanos 8: 2-4; Gálatas 5: 16-17; II Tessalonicenses 2: 13). Ele testifica que somos filhos de Deus (Romanos 8: 16), ajuda-nos na adoração a Deus (Atos 10: 45-46; Romanos 8: 26-27) e na nossa vida de oração, e intercede por nós quando clamamos a Deus (Romanos 8: 26-27). Guia-nos em toda a verdade (João 16: 13; 14: 26; I Coríntios 2: 10-16), nos consola e ajuda (João 14: 16; 1 Tessalonicenses 1: 6).* (Oliveira, 2013)

Veremos em seguida algumas passagens bíblicas que tratam a respeito da pessoa do Espírito Santo. Verificamos facilmente que o Espírito age como pessoa, e, ao atribuir-lhe personalidade, vemos que Ele não é uma energia impessoal – é um ser pessoal, inteligente, com vontade e determinação própria. O fato de que o Espírito Santo é uma pessoa pode ser evidenciado pelas atribuições que a Palavra de Deus Lhe dá, como estas:

> *Ele* sonda *as coisas profundas de Deus Pai – I Coríntios 2,10; Ele* fala *– Mateus 10.20; Atos 8,39; Atos – 10,19-20; Atos 13,2; Apocalipse 2,7; Ele* ensina *– Lucas 12,12; João 14,26; I Coríntios 2,13; Ele* conduz e guia *– João 16,13; Romanos 8,14; Ele* intercede *– Romanos 8,26-28; Ele* dispensa dons *– I Coríntios 12,7-11;* Ele chama homens para o seu serviço *– Atos 13,2; Atos 20,28; Ele se* entristece *– Efésios 4,30; Ele* dá *ordens – Atos 16,6-7; Ele* ama *– Romanos 15,30; Ele pode ser resistido – Atos 7,51.*
>
> *A palavra hebraica para Espírito é* ruach, *que pode ser traduzida por Espírito de Deus, Espírito de Yahweh, teu Espírito, Espírito Santo, espírito do homem, vento, sopro e respiração. A* Septuaginta,

> *versão grega do Antigo Testamento traduziu* ruach *pela palavra grega* pneuma, *que é um substantivo neutro. Ele é revelado com sua própria individualidade (2 Coríntios 3.17-18; Hebreus 9.14; 1 Pedro 1.2). O Espírito Santo é uma Pessoa divina como o Pai e o Filho como afirma as Escrituras: "... para que* **mentiste ao Espírito Santo,** *retendo parte do preço da propriedade?... Porque formaste este desígnio em teu coração? Não mentiste aos homens,* ***mas a Deus"*** (Atos 5.3-4), não é mera influência ou poder. (Oliveira, 2013, grifo nosso)

Em seguida, verificaremos como as Escrituras atribuem a Jesus e ao Espírito Santo alguns dos principais nomes, atributos e títulos de Deus, colocando as três pessoas em um plano só.

4.2.3 Cada uma das três pessoas é chamada de Deus

Veremos, a seguir, como as referências na Palavra de Deus são feitas indistintamente às três pessoas, com os mesmos qualificativos[3].

1. **Deus**

Nas Escrituras, pode-se aprender que há somente um Deus (Êxodo, 20: 3; I Coríntios, 8: 5-6). No entanto, a Bíblia apresenta cada uma dessas pessoas como *Deus*.

Deus Pai	Jo* 17: 3; I Co 8: 4; 6; Ef 4; 6.
Deus Filho	Jo 1: 1; Rm 9: 5; Hb 1: 8-9 comp. Sl 45: 6-7; I Jo 5: 20
Deus Espírito Santo	At 5: 3-4; 7: 51 comp. Sl 78: 18-19

* Nos quadros demonstrados a seguir, utilizamos as abreviaturas referentes aos livros bíblicos.

3 Esta seção usa como base os levantamentos estatísticos de Oliveira (2013).

2. **Yahweh**

Na Bíblia, podemos ler que apenas um é chamado de *Yahweh* (Deuteronômio, 6: 4; Salmo, 83: 18; Isaías, 45: 5-6; 18). Entretanto, cada uma dessas pessoas é também chamada Yahweh.

Yahweh Pai	I Sm 2: 2; I Cr 17: 20; Is 37: 20
Yahweh Filho	Is 40: 3 comp. Mt 3: 3; Jr 23: 5-6
Yahweh Espírito Santo	Jz 15: 14 comp. 16: 20; Ex 17: 7 comp. Hb 3: 7-9

3. **Senhor**

As Escrituras determinam que somente um é chamado de *Senhor* (Marcos, 12: 29). No entanto, mostra cada uma dessas pessoas como *Senhor*.

Senhor Pai	Is 45: 23-24; Ap 11: 15
Senhor Filho	At 10: 36; Rm 10: 12; I Co 12: 3; Ef 4: 5; Fp 2: 11
Senhor Espírito Santo	Is 6: 8-10 comp. At. 28: 25-27; II Co 3: 16-17

4. **Deus de Israel**

A Bíblia diz que somente um é chamado de *Deus de Israel* (Deuteronômio, 5: 1; 6-7). Contudo, cada uma dessas pessoas é Deus de Israel.

Deus de Israel Pai	Sl 72: 18
Deus de Israel Filho	Ez 44: 2; Lc 1: 16-17
Deus de Israel Espírito Santo	II Sm 23: 2-3

Ainda outros nomes, títulos e atributos servem para demonstrar que Jesus Cristo e Yahweh são apenas um:

Designação	Deus Pai	Deus Filho
Alfa e Ômega	Is 41: 4; 48: 12; Ap 1: 8	Jo 8: 24; 8: 58; 18: 4-6; Ap 1: 8; 1: 17
Salvador	Is 43: 3;11; 63: 8; Lc 1: 47; I Tm 4: 10; Jd 25	At 5: 31; Fp 3: 20; Tt 2: 13; II Tm 1: 10; I Jo 4: 14
Juiz	Gn 18: 25; Sl 50: 4; 6; 96: 13; 75: 7; Rm 14: 10	Jo 5: 22; II Co 5: 10; II Tm 4: 1; Tg 5: 9
Redentor	Sl 130: 7-8; Is 48: 17; 54: 5; 63: 16	Rm 3: 24; Ef 1: 7; Hb 9: 12; Cl 1: 14-15; I Pe 1: 18-19
Justiça Nossa	Is 45: 24	Jr 23: 6; Rm 3: 21-22
Pastor	Gn 49: 24; Sl 23: 1; 80: 1	Jo 10: 11, 16; Hb 13: 20; I Pe 2: 25; 5: 4
Criador	Gn 1: 1; Jó 33: 4; Sl 95: 5-6; 102: 25	Jo 1: 2-3; 10; Cl 1: 15-18; Hb 1: 1-3; 10
O que perdoa os pecados	Ex 34: 6-7; Ne 9: 17; Dn 9: 9; Jn 4: 2	Mc 2: 5-10; At 26: 18; Cl 2: 13; 3: 13
Onipresente	Sl 139: 7-12; Pv 15: 3	Mt 18: 20; Ef 3: 17; 4: 10
Onisciente	II Re 8: 39; Jr 17: 9-10; 16; Hb 4: 13; Is 46: 10	Mt 11: 27; Jo 2: 25; 16: 30; 21: 17; At 1: 24
Onipotente	Is 40: 10-31; 45: 5-13; 18	Mt 28: 18; Mc 1: 29-34; Jo 10: 18; Jd 24
Imutável	Is 46: 4; 9; Ml 3: 6;	Hb 13: 8; 1: 17
O que recebe adoração	Mt 4: 10; Jo 4: 24; Ap 5: 14; 7: 11	Mt 14: 33; 28: 9; Jo 9: 38; Fl 2: 10; Hb 1: 6

Ainda se encontram outras passagens do Antigo Testamento nas quais se fala sobre Yahweh, trazidas também pelos escritores do Novo Testamento.

Para Jesus:

Salmo 102: 25-26	comparado a	Hebreus 1: 10-12
Isaías 8: 12-13	comparado a	I Pedro 3: 14-15
Isaías 40: 3	comparado a	Mateus 3: 1-3
Isaías 44: 6	comparado a	Apocalipse 1: 17; 2: 8; 22: 13
Isaías 45: 23	comparado a	Filipenses 2: 9-10
Joel 2: 32	comparado a	Romanos 10: 13

Baseados nessas tantas evidências bíblicas, verificamos que Jesus sempre foi verdadeiramente Deus e também verdadeiramente homem. O apóstolo Paulo disse, a respeito de Jesus: "Pois nele habita corporalmente toda a plenitude da divindade" (Colossenses, 2: 9).

Tornando-se humano, o Filho de Deus colocou-se voluntariamente sob a autoridade do Pai; não o fez por necessidade, mas por escolha, como parte do plano divino. O apóstolo Paulo entendeu o sacrifício de Jesus e nos exorta:

> *Tende em vós o mesmo sentimento de Cristo Jesus: Ele tinha a condição divina, e não considerou o ser igual a Deus como algo a que se apegar ciosamente. Mas esvaziou-se a si mesmo, e assumiu a condição de servo, tomando a semelhança humana. E, achado em figura de homem, humilhou-se e foi obediente até a morte, e morte de cruz!* (Filipenses, 2: 5-8)

Nesse texto, o apóstolo corrobora que Jesus tinha duas naturezas: divina e humana, "fazendo-se semelhante aos homens", ou seja, Deus tornou-se homem.

Portanto, estudar sobre a Doutrina da Trindade é fundamental para o teólogo. Compreender que Deus na sua essência existe a partir de três pessoas que são distintas entre si e, ao mesmo tempo, existem em si mesmas é aspecto fundamental da teologia cristã.

Deus Pai, Deus Filho e Deus Espírito Santo existem em si mesmos, como uma expressão de amor por sua criação em todos os aspectos, vivem em harmonia e têm um grande plano de bondade para com todos os que acreditam Neles.

Questionário de Doutrina de Deus II

1. Quem era Jesus para os monarquinianistas?
2. Quem era Jesus para os adocionistas?
3. Quem atribuía ao Pai os sofrimentos de Cristo?
4. O que apregoavam os pneumáticos em relação ao Espírito Santo?
5. Dê o nome de três defensores da ortodoxia.
6. Como era a crença de Marción?
7. O que Praxeias afirmou em relação à Trindade?
8. Qual é o nome que recebeu posteriormente a teoria de Praxeias?
9. O que arrazoava Ário em relação ao princípio monoteísta?

10. A palavra *trindade* se encontra na Bíblia?
11. Quais são as outras palavras não bíblicas que usamos amplamente?
12. Cite duas passagens do Antigo Testamento em que se verifica a doutrina da Trindade.
13. Onde temos a revelação mais completa da Trindade?
14. Podemos resumir o ensino das Escrituras em duas afirmações. Quais são elas?
15. Quais são as atribuições que a Palavra de Deus dá ao Espírito Santo?

Referências

AGOSTINHO, S. **A Trindade**. Tradução, introdução e notas de Agustino Belmonte. São Paulo: Paulus, 1994. (Coleção Patrística).

ANDERS, M. **O Espírito Santo em 12 lições**. São Paulo: Vida, 2001a.

_____. **Defesa da fé em 12 lições**. São Paulo: Vida, 2001b.

_____. **Deus em 12 lições**. São Paulo: Vida, 2001c.

_____. **Jesus em 12 lições**. São Paulo: Vida, 2001d.

ANDRADE, C. de. **As verdades centrais da fé cristã**. Rio de Janeiro: CPAD, 2006.

ARAÚJO, O. C. de. **A doutrina de Deus**. Disponível em: <http://www.pastorosmarino.com.br/print6.php?titcod=3692>. Acesso em: 24 jun. 2014.

ARCHER JR., G. L. *Merece confiança o Antigo Testamento?*. São Paulo: Vida, 2000.

BANCROFT, E. H. *Teologia elementar*. São Paulo: Batista Regular, 1995.

BERGSTÉN, E. *Introdução à teologia sistemática*. Rio de Janeiro: CPAD, 1999.

BERKHOF, L. *Teologia sistemática*. Campinas: LPC, 1996.

BETTENSON. H. *Documentos da Igreja Cristã*. 3. ed. São Paulo: Aste, 1998.

BÍBLIA. Português. *Bíblia de Jerusalém*. 4. ed. rev. e atual. São Paulo: Paulus, 2002.

BUENO, R. Knosis: Ele esvaziou-se de si mesmo. *Teologia e Ação*, Santo André, 4 jun. 2010. Disponível em: <http://meyamarobueno.blogspot.com.br/2010/06/knosis-ele-esvaziou-se-de-si-mesmo.html>. Acesso em: 20 maio 2014.

CATEDRAL NEWS. Voz da verdade: de quem? *Meditando na palavra*. 29 out. 2008. Disponível em: <http://catedralnews.blogspot.com.br>. Acesso em: 27 jun. 2014.

CHAMPLIN, R. N. *O Novo Testamento interpretado versículo por versículo*. São Paulo: Candeia, 1995. v. 1.

CHAMPLIN, R. N.; BENTES, J. M. *Enciclopédia de Bíblia, teologia e filosofia*. São Paulo: Candeia, 1995. v. 1.

CLÍNICA PSICANALÍTICA VIDA NOVA. *A doutrina de Deus*. Disponível em: <http://www.clipsvn.com.br/mostraTrabalhof.asp?area=CONFER%CANCIAS&codtrab=90>. Acesso em: 24 jun. 2014.

COENEN, L.; BROWN, C. *Dicionário internacional de teologia do Novo Testamento*. 2. ed. São Paulo: Vida Nova, 2000.

CURTIS, A. K.; LANG, J. S.; PETERSEN, R. **Os 100 acontecimentos mais importantes da história do Cristianismo**. Tradução de Emirson Justino. São Paulo: Vida, 2003.

DIAS, J. Gnosticismo e outras heresias. **Soldados de Jesus Cristo**. 22 dez. 2012. Disponível em: <http://soldadosdosenhor.blogspot.com.br/2012/12/gnosticismo-e-outras-heresias.html>. Acesso em: 14 jul. 2014.

DOSENHOR. Disponível em: <http://www.dosenhor.com>. Acesso em: 10 jul. 2014.

DUEWEL, W. L. **A grande salvação de Deus**. São Paulo: Candeia, 1999.

DUFFIELD, G. P.; VAN CLEAVE, N. M. V. **Fundamentos da teologia pentecostal**. São Paulo: Quadrangular, 1991.

ELWELL, W. A. (Org.). **Enciclopédia histórico-teológica da Igreja Cristã**. São Paulo: Vida Nova, 1993.

ERICKSON, M. J. **Introdução à teologia sistemática**. São Paulo: Vida Nova, 1999.

FALCÃO, M. **Como conhecer uma seita**. São Paulo: O Arado, 2006.

_____. **Manual de teologia sistemática**. São Paulo: O Arado, [S.d.].

FEINBERG, C. L. **Os profetas menores**. São Paulo: Vida, 1996.

FISCH, H. **Torá**. Israel: Koren Publishers Jerusalém Ltd., 1997.

GARDNER, C. A doutrina da salvação: o efeito prático da salvação. **Palavra Prudente**, abr. 2008. Disponível em: <http://www.palavraprudente.com.br/estudos/calvin_d/salvacao/cap08.html>. Acesso em: 16 maio 2014.

GEISLER, N. *Enciclopédia de apologética*: respostas aos críticos da fé cristã. São Paulo: Vida, 2002.

GEORGE, T. *Teologia dos reformadores*. São Paulo: Vida Nova, 1994.

GONDIM, R. *Artesãos de uma nova história*. São Paulo: Candeia, 2004.

GRUNDEM, W. *Manual de teologia sistemática*. São Paulo: Vida, 2001.

_____. *Teologia sistemática*. São Paulo: Vida Nova, 1999.

HALLEY, H. H. *Manual bíblico de Halley*. Tradução de Gordon Chown. 2. ed. rev. e ampl. São Paulo: Vida, 2001.

HARRIS, R. L.; ARCHER JR., G. L.; WALTKE, B. K. *Dicionário internacional de teologia do Antigo Testamento*. São Paulo: Vida Nova, 1998.

HEXHAM, I. *Dicionário de religiões e crenças modernas*. São Paulo: Vida, 2001.

HODGE, C. *Teologia sistemática*. São Paulo: Hagnos, 2001.

HORTON, S. M. *Teologia sistemática*. Rio de Janeiro: CPAD, 1997.

HOUAISS, A.; VILLAR, M. de S.; FRANCO, F. M. de M. *Dicionário Houaiss da língua portuguesa*. Rio de Janeiro: Instituto Antônio Houaiss; Objetiva, 2001.

HOUSE, P. *Teologia do Antigo Testamento*. São Paulo: Vida, 2005.

HURLBUT, J. L. *História da Igreja Cristã*. São Paulo: Vida, 2002.

IPC – Instituto de Pesquisas Cristãs do Brasil. **Curso básico em teologia por correspondência**. São Paulo: [s. n.], 2004.

JEHOVAH. In: **Merriam-Webster**. Disponível em: <http://www.merriam-webster.com/dictionary/Jehovah>. Acesso em: 14 jul. 2014a.

JEHOVAH. In: SINGER, I. **The 1901 Jewish Encyclopedia**. Disponível em: <http://www.studylight.org/encyclopedias/tje/view.cgi?number=8567.1901>. Acesso em: 10 jul. 2014b.

JOSEFO, F. **História dos hebreus**: de Abraão à queda de Jerusalém. Rio de Janeiro: CPAD, 2004.

KELLY, J. N. D. **Doutrinas centrais da fé cristã**. São Paulo: Vida Nova, 1994.

LADD, G. E. **Teologia do Novo Testamento**. São Paulo: Exudus, 1997.

LANGSTON, A. B. **Esboços de teologia sistemática**. Rio de Janeiro: Juerp, 1999.

MCDOWELL, J. **Evidência que exige um veredito**. 2. ed. São Paulo: Candeia, 1996.

MCDOWELL, J.; LARSON, B. **Jesus**: uma defesa bíblica de sua divindade. São Paulo: Candeia, 1994.

MCDOWELL, J.; WILSON, B. **Ele andou entre nós**. São Paulo: Candeia, 1995.

MENEZES, A. **As testemunhas de Jeová e a Trindade**. São Paulo: Vida, 2003a.

_____. **As testemunhas de Jeová e Jesus Cristo**. São Paulo: Vida, 2003b.

MENEZES, A. *As testemunhas de Jeová e o Espírito Santo*. São Paulo: Vida, 2003c.

MENZIES, W. W.; HORTON, S. M. *Doutrinas bíblicas*. Rio de Janeiro: CPAD, 1999.

MICHAELIS. *Moderno dicionário da Língua Portuguesa*. 2009. Disponível em: <www.uol.com.br/michaelis>. Acesso em: 10 jul. 2014.

MIEN, A. *Jesus, mestre de Nazaré*. 4. ed. São Paulo: Cidade Nova, 1998.

MYER, P. *Através da Bíblia*: Livro por Livro. São Paulo: Vida, 1996.

MYER, P. *Conhecendo as doutrinas da Bíblia*. São Paulo: Vida, 1999.

NETO, R. B. Gnosticismo e ebionismo. *Curiosidades bíblicas*, 14 mar. 2013. Disponível em: <http://rogerionetto.blogspot.com.br/2013/03/gnosticismo-e-ebionismo.html>. Acesso em: 24 jun. 2014.

OLIVEIRA, J. *Fundamentação bíblica da Santíssima Trindade*. 18 dez. 2013. Disponível em: <http://pt.slideshare.net/jamiersonoliveira/trindade-nas-escrituras-profjamierson>. Acesso em: 28 ago. 2014.

OLIVEIRA, R. de. *As grandes doutrinas da Bíblia*. 9. ed. Rio de Janeiro: CPAD, 2006.

OLSON, R. *História da teologia cristã*. São Paulo: Vida, 1999.

_____. *História das controvérsias na teologia cristã*. São Paulo: Vida, 2004.

PAROSCHI, W. Crítica textual do Novo Testamento. São Paulo: Vida Nova, 1999.

PEARLMAN, M. Conhecendo as doutrinas da Bíblia. São Paulo: Vida, 1999.

PLÍNIO EL JOVEN. Cartas. Introducción, traducción y notas de Julián González Fernández. Madrid: Gredos, 2005.

PRATNEY, W. A. A Natureza e o caráter de Deus. São Paulo: Vida, 2004.

ROSENTHAL, S. A tri-unidade de Deus no Velho Testamento. São Paulo: Fiel, 1988.

SANTIFICAÇÃO. In: Bíblia On-line: módulo avançado 3.0. São Paulo: Sociedade Bíblica do Brasil, 2002. 1 CD-ROM.

SANTO. In: Dicionário Michaelis. 2009. Disponível em: <www.uol.com.br/michaelis>. Acesso em: 10 jul. 2014.

SILVA, E. S. da. Como responder às testemunhas de Jeová. 3. ed. São Paulo: Candeia, 1995. v. 1.

SILVA, S. P. da. Os anjos: sua natureza e ofício. Rio de Janeiro: CPAD, 1987.

STAMPS, D. C. Bíblia de estudo pentecostal. Rio de Janeiro: CPAD, 1996.

STRONG, A. H. Teologia sistemática. São Paulo: Hagnos, 2003. v. 2.

STRONG, J. Dicionário bíblico Strong: léxico hebraico, aramaico e grego de Strong. Barueri: Sociedade Bíblica do Brasil, 2002.

SUETÓNIUS. Roma galante: Chronica escandalosa da corte dos doze Cezares. Trad. de Guilherme Rodrigues. Lisboa: João Romano Torres & Cia, [19--].

TÁCITO. *Anais*. Tradução de J. L. Freire de Carvalho. São Paulo: W.M. Jackson Inc., 1952. (Clássicos Jackson, v. 25).

TACITUS. *The Annals*. Translated, with introduction and notes, by A. J. Woodman. Indianapolis: Hackett, 2004.

VIDA cristã. *Aurora ortodoxia*, 10 fev. 2012. Disponível em: <http://auroraortodoxia.blogspot.com.br/2012/02/vida-crista.html>. Acesso em: 24 jun. 2014.

WOLF, H. *Ageu e Malaquias*. São Paulo: Vida, 1986.

ZIBORDI, C. S. *Teologia sistemática II*. 2. ed. Guaíra: Gráfica Lex, 2010.

Respostas

Capítulo 1

1. Soteriologia é o conjunto de doutrinas a respeito da salvação.
2. A salvação é a base para um bom relacionamento com Deus; o indivíduo salvo passa a se beneficiar de todos os privilégios do reino de Deus.
3. A partir do momento que a pessoa recebe Jesus Cristo como Senhor e Salvador de sua vida.
4. A todos aqueles que acreditam na obra de Cristo na Cruz.
5. A substituição de Cristo significa que Ele assumiu o nosso lugar na cruz, foi o nosso substituto.
6. *Reconciliar* indica que fomos reconciliados com Cristo, nossa dívida foi paga e a nossa posição agora é a de filhos.
7. O resultado do pecado é a morte, assim, a entrega sacrifical de Cristo aplaca toda a ira de Deus.

8. O sangue de Jesus que foi derramado na cruz nos purifica de todos os pecados.
9. Justificação, adoção e filiação.
10. Uma mudança de vida; o abandono do pecado; uma nova rota para a vida; viver de acordo com a vontade de Deus.
11. *Naham*, que significa "ansiar, suspirar ou gemer", e que tomou o sentido de "lamentar, sofrer, lamentar amargamente, arrepender-se" (Jó, 42: 6; Jeremias, 8: 6). O tipo de arrependimento que Deus deseja do pecador é mais comumente expresso pela palavra *shuwb*.
12. 1) Para que os nossos pecados sejam perdoados; 2) Para que Jesus seja o Senhor da nossas vidas; 3) Para que possamos usufruir da vida eterna.
13. Os benefícios da salvação são o perdão dos pecados, o novo nascimento e a vida eterna.
14. A justificação tem a conotação de "substituição"; somos justificados porque deveríamos estar mortos em razão de nossos pecados; Jesus é o nosso substituto.
15. Papel ativo: precisamos dar o primeiro passo para acreditar na obra de Cristo. Papel passivo: devemos receber os benefícios de tudo o que Jesus fez por nós na cruz.

Capítulo 2

1. Quando compreendemos a respeito da pessoa de Cristo, estamos aptos a deixar que Ele seja o Senhor de nossa vida.
2. O Antigo Testamento indica que Jesus virá de forma messiânica, como libertador e salvador.
3. **Jesus foi tentado**: "Pois, tendo ele mesmo sofrido pela tentação, é capaz de socorrer os que são tentados" (Hebreus, 2: 18). **Jesus foi traído**: "Com efeito, eu mesmo recebi do Senhor o que vos transmiti: na noite em que foi entregue, o Senhor Jesus tomou o pão e, depois de dar graças, partiu-o e disse: 'Isto é o meu corpo, que é para vós; fazei isto em memória de mim'" (I Coríntios, 11: 23-24). **Jesus foi crucificado**: "nós, porém, anunciamos Cristo crucificado, que para os judeus é escândalo, para os

gentios é loucura" (I Coríntios, 1: 23). **Jesus ressuscitou**: "Transmiti-vos, em primeiro lugar, aquilo que eu mesmo recebi: Cristo morreu por nossos pecados, segundo as Escrituras. Foi sepultado, ressuscitou ao terceiro dia, segundo as Escrituras. Apareceu a Cefas, e depois aos Doze" (I Coríntios, 15: 3-5). **Jesus subiu aos céus**: "por isso é que se diz: Tendo subido às alturas, levou cativo o cativeiro, concedeu dons aos homens. Que significa 'subiu', senão que ele também desceu? às profundezas da terra? O que desceu é também o que subiu acima de todos os céus, a fim de plenificar todas as coisas" (Efésios, 4: 8-10).

4. Não, mas inspirou milhares de pessoas.
5. Velho Testamento: hebraico; Novo Testamento: grego.
6. De acordo com Gondim (2004, p. 93), os intelectuais da modernidade profetizaram: "Aposentaremos Deus num canto desnecessário do universo, condenaremos a divindade ao ostracismo. Sartre falava do silêncio de Deus. Jasper da ausência divina. Buber gostava de mencionar o eclipse de Deus. Hamilton propôs a teologia da morte de Deus".
7. Por estudiosos de todas as religiões do mundo.
8. Os ebionitas negavam a divindade de Jesus e o nascimento virginal. Para eles, Jesus foi um simples homem, filho de José e Maria, que observou a lei de forma especial, sendo assim escolhido por Deus para ser o Messias.
9. Ário defendeu a doutrina que considerava Jesus Cristo como superior à natureza humana, porém, inferior a Deus; não admitia a existência eterna de Cristo; ensinava que Cristo um dia foi criado, ou seja, não era preexistente, não era igual ao Pai em nível de substância e muito menos era coeterno com Ele.
10. Essa teoria ensinava que, devido à encarnação do *logos*, a natureza humana de Jesus fora absorvida pela divina, tornando Jesus Cristo um homem especial, ou seja, a humanidade de Cristo era diferente de um homem comum, em nível de essência.
11. É nas Escrituras que encontramos evidências de que Jesus era uma pessoa plenamente humana, sujeita a todas as limitações comuns à raça humana. Nasceu como todo ser humano nasce, todavia, sem pecado. Embora sua concepção tenha sido excepcional, todos os outros estágios

de sua vida foram idênticos ao de qualquer ser humano normal, física, intelectual e emocionalmente. Também no sentido psicológico, Jesus era genuinamente humano, pois pensava, raciocinava e se emocionava como qualquer ser humano normal.

12. "Ela dará à luz um filho e tu o chamarás com o nome de Jesus, pois ele salvará o seu povo dos seus pecados. Tudo isso aconteceu para que se cumprisse o que o Senhor havia dito pelo profeta" (Mateus, 1: 21-22). E Mateus explicou (1: 22-23) tratar-se do cumprimento da profecia supra (Isaías, 7: 14). Em Isaías (7: 13-14), Deus aparece prometendo ao rei Acaz: "Então disse ele: Ouvi vós, da casa de Davi! Parece-vos pouco o fatigardes os homens, e quereis fatigar também a meu Deus? Pois sabei que o Senhor mesmo vos dará um sinal: Eis que a jovem concebeu e dará à luz um filho e pôr-lhe-á o nome de Emanuel". No Novo Testamento, a Virgem Maria recebeu a mensagem de um anjo, que disse que ela daria à luz um filho: "Eis que conceberás no teu seio e darás à luz um filho, e tu o chamarás com o nome de Jesus. Ele será grande, será chamado Filho do Altíssimo, e o Senhor Deus lhe dará o trono de Davi, seu pai; ele reinará na casa de Jacó para sempre, e o seu reinado não terá fim" (Lucas, 1: 31-33).
13. Jesus estava afirmando sua natureza divina e sua natureza humana.
14. Representa sua existência sobrenatural; o Filho de Deus é a realidade do Messias. Ser filho de Deus significa em Cristo ser Homem-Deus. Indiscutivelmente, esse título caracteriza, de maneira particular e totalmente ímpar, a relação entre o Pai e o filho.
15. "Monarquianismo, patripassionismo ou sabelianismo são todos conceitos que expressam o intenso desejo e objetivo, ainda nos primeiros séculos da igreja cristã, de combater o que seus defensores chamavam de triteísmo, referência ao reconhecimento de três deuses. Na tentativa de defender o monoteísmo, alguns apologistas da igreja primitiva acabaram abandonando a doutrina da Trindade Divina: Pai, Filho e Espírito Santo, três pessoas que subsistem eternamente numa única divindade (unidade composta). Foi Teódoto de Bizâncio (cerca de 190 d.C.). Quem primeiro ensinou que Jesus era apenas um ser humano movido e impulsionado

pelo Espírito Santo. Em outras palavras, para ele, Jesus não era essencialmente e substancialmente Deus ou, sequer, conjugava as duas naturezas (humana e divina) em si (união hipostática). Esse ensino é chamado de 'monarquianismo dinâmico'. Outros preferiram reconhecer a divindade de Jesus, mas o identificaram (o Filho) com o próprio Pai. Essa doutrina é conhecida, ainda hoje, como 'monarquianismo modal' ou 'patripassionismo'. A enciclopédia histórica e teológica nos informa que 'patripassionismo é a doutrina segundo a qual o pai se encarnou, sendo ele quem nasceu de uma virgem e quem sofreu e morreu na cruz'" (Grundem, 1999).

Capítulo 3

1. As Escrituras não foram escritas com a intenção de provar a existência de Deus; Ele é conhecido através de Sua obra e caráter. Suas ações (criação, harmonia do universo) são suficientes para revelar Sua pessoa Santa e Eterna.
2. A prova da existência de Deus é uma forma de apresentar evidências de Sua existência. Deus não é um mito impossível de ser identificado, pois existem provas e evidências concretas de sua existência – a criação, o ser humano, por exemplo.
3. A criação; a harmonia do universo; o caráter e os milagres de Deus.
4. Sugestão de resposta: 1) Na natureza – O salmista diz: "Os céus contam a glória de Deus [...]" (Salmo, 19: 2), o apóstolo Paulo declarou: "Sua realidade invisível – seu eterno poder e sua divindade – tornou-se inteligível, desde a criação do mundo, através das criaturas, de sorte que não têm desculpa" (Romanos, 1: 20). Essas e outras passagens das Escrituras dão a entender que Deus deixou provas a respeito de si mesmo no mundo que criou. 2) Na história – Um exemplo da revelação de Deus na história é a preservação do povo de Israel. Essa pequena nação vem sobrevivendo ao longo de séculos, em ambientes basicamente hostis, muitas vezes em face de severa oposição. 3) Na revelação geral – Em todas as culturas, em todos os tempos e lugares, os homens vêm crendo na existência de uma realidade superior a si mesmos e até em algo superior à raça humana. A palavra de Deus declara que o homem foi criado à imagem do Pai.

5. Através da harmonia do universo, a criação demonstra que existe um ser superior que tem controle sobre todas as coisas.
6. O ser humano tem no seu interior o conceito do certo e do errado; ele sabe interiormente se está desobedecendo a algum princípio moral.
7. Um exemplo da revelação de Deus na história é a preservação do povo de Israel. Essa pequena nação vem sobrevivendo ao longo de séculos, em ambientes basicamente hostis, muitas vezes em face de severa oposição.
8. Ateísmo é a teoria que nega a existência de um Deus pessoal. O ateu nega a existência de qualquer divindade, acreditando que o universo surgiu por acaso ou que sempre existiu, sustentado por leis inerentes e impessoais. Existem dois tipos de ateus: 1) o ateu filosófico, que nega a existência de Deus; 2) o ateu prático, que vive como se Deus não existisse.
9. *El-Shaday* (Deus Todo-poderoso) – O nome hebraico *shaday* é derivado de *shadad*, que significa "ser poderoso, forte e potente"; mas há quem afirme que essa palavra seja derivada do verbo hebraico *shadá*, que quer dizer "alimentar". Tanto o primeiro quanto o segundo termo são inerentes à natureza divina: Deus é o Todo-Poderoso e também dá a vida, alimenta e torna frutuoso. *El-Shaday* é encontrado sete vezes nas Escrituras; a palavra *shadday*, significando "o Todo-Poderoso", é mencionada 41 vezes; 31 vezes apenas em Jó; *Adonai* (Senhor, Mestre, Dono, Governante) – *Adonai* é plural, e *Adon*, singular. A palavra *adonai* é usada no Antigo Testamento quase do mesmo modo que *kyrios* é empregada no Novo Testamento grego.
10. Aspectos do caráter de Deus.
11. 1) Amor (incluindo a misericórdia e a graça) – Na Sua santidade, Deus é inacessível; no Seu amor, Ele se aproxima de nós. O Antigo Testamento não revela o amor de Deus em palavras até o Livro de Deuteronômio. É possível que fosse necessário estabelecer primeiro a santidade de Deus antes da revelação de Seu amor. O amor é o atributo em razão do qual Ele deseja relação pessoal com aqueles que possuem Sua imagem e semelhança, e especialmente com aqueles que foram purificados pelo sangue de Jesus; 2) Justiça (retidão) – A palavra hebraica para "reto" é *tsedek*, definida como "retidão, correção, integridade, justiça de um juiz, de um rei, de Deus", demonstrada em castigar o perverso ou em vingar, livrar,

recompensar o justo; 3) Fidelidade – Sabemos que todas as Suas promessas são cumpridas, porque Deus não irá prometer o que não pretender cumprir e, sendo onipotente, Ele é capaz de cumprir o que promete. Devemos compreender que certas promessas estão condicionadas à obediência de nossa parte; se desobedecermos a Deus, Ele não será infiel a uma promessa, mesmo em caso de demorar a cumpri-la. Se Ele demorar, é sempre em nosso favor. Em Seu tempo ditado pela Sua sabedoria, Ele cumprirá fielmente Sua promessa (Hebreus, 10: 23; II Coríntios, 1: 20; II Pedro, 3: 4; I Reis, 8: 56; II Pedro, 1: 4).

12. A onipresença de Deus significa que Ele está presente em todos os lugares ao mesmo tempo.
13. A onisciência de Deus significa que Ele sabe de todas as coisas.
14. Tendo toda a sabedoria possível, Deus age de maneira correta e está presente em todas as situações existentes.
15. Santidade, Amor (incluindo a misericórdia e a graça), Justiça (retidão) e Fidelidade.

Capítulo 4

1. No século II, erguendo o lema de *Monarchiam tenemus* (temos monarquia), surgiu a doutrina da existência de um só Deus com exclusão das diferentes pessoas. Para uma facção dos *monarquinianista*s, Cristo era um simples homem e representava apenas o dinamismo de Deus (dinamistas).
2. Para os adocionistas, Jesus era tão só Filho de Deus pela graça.
3. Os patripassionistas não viam diferença entre o Pai e o Filho e receberam essa denominação pela doutrina que defendiam, ou seja, atribuíam ao Pai os sofrimentos de Cristo.
4. Com relação à pessoa divina do Espírito Santo, levantaram-se principalmente os pneumáticos, que lhe negavam a divindade e, consequentemente, apregoavam sua inferioridade com relação ao Pai e o Filho.
5. Santo Irineu, Tertuliano e Sabélio.
6. Marción foi um mestre entre os cristãos de Roma no século II que tentou forçar uma separação permanente entre o cristianismo e tudo quanto

era hebraico, inclusive o Deus de Israel (Yahweh) e o Pai de Jesus Cristo. Marción também tentou definir um cânone de Escrituras cristãs, limitando a escritos gentios. Alguns dos seus pensamentos a respeito da humanidade e da criação tinham uma pitada de gnosticismo, e Tertuliano nada poupou no seu ataque fulminante contra os ensinos de Marción.

7. Praxeias negou que os cristãos cressem em três identidades, ou pessoas distintas, dentro do único ser divino. Afirmava que o próprio Pai desceu para dentro da virgem, que Ele mesmo nasceu dela, que Ele mesmo sofreu e que, realmente, era o próprio Jesus Cristo. De acordo com Olson (2001, p. 96), Tertuliano "cunhou o rótulo de patripassianismo para essa heresia, que significa o sofrimento (e a morte) do Pai".
8. Essa teoria de Praxeias posteriormente veio a ser chamada *modalismo* e foi revivificada por outro mestre posterior do cristianismo em Roma chamado Sabélio. Por isso, o modalismo é também conhecido, às vezes, pelo nome de *sabelianismo*.
9. Para Ário, Jesus era um ser mutável e foi declarado Filho de Deus em razão de sua glória futura, para a qual foi escolhido. Altercava que o Filho não tinha como ser igual ao Pai, mas estava acima de todas as outras criaturas, inclusive o homem, portanto, não era errado venerar o Filho. Enxergava em Jesus um ser intermediário entre Deus e os homens, afirmando a existência de um único Deus, o Pai, eterno, absoluto, imutável, incorruptível. Esse ser supremo e absoluto não poderia comunicar segundo sua concepção, seu Ser, nem parcelas dele, nem por criação, nem por geração.
10. O termo *trindade* não se encontra na Bíblia, e, como bem disse o professor Stanley Rosenthal (1988, p. 2), "a palavra trindade foi cunhada a fim de referir-se à pluralidade que há em Deus, ao mesmo tempo em que manteria o pensamento da unidade divina".
11. Há outras palavras não bíblicas as quais usamos amplamente, pois expressam revelações bíblicas sobre Deus, tais como: *onisciência*, *onipotência* e *onipresença*. Não restam dúvidas de que essas palavras exprimem atributos importantíssimos de Deus, ainda que não se encontrem nas Escrituras.

12. Gênesis (1: 1): "No princípio, Deus criou o céu e a terra". Na criação do homem, a Trindade estava presente: "E disse Deus: **façamos** o homem à **nossa imagem**, como **nossa semelhança** [...]" (Gênesis, 1: 26). As três pessoas da Trindade estão presentes na criação.

13. É no Novo Testamento que temos a revelação mais completa da Trindade. As pessoas da unidade composta da divindade surgem separadas, sendo expostas com maior clareza aos fiéis na plenitude dos tempos (Gálatas, 4: 4). O mistério daquilo que era implícito se torna explícito. O Pai, o Filho e o Espírito Santo surgem no Novo Testamento como o Deus universalmente reconhecido entre os crentes.

14. Segundo o Novo Testamento, há três pessoas distintas reconhecidas como Deus, portanto, podemos resumir o ensino das Escrituras em duas afirmações: 1) Há um só Deus. 2) Há três pessoas distintas que são Deus: o Pai, o Filho e o Espírito Santo.

15. Ele nos convence do pecado (João, 16: 7-8), revela-nos a verdade a respeito de Jesus (João, 14: 16, 26), realiza o novo nascimento (João, 3: 3-6), e faz-nos membros do corpo de Cristo (I Coríntios, 12: 13). Na conversão, os cristãos recebem o Espírito Santo (João, 3: 3-6; 20: 22) e se tornam coparticipantes da natureza Divina (II Pedro, 1: 4). O Espírito Santo passa a habitar no crente, influenciando sua vida, de modo a viver uma vida piedosa (Romanos, 8: 9; I Coríntios, 6: 19), longe do pecado (Romanos, 8: 2-4; Gálatas, 5: 16-17; II Tessalonicenses, 2: 13). Ele testifica que somos filhos de Deus (Romanos, 8: 16), ajuda-nos na adoração a Deus (Atos, 10: 45-46; Romanos, 8: 26-27) e na nossa vida de oração e intercede por nós quando clamamos a Deus (Romanos, 8: 26-27). Guia-nos em toda a verdade (João, 16: 13; 14: 26; I Coríntios, 2: 10-16), consola-nos e ajuda-nos (João, 14: 16; I Tessalonicenses, 1: 6) (Oliveira, 2013).

Parte 2

* Todas as passagens bíblicas indicadas neste capítulo são citações de Bíblia (2002).

Hamartiologia:

doutrina do pecado*

Capítulo 5

Há algo errado no homem e com o homem. Testemunhamos o ser humano realizar tanto os mais sublimes heroísmos quanto os mais horrendos atos. Ele tem a capacidade de conceber as coisas mais puras e belas e, ao mesmo tempo, praticar as ações mais sórdidas. É como uma máquina que, tendo sido construída para trabalhar com perfeição, foi danificada a tal ponto que todo o seu funcionamento ficou comprometido.

Desde cedo, o homem pode perceber sua dicotomia entre discurso e prática, entre o que deseja e o que faz. Às vezes, o homem até tem plena consciência de onde quer chegar, mas erra o alvo de forma escandalosa. Os melhores homens já foram flagrados nos mais grosseiros erros, e isso tudo em escala universal, independentemente de raça, cor, posição social, cultura ou formação. A história humana é a história da degradação humana. Muitas vezes, tem sido questionado se o homem é realmente um ser racional. O abismo entre o que se espera dele e o que efetivamente se tem é causa de grande espanto. Dos brutos se espera a selvageria, do ser humano, a humanidade. No entanto, o que se espera nem sempre ocorre.

É justamente nessa grande incógnita que entra a revelação da palavra de Deus, que explica a origem, a extensão e as consequências da degradação humana. Ela nos possibilita entender por que o homem é assim, por que não deve continuar agindo da maneira que age e o que Deus fez para reverter essa situação. As filosofias humanas apenas detectam o fato. Somente a revelação divina é capaz, de fato, de esclarecer o problema.

A existência do pecado, de um modo ou de outro, sempre perturbou a vida humana. Os homens têm de conviver com essa deficiência, têm de se amoldar a ela, criar inúmeros dispositivos para inibir seus efeitos. A humanidade anseia por uma solução definitiva que possa resolver a questão de uma vez por todas. É uma guerra sem tréguas para a qual não existe descanso.

Na maioria das vezes, porém, o homem se rende a essa força e se torna seu próprio refém, um prisioneiro de seus próprios vícios, conduzindo sua vida de um modo que o escraviza e o obriga a atitudes que ele mesmo não entende. Esses vícios são de várias espécies, assim, quando alguém escapa de algum tipo de corrupção, sempre acaba caindo em outro. Portanto, mesmo sendo virtuoso em determinada área, o ser humano é, às vezes, completamente depravado em outras. Quando, por educação e formação, ele se vê resguardado dos pecados mais grosseiros, termina por cair nos mais sutis.

Não se pode entender a situação específica do pecado sem a Bíblia. Não se pode ter alguma esperança a não ser que se conheça o que ela diz sobre o assunto. A hamartiologia bíblica é a área da teologia que se ocupa desse assunto e procura responder a esses impasses de forma sistemática e clara. O máximo que as ciências humanas, como a psicologia e a sociologia, têm conseguido é identificar o problema, aceitá-lo como algo natural e incentivar o homem a conviver com esse problema da forma mais pacífica possível. A Bíblia, todavia, mostra a situação da perspectiva de Deus; uma perspectiva que vale a pena conhecer.

5.1 Definição de termos

Hamartiologia é a união de duas palavras gregas: *hamartia* (pecado) e *logia* (conhecimento; estudo; doutrina). Portanto, *hamartiologia* significa "conhecimento ou doutrina do pecado". Pecado é deixar de se conformar à lei moral de Deus, seja em ato, seja em atitude, seja em natureza. Para nosso estudo, o pecado é definido em relação a Deus e Sua lei moral, ou seja, inclui não só atos individuais, como roubar, mentir ou cometer homicídio, mas também atitudes contrárias àquilo que Deus exige de nós. Essa concepção está implícita nos Dez Mandamentos, que não só proíbem ações pecaminosas, mas também atitudes errôneas, como se observa no Êxodo (20: 17): "Não cobiçarás a casa do teu próximo, não cobiçarás a sua mulher, nem o seu escravo, nem a sua escrava, nem o seu boi, nem o seu jumento, nem coisa alguma que pertença a teu próximo". Nessa passagem, Deus especifica que o desejo de roubar ou cometer adultério é também pecado aos olhos dele.

5.2 A origem do pecado

Uma das perguntas mais difíceis feita pela mente humana se relaciona à presença e à origem do pecado: De onde veio o pecado? Como ele penetrou no universo? Primeiramente, precisamos afirmar claramente que Deus não pecou e não deve ser culpado pelo pecado. O pecado se achava no mundo muito antes de a Bíblia ser escrita. Se as Escrituras jamais tivessem sido escritas, ou se não fossem verdadeiras, mesmo assim a presença do pecado entre nós seria notada.

As Escrituras Sagradas, veredicto final em questão doutrinária e espiritual, nos informam que o pecado não ocorreu na terra, e sim no céu. O céu foi manchado antes de a terra ter sido maculada pela odiosa presença do pecado.

5.2.1 A existência pré-adâmica do mal

Quando o mal ocorreu nas esferas materiais, ele já havia antes ocorrido no universo. O mal apenas "entrou no mundo" (Romanos, 5: 12), e, com ele, a morte, mas não surgiu naquele momento. Seus efeitos apenas se fizeram sentir em outra esfera, a física. Adão foi apenas uma porta, e não uma fonte. A fonte antecedeu sua existência.

As Escrituras falam em pelo menos duas passagens sobre a rebelião de um querubim ungido, que teria almejado o lugar de Deus nas regiões celestes. As duas passagens retratam detalhadamente a mesma coisa: a revolta contra Deus em virtude do desejo de poder e uma consequente punição por tal atitude. Vejamos tais textos:

> *O sinete da perfeição, cheio de sabedoria e formosura.* **Estavas no Éden**, *jardim de Deus; de todas as pedras preciosas te cobrias: o sárdio, o topázio, o diamante, o berilo, o ônix, o jaspe, a safira, o carbúnculo e a esmeralda; de ouro se te fizeram os engastes e os ornamentos; no dia em que foste criado, foram eles preparados. Tu eras querubim da guarda ungido, e te estabeleci; permanecias no monte santo de Deus, no brilho das pedras andavas.* **Perfeito eras nos teus caminhos, desde o dia em que foste criado, até que se achou iniquidade em ti.** *Na multiplicação do teu comércio, se encheu o teu interior de violência, e pecaste; pelo que te lançarei, profanado, fora do monte de Deus e te farei perecer, ó* **querubim da guarda**, *em meio ao brilho das pedras. Elevou-se o teu coração por causa da tua formosura, corrompeste a tua sabedoria por causa do teu resplendor; lancei-te por terra, diante dos reis te pus, para que te contemplem.* (Ezequiel, 28: 12-17, grifo nosso)

Outro profeta complementa a revelação de Deus, expondo os motivos que levaram este ser exaltado a cometer tal aspiração.

> *Como caíste desde o céu, ó estrela d'alva, filho da aurora! Como foste atirado à terra, vencedor das nações! E, no entanto, dizias no teu coração: "Hei de subir até o céu, acima das estrelas de Deus colocarei o meu trono, estabelecer-me-ei na montanha da Assembleia, nos confins do Norte. Subirei acima das nuvens, torna-me-ei semelhante ao Altíssimo". E, contudo, foste precipitado ao Xeol, nas profundezas do abismo.* (Isaías, 14: 12-15)

Deus nos permitiu saber a verdadeira origem do mal: rebelião, revolta, iniquidade, soberba. Os primeiros pecados do universo foram realizados por um ser perfeito que estava na presença de Deus antes mesmo de o homem ser criado. Sabemos que durante a criação da terra os anjos já estavam presentes, como se deduz do texto a seguir.

> *Onde estavas tu quando eu fundava a terra? Faze-mo saber, se tens inteligência. Quem lhe pôs as medidas, se é que o sabes? Ou quem estendeu sobre ela o cordel? Sobre que estão fundadas as suas bases, ou quem assentou a sua pedra de esquina, quando as estrelas da alva, juntas alegremente cantavam, e todos os filhos de Deus rejubilavam?* (Jó, 38: 4-7)

A Bíblia trata apenas de passagem sobre as consequências do pecado ocorrido no reino espiritual, dando mais ênfase sobre as consequências geradas para o próprio autor do pecado e seus legionários.

5.2.2 Origem do pecado na raça humana

De acordo com as Escrituras, o homem é repugnante para Deus e para si mesmo, além de uma criatura mal adaptada ao universo, não porque Deus o tenha criado assim, mas porque ele próprio se fez assim por abusar do livre-arbítrio.

O Capítulo 3 de Gênesis oferece os pontos fundamentais para se entender a origem do pecado: a tentação, a culpa, o juízo e a redenção. Adão, responsável pelo declínio do ser humano, é um *ser concreto*, um indivíduo com existência real e único. Ele dispõe de uma genealogia como qualquer outro, sua descendência é desenvolvida e seu nome se liga a outros indivíduos dos quais jamais se questiona a existência real. O Novo Testamento assume tal posição e qualquer referência a Adão indica este como um personagem bíblico como os demais.

Para quem crê na Bíblia e faz uma interpretação adequada dela, o fato ocorrido com Adão faz muito sentido. O acontecimento narrado no Éden é rico em verdades espirituais. A origem da morte, o primeiro ato de desobediência, a entrada do pecado e suas consequências, a desordem universal resultante. O estudo bíblico relacionado a esse assunto fornece uma explicação que indica os motivos de um mundo mal diante de um Deus bom e, ainda, a clara perspectiva de redenção. Essa explicação nos é dada nos capítulos iniciais de Gênesis, nos quais encontramos a base teológica para a origem do pecado, bem como a doutrina da redenção.

5.3 A origem do pecado humano

Deus fez o homem perfeito, à sua própria imagem. Ele o colocou num ambiente perfeito, suprindo cada uma de suas necessidades e lhe deu uma companheira. O homem recebeu também o livre-arbítrio, pelo qual pudesse, de modo amoroso e livre, escolher servir a Deus e, dessa maneira, desenvolver e confirmar sua retidão de caráter. Sem vontade livre, o homem teria sido meramente uma máquina. O **caráter** é a soma de todas as escolhas humanas, dessa forma, só pode ser obtido através das decisões. Assim, a possibilidade da queda existia, bem como a possibilidade de resistência a esta.

5.3.1 A origem da tentação

As Escrituras dizem que Satanás lançou dúvidas sobre a palavra de Deus e seu amor nos seguintes dizeres, em Gênesis (3: 1-4):

> *A serpente era o mais astuto de todos os animais dos campos, que Yahweh Deus tinha feito. Ela disse à mulher: "Então Deus disse:*

Vós não podeis comer de todas as árvores do jardim?" A mulher respondeu à serpente: "Nós podemos comer do fruto das árvores do jardim. Mas do fruto da árvore que está no meio do jardim, Deus disse: Dele não comereis, nele não tocareis, sob pena de morte." A serpente disse então à mulher: "Não, não morrereis!"

Ardilosamente, Satanás usou de sua tática preferida, pondo incerteza à veracidade da Palavra de Deus. Com grande astúcia o tentador oferece sugestões, as quais, ao serem abraçadas, abrem caminho a desejos e atos pecaminosos. Satanás, assumindo a forma de uma serpente, começa falando com a mulher, o vaso mais frágil, que, além dessa circunstância, não tinha ouvido diretamente a proibição divina (Gênesis, 2: 16-17).

Satanás espera até que Eva esteja só. Nota-se a astúcia na aproximação: ele torce as palavras de Deus. Dessa maneira, astutamente, semeia dúvida e suspeitas no coração da ingênua mulher e, ao mesmo tempo, insinua que Deus não está sendo justo com a forma que estabeleceu os limites da vida no Éden. É bem provável que jamais acontecesse a queda se não acontecesse a tentação. Não podemos afirmar isso com certeza, mas as circunstâncias nos levam a crer dessa forma. Como não havia outros seres humanos para servirem de instrumentos a esse propósito, o tentador se utilizou de um animal muito sagaz. A sutileza do diálogo, a ingenuidade natural da mulher e do homem (lembrando que estes não conheciam a maldade, nem em teoria nem na prática), foram os pontos que inclinaram o primeiro casal a cometer o ato de rebeldia e desobediência, o qual afetou toda raça humana.

O apóstolo João fez uma síntese do processo da tentação com a seguinte afirmação: "Porque tudo o que há no mundo, a concupiscência da carne, a concupiscência dos olhos e a soberba da vida, não é do Pai, mas do mundo" (I João, 2: 16). Qualquer pecado tem origem em pelo menos uma dessas características.

5.4 As consequências do pecado

As consequências trazidas pelo pecado produziram prejuízos incalculáveis em todas as dimensões da existência. A queda de Satanás e seus subordinados trouxe grande ruína, tanto no universo físico quanto no mundo espiritual. O pecado e a queda desse querubim ungido afetaram os céus, causando sérios danos, primeiramente nas regiões celestes e, depois, na terra. Com a queda, esse terrível ser persuadiu "um terço" dos anjos de Deus, que o seguem (Apocalipse, 12: 4). Juntos, eles passam a fazer oposição a Deus e aos homens.

Em relação ao pecado de Adão, o homem deixou de ter comunhão com Deus e passou a ser um recipiente de uma natureza depravada, expressa em seu caráter e conduta. Por conseguinte, o pecado afetou completamente a constituição do homem: espírito, alma e corpo.

5.4.1 A perda da comunhão com Deus

Notemos as evidências de uma consciência culpada: "Então abriram-se os olhos dos dois e perceberam que estavam nus". Tal expressão, "abrir os olhos" (veja também Gênesis, 21: 19 e II Reis, 6: 17), é usada para indicar um esclarecimento milagroso ou repentino – as palavras da serpente cumpriram-se, porém, o "conhecimento" adquirido foi diferente do que eles esperavam: em vez de se fazerem semelhantes a Deus, Adão e Eva experimentaram um miserável sentimento de culpa que os fez ter medo de Deus e, assim, quando ouviram a voz de Deus no jardim, eles se esconderam.

O termo *religião* demonstra claramente esse sentido de perda de comunhão com Deus. Religião vem do latim *religare,* ou seja, significa "religar" (Religião, 2012). A religião busca religar o homem com Deus. Logo, concluímos que o homem perdeu esse vínculo, esse elo por causa do seu pecado. Restaurar o ser humano é, em parte, restaurar a comunhão dele com Deus.

O instinto do homem culpado é fugir de Deus. E, assim como Adão e Eva procuravam esconder-se entre as árvores, da mesma forma as pessoas hoje em dia procuram esconder-se. Numa tentativa de resolver a questão da culpa, o ser humano culpado busca alternativas diversas para tentar superar seu vazio e sua frustação interior.

5.4.2 A dualidade carne e espírito

É imperativo que todo crente saiba que tem um espírito, visto que é nessa esfera que ocorre toda comunicação de Deus com o homem. O homem que Deus criou não era uma máquina dirigida pelo Altíssimo, ao contrário, esse ser humano original possuía perfeita liberdade de escolha. Se ele escolhesse obedecer a Deus, assim seria, e se decidisse rebelar-se contra Deus, poderia fazer isso também. O homem tinha em sua posse a soberania para exercitar sua vontade.

O espírito do homem era, originalmente, a parte mais elevada de todo o seu ser, ao qual alma e corpo deviam se submeter.

Quando Deus falou com Adão no princípio, disse: "no dia em que dela comeres [o fruto da árvore do conhecimento do bem e do mal] terás que morrer" (Gênesis, 2: 17). Entretanto, Adão e Eva continuaram a viver por centenas de anos depois de comerem do fruto proibido. Obviamente, isso indica que a morte predita não era física. A morte de Adão começou em seu espírito.

Quando Adão e Eva pecaram, a comunhão com Deus foi interrompida, trazendo consigo outros agravantes. A alma venceu o espírito, e ali começou o domínio da alma sobre todo ser humano. A natureza corrompida e predominante é chamada no Novo Testamento de "carne", o que criou dentro do ser humano um conflito extremo, no qual sua natureza espiritual deseja uma coisa e sua natureza carnal corrompida deseja outra, conforme escreveu o apóstolo Paulo em Romanos (7: 14-24):

> *Porque bem sabemos que a lei é espiritual; mas eu sou carnal, vendido sob o pecado. Porque o que faço não o aprovo; pois o que quero isso não faço, mas o que aborreço isso faço. E, se faço o que não quero, consinto com a lei, que é boa. De maneira que agora já não sou eu que faço isto, mas o pecado que habita em mim. Porque eu sei que em mim, isto é, na minha carne, não habita bem algum; e com efeito o querer está em mim, mas não consigo realizar o bem. Porque não faço o bem que quero, mas o mal que não quero esse faço. Ora, se eu faço o que não quero, já o não faço eu, mas o pecado que habita em mim. Acho então esta lei em mim, que, quando quero fazer o bem, o mal está comigo. Porque, segundo o homem interior, tenho prazer na lei de Deus; Mas vejo nos meus membros outra lei, que batalha contra a lei do meu entendimento, e me prende debaixo da lei do pecado que está nos meus membros. Miserável homem que eu sou! Quem me livrará do corpo desta morte?*

Uma vez que o homem esteja totalmente sob o domínio da carne, ele não tem possibilidade de liberar-se. A lama tomou o lugar de autoridade do espírito. Tudo é feito de maneira independente e segundo as ordens de sua mente. A alma não está apenas independente do espírito; adicionalmente, ela está sob o controle do corpo. Ela é solicitada a obedecer, a executar e cumprir as cobiças, paixões e exigências do corpo. Cada filho de Adão está não somente morto em seu espírito, mas é também "tirado da terra, é terrestre" (I Coríntios, 15: 47). Os homens caídos são completamente governados pela carne, satisfazendo os desejos da sua alma e das paixões físicas. Sem impedimento, a carne está em rígido controle sobre o homem. Isso é o que está esclarecido em Judas (1: 18-19): "escarnecedores, que levarão uma vida de acordo com as suas próprias concupiscências ímpias. São estes os que causam divisões, estes seres 'psíquicos', que não têm o Espírito".

5.4.3 A deformação da imagem divina

De todas as criaturas que Deus fez, apenas uma delas, o homem, diz-se ter sido feita "à imagem de Deus". O que isso significa? Podemos argumentar que o fato de o homem ser a imagem de Deus significa que ele representa Deus e é semelhante a Ele.

Depois de desobedecer a Deus, o que podemos verificar nas Escrituras é que de fato o homem teve sua imagem corrompida, de modo que, quando olhamos para o ser humano em todo o seu caminhar pela história, tanto nos admiramos da grandeza de seus feitos e da nobreza de suas atitudes quanto nos envergonhamos de seus atos violentos e animalescos. O homem consegue abrigar em si tanto a grandeza quanto a corrupção.

Imaginemos, portanto, um espelho no qual um homem observa a sua imagem. Se esse espelho for quebrado, manchado ou ficar embaçado, a imagem ali refletida continuará sendo a do homem, mas não irá permanecer como tal. Isso foi o que aconteceu com o homem. A imagem de Deus continua nele refletida, mas não pode ser discernida porque foi manchada e embaçada pelo pecado. O Evangelho é justamente o único caminho que restaura a imagem de Deus no homem, como escreveu o apóstolo Paulo (Colossenses, 3: 9-10): "Vós vos desvestistes do homem velho com as suas práticas e vos revestistes do novo, que se renova para o conhecimento segundo a imagem do seu Criador".

5.4.4 A corrupção e a criação

É importante frisarmos que o poder corruptor que atingiu os seres humanos e suas relações também afetou o restante da criação. As Escrituras ensinam que os efeitos do pecado não atingiram somente o homem, mas também os demais seres e as demais criações. Não se pode falar apenas da corrupção de todo gênero humano e sim da corrupção de tudo o que foi criado.

A Bíblia revela que a criação está aguardando que a redenção do homem se complete, pois então até ela mesma será redimida:

> *Pois a criação em expectativa anseia pela revelação dos filhos de Deus. De fato, a criação foi submetida à vaidade – não por seu querer, mas por vontade daquele que a submeteu – na esperança de ela também ser libertada da escravidão da corrupção para entrar na liberdade da glória dos filhos de Deus. Pois sabemos que a criação inteira geme e sofre as dores de parto até o presente.* (Romanos 8: 19-22)

As Escrituras Sagradas declaram que o todo universo foi atingido e, consequentemente, sofre os efeitos do pecado. Os cientistas já comprovaram há séculos o que a Bíblia afirma: que a terra está envelhecendo. Essa informação já estava registrada nas Escrituras:

> *Diz ainda: És tu, Senhor, que nas origens fundaste a terra; e os céus são obras de tuas mãos. Eles perecerão; tu, porém, permanecerás; todos hão de envelhecer como um vestido; e a todos enrolarás como um manto, e serão mudados como vestimenta! Tu, porém, és sempre o mesmo, e os teus anos jamais terão fim.* (Hebreus 1: 10-12)

5.4.5 O domínio de Satanás

Outra consequência do pecado é a legalidade de Satanás para governar sobre o homem. Qualquer desobediência funciona como uma brecha, como um ponto sobre o qual o diabo pode reivindicar seus direitos. Quando o homem escolheu desobedecer a Deus e ouvir a voz do inimigo, Satanás ganhou direitos sobre o homemo, exercendo sua influência e considerando-o sua propriedade. A expressão "filhos do diabo" que aparece nos textos joaninos demonstra muito bem esse aspecto do pecado:

> *Aquele que comete o pecado é do diabo, porque o diabo é pecador desde o princípio. Para isto é que o Filho de Deus se manifestou: para destruir as obras do diabo. Todo aquele que nasceu de Deus não comete pecado, porque sua semente permanece nele; ele não pode pecar porque nasceu de Deus. Nisto se revelam os filhos de Deus e os filhos do diabo: todo o que não pratica a justiça não é de Deus, nem aquele que não ama o seu irmão.* (I João, 3: 8-10)

5.4.6 A morte

O que é a morte realmente? Segundo a definição científica, morte é, basicamente: "a cessação total e permanente das funções vitais; alguns autores afirmam que não é um momento, é um processo que se vai desenrolar ao longo do tempo" (Santos, 2003/2004, p. 3). A morte é interrupção da vida, mas a morte do espírito é a suspensão da comunicação com Deus. A morte do corpo é a interrupção da comunicação entre este e o espírito. A morte é uma realidade estabelecida por Deus, porém, por mais avançado que esteja o ser humano, jamais conseguirá extinguir a morte. A vida e a morte são estabelecidas por um Ser Superior. Essa realidade, ninguém tem o poder de alterar.

Devemos, todavia, entender que a morte é muito mais do que a mera cessação das funções de um organismo. Isso é apenas um sintoma da existência da morte. O termo *morte* é muito abrangente. Observando as Escrituras, somente no sentido de **separação** encontramos ao menos três indicações ao termo:

1. **Morte espiritual** – Perda da comunhão com Deus, o que torna inutilizadas as capacidades espirituais do homem. Ele não pode agradar a Deus nem fazer nada de valor real para Ele porque o relacionamento vital Deus-homem foi interrompido.
2. **Morte física** – No sentido comum que conhecemos, isto é, a separação entre o espírito e o corpo. O sopro vital que Deus colocou no homem não pode mais permanecer no organismo decadente que, por sua fraqueza, não pode mais retê-lo.
3. **Morte eterna** – Esta é a segunda morte, uma separação eterna e definitiva do homem para com Deus. Esse é o aspecto

mais sombrio das consequências do pecado, pois, uma vez nesse estágio, o homem não tem retorno.

Entendemos a morte de uma maneira mais profunda: podemos dizer que ela é a força que busca levar tudo à destruição. Pense em uma maçã – se você fizer um pequeno furo na fruta com um alfinete, em pouco tempo ela apodrecerá completamente, até chegar ao ponto de ser jogada no lixo. A morte começa no momento do furo, que iniciará um processo de decomposição que fará com que a maçã seja jogada no lixo por sua inutilidade. Assim trabalha a morte no mundo.

5.5 A natureza do pecado

Não é preciso dizer que as ideias modernas de pecado não recebem nenhum apoio das Escrituras, que jamais falam sobre o pecado como "uma necessidade determinada pela hereditariedade e ambiente" (como pensam os incompatibilistas, que culpam essas forças como irresistíveis), como "uma invenção da mente humana" (teria sido criado por Santo Agostinho, como afirmam até alguns contemporâneos dele, como Juliano de Eclana, ver Lamelas, 2012), mas sempre como o livre ato de um ser inteligente, moral e responsável.

Devido à contaminação que o termo adquiriu, precisamos resgatar o sentido bíblico da natureza do pecado. Para isso, perguntemos: "O que é pecado?". A própria Bíblia nos responde, uma vez que ela usa uma variedade de termos para expressar o mal de ordem moral, os quais nos explicam algo de sua natureza.

Um estudo desses termos, nos idiomas originais, hebraico e grego, proporcionará a definição bíblica do pecado.

5.5.1 No Antigo Testamento

No Antigo Testamento, as diferentes palavras hebraicas descrevem o pecado operando nas esferas relacionadas a seguir.

5.5.1.1 Moral

São três as palavras usadas para expressar o pecado nessa esfera. A palavra mais comum, usada para o pecado é *chata'*[1], que significa "errar o alvo". Reúne as seguintes ideias: 1) Errar o alvo, como um arqueiro que atira, mas erra; do mesmo modo, o pecador erra o alvo final da vida; 2) Errar o caminho, como um viajante que sai do caminho certo; 3) Ser achado em falta ao ser pesado na balança de Deus. Em Gênesis (4: 7), em que a palavra é mencionada pela primeira vez, o pecado é personificado como uma besta feroz pronta para lançar-se sobre quem lhe der ocasião.

Outra palavra, *pesha*, significa, literalmente, "transgressão", usada no sentido de afastamento de Deus e, portanto, uma violação de seus mandamentos.

Por fim, a palavra hebraica *'avon* apresenta o sentido de desvio do caminho reto, resultando daí a perversidade, a depravação e a desigualdade. É, pois, o contrário de *retidão*, que significa, literalmente, "o que é reto" ou "conforme um ideal reto".

---

1 Todas as referências a palavras em hebraico ou grego bíblico desta edição encontram-se em Strong (2002).

Todos esses termos dão a ideia de que as coisas não estão funcionando como deveriam de fato funcionar. O universo se tornou uma máquina estragada. Quando atentamos para os povos antigos e buscamos conhecer seus escritos, percebe-se que de alguma forma eles tinham certo conhecimento desse fato. Alguma coisa estava errada. Por não contarem com a revelação bíblica, essa percepção era quase universal, aparecendo em quase todos os povos. Como um homem que possui um aparelho que não está funcionando corretamente, do mesmo modo o ser humano sabe que, dentro dele e do restante da criação, as coisas não estão funcionando devidamente.

5.5.1.2 Conduta fraternal

A palavra usada para determinar o pecado nesta esfera é *chamac*, que significa "violência" ou "conduta injuriosa" (Gênesis, 6: 11; Ezequiel, 7: 23; Provérbios, 16: 29). Ao excluir a restrição da lei, o homem maltrata e oprime seus semelhantes.

Ao contrário de uma relação harmoniosa entre todos os seres criados, o que se percebe, desde o princípio do mundo, é um desajuste. O fratricídio de Caim foi a primeira demonstração da força do pecado na esfera social. A partir desse momento, a existência do homem em sociedade tem sido um tumulto sem igual. Exploradores e explorados, pais e filhos, maridos e esposas, nações entre si, todo o relacionamento humano foi atingido nessa esfera. A convivência boa e pacífica tornou-se exceção e não regra. O poder do pecado também tem esse aspecto.

Quando Karl Marx disse que a luta de classes era o grande problema da humanidade, ele estava simplificando a questão (ele afirma, junto com Engels, que "A história de todas as sociedades que existiram até nossos dias tem sido a história das lutas de classes" – Marx; Engels, 2003). Na verdade, a luta de classes não é o problema central, e sim um dos sintomas. O homem é incapaz de conviver com seus semelhantes porque é incapaz de conviver consigo mesmo. Essa incapacidade é fruto da desobediência de Adão à palavra de Deus.

5.5.1.3 Santidade

As palavras usadas para descrever o pecado nessa área implicam o fato de que o ofensor já usufruiu da relação com Deus. Toda a nação israelita foi constituída em "um reino de sacerdotes" (Êxodo, 19: 6), cada membro considerado em contato com Deus e seu santo tabernáculo. Portanto, cada israelita era **santo**, isto é, **separado para Deus**, e toda a atividade e esfera de sua vida estavam reguladas pela Lei da Santidade. As coisas fora dessa lei eram "profanas" (o contrário de santas), e o ser que participava delas se tornava "imundo" ou contaminado (Levítico, 11: 24; 27; 31; 33; 39). Se persistisse na **profanação**, era considerada uma pessoa irreligiosa ou profana (Levítico, 21: 14; Hebreus, 12: 16). Se acaso se rebelasse e deliberadamente repudiasse a jurisdição da lei da santidade, era considerada transgressora (Salmos, 37: 38; 51: 13; Isaías, 53: 12); caso prosseguisse neste último caminho, era julgado como **criminoso**.

Na realidade, a diferenciação entre o que é **santo** e o que é **profano** é um resultado do pecado. A música é um bom exemplo disso: antes do pecado, jamais se poderia conceber algo como uma "música profana", pois a música tinha como finalidade a adoração, era um louvor ao Criador. Profano é aquilo que perdeu o seu valor diante do Criador; tornou-se um fim em si mesmo.

5.5.1.4 Verdade

As palavras que descrevem o pecado nessa esfera dão ênfase ao inútil e fraudulento elemento do pecado. Os pecadores falam e tratam falsamente (Salmos, 58: 3; Isaías, 28: 15), representam falsamente e dão falso testemunho (Êxodo, 20: 16; Salmos, 119: 128; Provérbios, 19: 5; 9). O primeiro pecador foi um mentiroso (João, 8: 44), que induziu os primeiros seres humanos com uma mentira (Gênesis, 3: 4); ou seja, todo pecado contém o elemento do engano (Hebreus, 3: 13).

Esta é uma das esferas do pecado mais difundida e de suma importância, que requer uma análise mais aprofundada. Não podemos esquecer que o pecado de Satanás para com Eva foi iludir, mentir, enganar para levá-la a cometer um ato que era contra Deus. Devemos ter em mente que a **verdade**, no conceito hebraico, tem muito a ver com **fidelidade**. Deus é verdadeiro porque é fiel. O que ele diz corresponde aos fatos. Ele cumpre aquilo que promete.

5.5.2 O ensino do Novo Testamento

As palavras empregadas no Novo Testamento para designar o pecado não são muito diferentes, quanto aos significados, daquelas adotadas no Antigo Testamento, se é que existe diferença. O Novo Testamento emprega cinco palavras gregas principais para o pecado, as quais, juntas, retratam o seu aspecto variado, tanto passivo quanto ativo. A mais comum dessas palavras é palavra grega *hamartia*, que descreve o pecado como um não atingimento do alvo ou fracasso em alcançar um objetivo.

Outra palavra é o termo grego *adikia*, que significa "iniquidade", uma profunda violação da lei e da justiça. Já a palavra grega *poneria* expressa o mal de um tipo vicioso ou degenerado. Ambos os termos parecem falar de uma corrupção ou perversão de caráter. As palavras mais frequentes para pecado são a palavra grega *parabasis*, com a qual podemos associar as expressões gregas *paraptoma*, uma significando "transgressão", "ir além do limite estabelecido", e *anomia*, que significa "falta de lei, desprezo e violação da lei, iniquidade, maldade".

O apóstolo Paulo usou um vasto vocabulário em suas epístolas para descrever o pecado, ou os pecados. Na carta aos Romanos, em que elabora sua doutrina do pecado, ele usa dez termos gerais para pecado, os quais são indicados por diversas vezes, segundo Torrey et al. (2005, p. 350):

1. *Hamartia* – 58 vezes ao todo; 43 vezes em Romanos, com o significado de "errar o alvo".
2. *Hamartema* – 2 vezes, significando o "pecado como uma ação".
3. *Parabasis* – 5 vezes, com o significado de "transgressão", literalmente "andar ao longo de uma linha sem conseguir equilibrar-se sobre ela".
4. *Paraptoma* – 15 vezes, indicando "fracasso, falha, desvio da verdade e da retidão".
5. *Adikia* – 12 vezes, significando "injustiça".
6. *Asebeia* – 4 vezes, com o significado de "impiedade, falta de reverência".
7. *Anomia* – 6 vezes, com o sentido de "ilegalidade".
8. *Akatharsia* – 9 vezes, com o significado de "impureza, falta de pureza".

9. *Parakoe* – 4 vezes, com o significado de "desobediência".
10. *Plane* – 4 vezes como significado de "errar, vagar".

Como podemos constatar, o pecado trata-se de um conceito que, por causa de sua riqueza, não pode ser expresso com um único termo. As diferentes denominações que aparecem na palavra de Deus são um claro indício dos múltiplos aspectos que o pecado encerra em seu interior.

5.6 O conceito de *pecado*

As Escrituras dão testemunho da pecaminosidade de toda a raça humana. É fato que o pecado de Adão afetou não somente a ele, mas também a todos os seus descendentes, porque seguiram seu exemplo, logo todos os seres humanos são pecadores porque praticaram o pecado; todos são depravados, culpados e condenáveis diante de Deus.

O pecado é uma escolha, que se evidencia através da transgressão e desobediência aos princípios de Deus, é uma característica peculiar da raça humana, é algo que nasce com o homem, existe em cada criança nascida de mulher, e não meramente em tempos isolados, mas em todos os tempos, em cada estágio da vida, embora nem sempre se manifestando da mesma forma.

O Antigo Testamento afirma: "pois frente a ti nenhum vivente é justo" (Salmos, 143: 2); "Quem pode dizer: Purifiquei o meu coração, limpo estou do meu pecado?" (Provérbios, 20: 9). Já no Novo Testamento, Paulo é enfático ao declarar que todo homem é pecador e culpado e que a transgressão dos nossos primeiros pais foram seguidas por seus descendentes a partir de transgressões por eles praticadas: "pela desobediência de um só homem, muitos se tornaram pecadores" (Romanos 5: 19). De modo que o pecado de Adão é imputado a toda raça humana, logo, "todos morrem em Adão" (I Coríntios, 15: 22). Na Epístola aos Romanos, o apóstolo argumenta que tanto os gentios quanto os judeus encontram-se "destituídos da glória de Deus" por haverem todos se rebelado contra o Senhor, tornando-se igualmente culpáveis diante de Deus (Romanos, 3: 23). Os primeiros, por se entregarem as mais vis abominações; os segundos, por imitarem os primeiros.

De acordo com Torrey at al. (2005, p. 363), "o homem é primária e essencialmente um pecador, não devido ao que faz, mas em razão do que é". No Catecismo Maior de Westminster (ensinamentos seguidos pela Igreja Presbiteriana – Vos, 2007, p. 89), lemos: "Caiu todo o gênero humano na primeira transgressão? O pacto, sendo feito em Adão, como representante, não para si somente, mas para toda sua posteridade, todo o gênero humano, descendendo dele por geração ordinária, pecou nele e caiu com ele na primeira transgressão".

5.7 Os graus de pecado

Os pecados não têm dimensões. Os crimes são contra nossos semelhantes, mas o pecado é sempre contra Deus. Sendo assim, toda e qualquer rebeldia contra Deus é muito séria. Davi entendeu bem isso ao declarar sua falta perante seu Deus: "Contra ti, contra ti somente pequei, e fiz o que a teus olhos é mal, para que sejas justificado quando falares e puro quando julgares" (Salmos, 51: 4).

Qualquer pecado é contra Deus e o conceito de pecado, grande ou pequeno, é mera interpretação do pecador. Não podemos perder de vista que todo pecado é condenável, que todos serão julgados e que nenhum passará impune aos olhos de Deus. O pecado é um assunto muito grave, do qual podemos verificar a gravidade pelas dimensões das medidas tomadas.

Por causa do pecado, o ser humano interrompe seu relacionamento com Deus. Pensar no pecado é entender que transgressão e desobediência separam o indivíduo de Deus e faz com que ele receba as consequências das transgressões na sua vida.

5.7.1 Pecado contra o Espírito Santo

A Bíblia fala em resistir ao Espírito Santo (Atos, 7: 51); em mentir para o Espírito Santo (Atos, 5: 3); em entristecer o Espírito Santo (Efésios, 4: 30). Em nenhum desses casos, porém, se fala tão severamente como no caso da referência à blasfêmia contra o Espírito Santo, onde se diz que não há perdão:

> *Mas os fariseus, ouvindo isso, disseram: "Ele não expulsa demônios senão por Beelzebu, príncipe dos demônios". Conhecendo os seus pensamentos, Jesus lhes disse: "Todo reino dividido contra si mesmo acaba em ruína e nenhuma cidade ou casa dividida contra si mesma poderá subsistir. Ora, se Satanás expulsa a Satanás, está dividido contra si mesmo. Como, então, poderá subsistir seu reinado? Se eu expulso os demônios por Beelzebu, por quem os expulsam os vossos adeptos? Por isso, eles mesmos serão os vossos juízes. Mas se é pelo Espírito de Deus que eu expulso os demônios, então o Reino de Deus já chegou a vós. Ou como pode alguém entrar na casa de um homem*

forte e roubar os seus pertences, se primeiro não o amarrar? Só então poderá roubar a casa. Quem não está a meu favor, está contra mim; e quem não ajunta comigo, dispersa. Por isso vos digo: todo pecado e blasfêmia serão perdoados aos homens, mas a blasfêmia contra o Espírito não será perdoada. Se alguém disser uma palavra contra o Filho do Homem, ser-lhe-á perdoado, mas se disser contra o Espírito Santo, não lhe será perdoado, nem neste mundo, nem no vindouro". (Mateus 12: 22-32)

Para entendermos o que Jesus quis dizer com "blasfemar contra o Espírito Santo", é importante conhecer o contexto no qual ele usou tal expressão. Ele havia expulsado demônios de um homem e os fariseus atribuíram esse poder a Satanás. A verdadeira fonte do Seu poder era o Espírito Santo e eles conheciam a vida de Jesus e sabiam que o poder que Nele operava era o de Deus. Entretanto, a inveja os impedia de admitir tal coisa diante do povo.

Os fariseus já haviam feito muitas acusações contra Jesus, mas nesse caso se tratava de falar contra a origem do poder do Filho de Deus. Sendo a origem o Espírito, eles cometiam uma blasfêmia ao dizer que se tratava de Satanás. Para tal atitude não haveria perdão de forma alguma. Muitos são os cristãos que, por terem dúvidas sobre as operações de Deus, creem ter blasfemado contra o Espírito Santo. Não é esse o caso, uma vez que não se trata de um ato deliberado, muitas vezes sequer consciente. Às vezes, trata-se até mesmo de uma dúvida legítima, um cuidado que o servo de Deus tem para receber somente o que é de Deus. Quem blasfema não tem perdão e, portanto, se um cristão tem amor a Deus em seu coração e temor a Ele, com certeza não blasfemou.

5.8 A remissão do pecado

Vejamos esta definição, de Paranaguá (2001, p. 1):

> *O pecado é a causa de uma inimizade figadal entre uma humanidade rebelde e um Deus santo. A santidade e o pecado são hostis por essência. A luz e as trevas são opostas. O bem e o mal são indispostos. [...] O pecado e a santidade são opostos e não há harmonia entre eles.*
>
> *Contudo, o pecado desencadeou um desentendimento fundo e radical entre a criatura e o Criador, por isso, não há benquerença neste relacionamento. É verdade que Deus continua amando o homem com seu amor eterno, mas não o seu pecado. E o homem não consegue amar a Deus vivendo no pecado.*

A mentalidade moderna não convive muito bem com esse dualismo intransigente.

O perdão do pecado é a mensagem central do cristianismo. É anunciado desde o livro de Gênesis até o Apocalipse. Embora Deus seja santo e justo (o que nos distancia dele), Ele também é misericordioso e gracioso (Êxodo, 34: 6). Na Bíblia, é anunciado que Deus, pela Sua infinita misericórdia, fez plena provisão para harmonizar as reivindicações de clemência e justiça em Seu próprio caráter, ao enviar ao mundo Seu único filho gerado, sobre quem ele lançou a iniquidade de todos nós, conforme predissera o profeta: "O Senhor fez cair sobre ele a iniquidade de nós todos" (Isaías, 53: 6), para que, de uma vez por todas, como Cordeiro de Deus, venha tirar o pecado do mundo (João, 1: 29). Assim, toda a obra necessária para reconciliar os homens pecadores foi realizada pela morte e ressurreição de Cristo, e, desse modo, o mundo foi reconciliado com Deus (II Coríntios,

5: 19). Através de Jesus Cristo, podemos subjugar não apenas o pecado como também os efeitos por ele causados.

A cruz é a única maneira de Deus lidar com o pecado do homem. Por meio de Cristo crucificado, Deus perdoa perfeitamente os nossos pecados de tal forma como se jamais os tivéssemos cometido. Pelo sangue da Sua cruz, Ele apaga as transgressões e cancela a culpa, retira a condenação e transfere a santidade.

Só Deus pode expiar o pecado da raça humana. Cristo Jesus é Deus-homem. Ele é o sumo sacerdote que interliga os dois lados, como escreveu o apóstolo Paulo: "Porque há um só Deus e um só mediador entre Deus e os homens, Jesus Cristo, homem, o qual se deu a si mesmo em preço de redenção por todos, para servir de testemunho a seu tempo" (I Timóteo, 2: 5-6).

Portanto, a reconciliação é alcançada pela cruz. E sobre isso afirma Stott (2006, p. 145): "O amor divino triunfou sobre a ira divina mediante o divino autossacrifício. A cruz foi um ato simultâneo de castigo e anistia, severidade e graça, justiça e misericórdia".

Os homens, em toda parte, são convidados a se arrepender e converter para que seus pecados possam ser apagados (Atos, 3: 19). Nada mais é requerido dos homens para que se tornem livres e completamente justificados de todas suas transgressões, do que a fé na propiciação da cruz (Romanos, 3: 25).

Por meio de Cristo (sua vida, morte e ressurreição), tornamo-nos agradáveis a Deus que, mediante a adoção, concedeu-nos todos os benefícios de filhos. Antes criaturas; agora, filhos mui amados e com franco acesso ao trono da Graça.

Questionário de Hamartiologia

1. O que significa o termo *hamartiologia*?
2. O que é *pecado*?
3. Onde ocorreu o primeiro pecado?
4. O que significa o termo *caráter*?
5. Quais são as consequências da queda de Satanás e seus súditos?
6. O que significa o termo *religião*?
7. De que forma ocorreu a morte de Adão?
8. De todas as criaturas que Deus fez, só uma é indicada pelas Escrituras como feita “à imagem de Deus”. Qual delas?
9. O pecado de Adão atingiu somente a ele? Explique.
10. Segundo a definição religiosa, o que significa o termo *morte*?
11. O Novo Testamento emprega cinco palavras principais para o pecado. Quais são elas?
12. O apóstolo Paulo usou um vasto vocabulário em sua Carta aos Romanos para descrever o pecado, ou os pecados. Quais são essas palavras?
13. Faça um comentário sobre o pecado para morte.
14. Qual é o único pecado que não tem perdão?
15. Explique sobre o perdão dos pecados como a mensagem principal do cristianismo.

* Todas as passagens bíblicas indicadas neste capítulo são citações de Bíblia (2002).

Paracletologia:

doutrina do Espírito Santo*

Capítulo 6

A doutrina do Espírito Santo é fundamental para a teologia cristã. A partir do entendimento das ações do Espírito, conhecendo a pessoa do Espírito Santo, teremos condições de analisar e compreender de forma teológica e hermenêutica as ações de Deus a partir da Trindade Divina – Deus Pai, Deus Filho e Deus Espírito Santo, três pessoas distintas que vivem e agem e amor.

Após já termos um estudo inicial sobre a teoria do pecado, neste momento iniciaremos o estudo da **paracletologia**, que é mais uma das partes da doutrina, aquela que trata do Espírito Santo.

6.1 Definição de *paracletologia*

A apreciação de determinado tema pressupõe a análise de sua denominação, que pode ajudar a compreender aquilo que se pretende estudar. *Paracletologia* é uma palavra formada por dois vocábulos gregos: *parakletos*[1], que significa "alguém que pleiteia a causa de outro diante de um juiz, intercessor, conselheiro de defesa, assistente legal, advogado" e *logia*, que significa "estudo, doutrina". O termo é também utilizado para se referir ao Espírito Santo. Assim sendo, *parakletos* é alguém destinado a tomar o lugar de Cristo com os apóstolos (depois de sua ascensão ao Pai), a conduzi-los a um conhecimento mais profundo da verdade evangélica, a dar-lhes a força divina necessária para capacitá-los a sofrer tentações e perseguições como representantes do reino divino.

A paracletologia estuda de uma forma sistemática tudo o que se refere à pessoa do Espírito Santo, chamado por Jesus de *Consolador.* Esse ramo da teologia também é denominado *pneumatologia,* sendo esta a denominação mais utilizada no meio teológico.

Os doutrinadores dessa disciplina costumam dividi-la em dois períodos distintos: a doutrina do Espírito Santo no Antigo Testamento e no Novo Testamento. No Antigo Testamento, as atividades e as manifestações do Espírito Santo eram esporádicas, específicas e em tempos distintos, visando a um fim especial – a libertação do povo de Deus em tempos de crise (Juízes, 7: 14; 11: 29; 14: 19; 15: 14). Já na dispensação da graça, no Novo Testamento suas atividades se concretizam de maneira direta e contínua através da Igreja. No Antigo Testamento, Ele se manifestava em circunstâncias especiais; já no Novo Testamento, veio para fazer morada nos corações dos crentes e enchê-los do Seu poder. Sobre isso escreveu o apóstolo Paulo: "Acaso não sabem que o corpo de vocês é santuário do Espírito Santo que

1 Como ressaltamos no primeiro capítulo, todas as referências a palavras em grego e hebraico podem ser encontradas em Strong (2002).

habita em vocês, que lhes foi dado por Deus, e que vocês não são de si mesmos?" (I Coríntios, 6: 19).

O estudo dessa doutrina é fundamental para se ter uma compreensão básica na teologia, vital para a fé de todo crente que estuda o que ensina a Bíblia sobre o Espírito Santo e a sua obra, conforme reveladas nas Escrituras e experimentadas na vida da Igreja atualmente. A questão não é, portanto, saber como podemos possuir mais do Espírito Santo para fazermos o nosso trabalho, mas, ao contrário, é saber como é que o Espírito Santo pode possuir mais de nós para realizar a sua obra de transformação do mundo.

6.2 A natureza do Espírito Santo

O Espírito Santo é identificado nas Escrituras como a terceira pessoa da Trindade, igual ao Pai e ao Filho. Ele é eterno, onipotente, onisciente e onipresente (Mateus, 28: 19). Várias referências ao Espírito Santo são intercambiáveis com referências a Deus. No Antigo Testamento, a palavra hebraica para **espírito** é *ruwach*, que significa, essencialmente, "vento, hálito, respiração" e aparece 376 vezes. Essa expressão é traduzida cerca de 100 vezes como "Espírito de Deus, Espírito de Javé, teu Espírito ou Espírito Santo". A *Septuaginta*[2] (versão grega dos Setenta) traduziu *ruwach* pela palavra grega *pneuma*. A raiz *pneu-* refere-se ao ar. O sufixo *-ma* fala de ação, do movimento do ar (conforme Coenen; Brown, 2000).

2 Como já vimos na Parte I desta obra, a *Septuaginta* é a versão mais aceita do texto do Novo Testamento, em grego *koiné*, e foi feita por 70 sábios nos primeiros séculos do cristianismo.

Considerando o que a Bíblia expõe quanto à personalidade do Espírito Santo, fica evidente que Ele não é simplesmente uma "influência", como alguns creem e ensinam erroneamente. O Espírito Santo é uma pessoa divina, como demonstraremos nas seções a seguir.

6.2.1 Os atributos do Espírito Santo

Os atributos de Deus são aquelas características essenciais, permanentes e distintivas que podem ser afirmadas a respeito do Seu ser. Seus atributos são Suas perfeições, inseparáveis de Sua natureza e que condicionam Seu caráter.

Esses atributos divinos são conferidos também ao Espírito Santo. Como Deus Pai e Deus Filho, o Espírito Santo também é membro da Divindade. Historicamente, os arianos, os sabelianos e os socianos consideravam o Espírito como uma **força** que vem do Deus eterno, mas esses grupos sempre foram condenados pela Igreja primitiva. Mais recentemente, Schleiermacher, Ritschl, os unitários, os modernistas e todos os sabelianos modernos rejeitam a personalidade do Espírito Santo. Vejamos os atributos da divindade no Espírito Santo, revelados nas Escrituras:

- É **onipotente** (Zacarias, 4: 6; Romanos, 15: 19).
- É **onipresente** (Salmos, 139: 7-8).
- É **onisciente** (I Coríntios, 2: 10-11).
- É **eterno** (Hebreus, 9: 14).
- É **criador** (Jó, 26: 13, 33: 4; Salmos, 104: 30).
- É a **verdade** (I João, 5: 6).
- É o **Senhor** da Igreja (Atos, 20: 28).

- É chamado de **Yahweh** (Juízes, 15: 14, comparado a 16: 20; Êxodo, 17: 7, comparado a Hebreus 3: 7-9).
- Dá **vida eterna** (Gálatas, 6: 8).
- É o **santificador** dos fiéis (Romanos, 15: 16; I Pedro, 1: 2).
- Ele **habita nos fiéis** (João, 14: 17; Romanos, 8: 11; I Coríntios, 3: 16; 6: 19; II Timóteo, 1: 14).

Ao atribuir-lhe personalidade, verificamos que o Espírito Santo não é uma força ou influência exercida por Deus, mas um Ser pessoal, inteligente, com vontade e determinação próprias. Esses atributos não se referem às mãos, aos pés ou aos olhos, pois essas coisas denotam corporeidade. Entretanto, Deus é espírito, sem necessidade de corpo material. Identifica-se como pessoa, alguém que manifesta qualidades, como conhecimento, sentimento e vontade, que indicam personalidade. Que o Espírito Santo é uma pessoa, fica evidente pelas atribuições que a palavra de Deus faz a Ele, como lemos nas passagens indicadas a seguir.

- **Ele sonda as coisas profundas de Deus Pai**: "A nós, porém, Deus o revelou pelo Espírito. Pois o Espírito sonda todas as coisas, até mesmo as profundidades de Deus" (I Coríntios, 2: 10).
- **Ele fala**: "porque não sereis vós que estareis falando, mas o Espírito de vosso Pai é que falará em vós" (Mateus, 10: 20; Atos, 8: 39; Atos, 10: 19-20; Atos, 13: 2; Apocalipse, 2: 7).
- **Ele ensina**: "Quando vos conduzirem às sinagogas, perante os principados e perante as autoridades, não fiqueis preocupados como ou com o que vos defender, nem com o que dizer: pois o Espírito Santo vos ensinará naquele momento o que deveis dizer" (Lucas, 12: 11-12; João, 14: 26; I Coríntios, 2: 13).

- **Ele conduz e guia**: "Mas quando o Espírito da verdade vier, ele os guiará a toda a verdade. Não falará de si mesmo; falará apenas o que ouvir, e lhes anunciará o que está por vir" (João, 16: 13; Romanos, 8: 14).
- **Ele intercede**: "Da mesma forma o Espírito nos ajuda em nossa fraqueza, pois não sabemos como orar, mas o próprio Espírito intercede por nós com gemidos inexprimíveis. E aquele que sonda os corações conhece a intenção do Espírito, porque o Espírito intercede pelos santos de acordo com a vontade de Deus" (Romanos, 8: 26-27).
- **Ele dispensa dons**: "Mas a manifestação do Espírito é dada a cada um, para o que for útil. Porque a um pelo Espírito é dada a palavra da sabedoria; e a outro, pelo mesmo Espírito, a palavra da ciência; E a outro, pelo mesmo Espírito, a fé; e a outro, pelo mesmo Espírito, os dons de curar; E a outro a operação de maravilhas; e a outro a profecia; e a outro o dom de discernir os espíritos; e a outro a variedade de línguas; e a outro a interpretação das línguas. Mas um só e o mesmo Espírito opera todas estas coisas, repartindo particularmente a cada um como quer" (I Coríntios, 12: 7-11).
- **Ele chama homens para o seu serviço**: "E, servindo eles ao Senhor, e jejuando, disse o Espírito Santo: Apartai-me a Barnabé e a Saulo para a obra a que os tenho chamado" (Atos, 13: 2; Atos 20: 28).
- **Ele se entristece**: "Não entristeçam o Espírito Santo de Deus, com o qual vocês foram selados para o dia da redenção" (Efésios, 4: 30).
- **Ele dá ordens**: "Paulo e seus companheiros viajaram pela região da Frígia e da Galácia, tendo sido impedidos pelo Espírito Santo de pregar a palavra na província da Ásia.

Quando chegaram à fronteira da Mísia, tentaram entrar na Bitínia, mas o Espírito de Jesus os impediu" (Atos, 16: 6-7).

- **Ele ama**: "Recomendo-lhes, irmãos, por nosso Senhor Jesus Cristo e pelo amor do Espírito, que se unam a mim em minha luta, orando a Deus em meu favor" (Romanos, 15: 30).
- **Ele pode sofrer resistência**: "Povo rebelde, obstinado! De coração e de ouvidos! Vocês são iguais aos seus antepassados: sempre resistem ao Espírito Santo!" (Atos, 7: 51).

Todas essas considerações fazem com que cheguemos a uma conclusão: o Espírito Santo é uma pessoa, e não uma força, e tal pessoa é Deus, na mesma dimensão e da mesma forma que é o Pai e o Filho.

6.2.2 Os nomes do espírito de Deus

Os nomes de Deus não eram simples designações ou identificações: eles revelam algo da natureza, dos atributos ou as obras de Deus. O mesmo raciocínio se aplica aos nomes que são conferidos ao Espírito Santo, os quais nos revelam muita coisa a respeito de quem Ele é. Algumas vezes, o espírito de Deus é mencionado de um modo que enfatiza Sua personalidade e caráter (o Santo Espírito); outras vezes, de modo que enfatiza Seu trabalho e poder (o Espírito da Verdade), porém, Ele nunca é mencionado como uma força despersonalizada.

Nas Escrituras, existem cerca de 350 passagens que mencionam o Espírito Santo, em que mais de 50 nomes ou títulos podem ser discernidos. Não nos é possível mencionar todos os títulos atribuídos ao Espírito Santo. Comentaremos apenas aqueles títulos que acrescentam algo ao conhecimento total da natureza ou atividade do Espírito de Deus. Os principais nomes dados ao Espírito Santo são os seguintes:

- **Espírito Santo** – No hebraico *ruwach qodesh*; no grego *pneuma hagios*. "E sucedeu que, enquanto Apolo estava em Corinto, Paulo, tendo passado por todas as regiões superiores, chegou a Éfeso e, achando ali alguns discípulos, disse-lhes: 'Recebestes vós já o Espírito Santo quando crestes?' E eles disseram-lhe: 'Nós nem ainda ouvimos que haja Espírito Santo'" (Atos, 19: 1-2). Esse é o nome mais conhecido e usado principalmente pela Igreja Cristã, desde a sua fundação, para designar a terceira pessoa da Trindade. Ele é o agente da santificação, sendo por isso chamado de *santo*. Consequentemente, manifesta-se contra tudo o que é abominável aos olhos de Deus. Por isso é chamado também de "Espírito de santificação" (Romanos, 1: 4).
- **Espírito de Deus** – No hebraico *ruach Elohim*; no grego *pneuma theos*. "Vocês não sabem que são santuário de Deus e que o Espírito de Deus habita em vocês?" (I Coríntios, 3: 16). Com esses dois nomes, Espírito e Deus, obtemos conhecimento de quem é e o que faz o Espírito Santo.
- **Espírito de Yhvh** – No hebraico *ruach Yhwh*; no grego *pneuma kyrios*. "O Espírito do Senhor Deus está sobre mim, porque o Senhor me ungiu para pregar boas-novas aos pobres, enviou-me a curar os quebrantados de coração, a proclamar libertação aos cativos e a pôr em liberdade os algemados" (Isaías, 61: 1). O Espírito de Yahweh estava ativo na criação, conforme revela Gênesis (1: 2), com referência ao "Espírito de Deus".
- **Espírito do Deus Vivo** – No grego: *pneuma theos zao*. "Vocês demonstram que são uma carta de Cristo, resultado do

nosso ministério, escrita não com tinta, mas com o Espírito do Deus vivo, não em tábuas de pedra, mas em tábuas de corações humanos" (II Coríntios, 3: 3). O Espírito é aqui apresentado como alguém que escreve ou esboça a imagem de Cristo na vida dos cristãos.

- **Espírito de Cristo** – "Entretanto, vocês não estão sob o domínio da carne, mas do Espírito, se de fato o Espírito de Deus habita em vocês. E, se alguém não tem o Espírito de Cristo, não pertence a Cristo" (Romanos, 8: 9). Ter o Espírito de Cristo é ser coparticipante de Seus sofrimentos. Ele atua na qualidade de emissário de Cristo, infundindo a vida do Salvador na existência do pecador através da regeneração (Romanos, 8: 2; II Coríntios, 5: 17). A presença do Espírito de Cristo na vida do homem é percebida pela sua conduta no dia a dia.
- **Espírito da Vida** – "Portanto, agora já não há condenação para os que estão em Cristo Jesus porque por meio de Cristo Jesus A Lei do Espírito da vida em Cristo te libertou da lei do pecado e da morte" (Romanos, 8: 1-2). O Espírito da vida dá a cada crente ao nascer de novo, vida nova e eterna. Ele substitui a lei reinante do pecado e da morte com a lei da vida. O que estava morto em ofensas e pecados (Efésios, 2: 1; II Coríntios, 5: 17), ele vivifica no novo nascimento.
- **Espírito da Adoção** – No grego: *pneuma huiothesia*. "Por que não recebestes o espírito de escravidão, para, outra vez, estardes em temor, mas recebestes o espírito de adoção de filhos, pelo qual clamamos: *Abba*! Pai!" (Romanos, 8: 15). Segundo Ferreira (2004), um dos significados da palavra *adoção* é "aceitação voluntária e legal de uma criança

como filho". Éramos escravos do pecado e vivíamos sob o "espírito de servidão", todavia Cristo Jesus nos resgatou, tornando-nos filhos de Deus (João, 1: 12).

- **Espírito da Graça** – No hebraico *ruach chen*; no grego *pneuma charis*. "Podeis, então, imaginar que castigo mais severo ainda merecerá aquele que calcou aos pés o Filho de Deus, e profanou o **sangue da aliança** no qual foi santificado, e ultrajou o Espírito da graça?" (Hebreus, 10: 29, grifo do original). A Bíblia qualifica como *apóstatas obstinados* estes que pisam com os pés o Espírito da graça. Pelo Espírito da graça é oferecida livremente a todos os homens a dádiva do favor divino. Por isso qualquer acréscimo humano, justiça por obras e melhoramentos adâmicos são abominações para o Espírito Santo.
- **Espírito da Glória** – No grego *pneuma doxa*. "Se, pelo nome de Cristo, sois vituperados, bem-aventurados sois, porque sobre vós repousa o Espírito da glória de Deus" (I Pedro, 4: 14). Glória, nesse caso, tem a ver com caráter. Não se trata de simples resplendor, brilho, fama, celebridade, renome, reputação, típicos da raça humana. Jesus considerou seu sofrimento na crucificação como hora de sua glória (João, 12: 23-33).

O Espírito de Santidade (Romanos, 1: 4; II Tessalonicenses, 2: 13), do Espírito de purificação (Mateus, 3: 11-12), do Espírito da verdade (João, 14: 17; 15: 26; 16: 13), do Espírito eterno (Hebreus, 9: 14), do Espírito Santo da promessa (Efésios, 1: 13) e outros títulos mais relacionados ao Espírito Santo, entretanto, o que até aqui descrevemos é suficiente para conhecermos os principais nomes do Espírito de Deus.

6.2.3 Os símbolos do Espírito Santo

Além dos nomes e títulos atribuídos ao Espírito Santo, vários **símbolos** são empregados nas Escrituras para revelar as Suas características. A simbologia relativa ao Espírito Santo reflete todas as ações que Ele realiza e não compromete Sua personalidade e divindade. Para cada símbolo, um sentido, dessa forma a pessoa que acredita consegue identificar aspectos da pessoa do Espírito Santo e Sua importância. A preocupação deve ser no sentido de não deixar o símbolo tomar o lugar do Espírito. Agora que já vimos quem Ele é e como é chamado, podemos estudar as características das metáforas empregadas para descrevê-lo.

a) **Água**

"Jesus lhe respondeu: 'Aquele que bebe desta água terá sede novamente; mas quem beber da água que eu lhe darei, nunca mais terá sede. Pois a água que eu lhe der tornar-se-á nele uma fonte de água jorrando para a vida eterna'" (João, 4: 13-14). A água, assim como o fôlego, é indispensável à preservação da vida. Um ser humano é composto de 60% de água. A água refresca; limpa; dessedenta; fertiliza etc. De modo similar, o Espírito Santo é indispensável a nossa vida física. Ele nos refrigera (Salmos, 23: 2); nos limpa (Tito 3: 5); nos renova e produz frutos em nossas vidas (Gálatas, 5: 22; Salmos, 104: 30). Sem o fôlego vivificante e as águas vivas do Espírito Santo, nossa vida espiritual não demoraria a murchar e ficar sufocada.

b) **Vento**

"O vento assopra onde quer, e ouves a sua voz, mas não sabes donde vem, nem para onde vai; assim é todo aquele que é nascido do Espírito" (João, 3: 8). Então, traduzindo livremente, o Espírito Santo seria o "vento santo". Jesus usou o vento como símbolo do Espírito Santo. O vento é invisível, porém é real, penetrando em todo lugar da terra. Não podemos tocar o vento nem compreendê-lo, mas podemos senti-lo. A sua ação independe da atuação humana; ninguém pode monopolizá-lo. Assim também é o Espírito Santo.

c) **Fogo**

"E eu, em verdade, vos batizo com água, para o arrependimento; mas aquele que vem após mim é mais poderoso do que eu; não sou digno de levar as suas sandálias; (ou calçado) ele vos batizará com o Espírito Santo e com fogo" (Mateus, 3: 11). O fogo fala do "poder" e da "purificação" que o Espírito Santo opera na vida do cristão, corrigindo sua natureza decaída e conduzindo-o à perfeição (Mateus, 5: 48). Várias são as finalidades do fogo: queimar, consumir, limpar, amolecer, endurecer, esquentar e iluminar.

d) **Óleo**

> *O anjo que falava comigo retornou e despertou-me, como um homem que é despertado de seu sono. Ele me disse: "Que vês?" E eu disse: "Vejo um lampadário todo de ouro com um reservatório em sua parte superior; sete lâmpadas estão sobre ele e sete canais para as lâmpadas que estão em sua parte superior. E junto dele estão duas oliveiras, uma à sua direita e outra à sua esquerda". Então eu perguntei ao anjo que falava comigo: "O que significam estas coisas, meu Senhor?" E o anjo que falava comigo respondeu-me: "Não sabes o que significam estas coisas?" Eu disse: "Não, meu Senhor!" E ele respondeu-me: "Esta é a palavra do Senhor a Zorobabel, dizendo: 'Não por força nem por violência, mas sim pelo meu Espírito, diz o Senhor dos Exércitos'".* (Zacarias, 4: 1-6)

Como você pode notar na citação anterior, outro símbolo do Espírito Santo que aparece nas Escrituras é o óleo (azeite), que era utilizado nas solenidades de unção e consagração de sacerdotes, profetas e reis (Êxodo, 30: 30; Levítico, 8: 12; I Samuel, 10: 1; 16: 13; I Reis, 1: 39). Na atual dispensação, o azeite é o símbolo da consagração divina do crente para o serviço no reino de Deus.

e) **Pomba**

"Ora, tendo todo o povo recebido o batismo, e no momento em que Jesus, também batizado, achava-se em oração, o céu se abriu e o Espírito Santo desceu sobre ele em forma corporal, como pomba. E do céu veio uma voz: *'Tu és o meu Filho;* eu, hoje, te gerei!'" (Lucas, 3: 21-22). Enquanto que sobre os discípulos no cenáculo o Espírito Santo desceu em forma de fogo (havia o que queimar), sobre Jesus veio em forma corpórea, como uma pomba, simbolizando as qualidades de mansidão, pureza, amor, inocência e beleza. A expressão *em forma*, usada nessa passagem, segundo Silva (1995, p. 257, grifo do original):

> *revela que o Espírito Santo desceu sobre Jesus numa aparência ou na figura de uma pomba, e não que Ele seja uma pomba. A palavra grega aqui é eidei, e não morfe, como aparece em Filipenses 2: 6-7, que revela a essência e a natureza da divindade de Cristo. A primeira palavra significa mera aparência e a segunda, a sua própria natureza e essência.*

f) **Selo**

"Em quem também vós estais, depois que ouvistes a palavra da verdade, o evangelho da vossa salvação; e, tendo nele também crido, fostes selados com o Espírito Santo da promessa" (Efésios, 1: 13). Na época bíblica, no contexto do Novo Testamento, usava-se um selo como sinal de garantia de propriedade, possessão. Como "selo", o Espírito Santo é dado ao crente como marca ou evidência de propriedade de Deus. Ao conceder o Espírito Santo, Deus nos "sela" como seus (II Coríntios, 1: 22). Portanto, todo cristão tem a convicção de que é filho de Deus (João, 1: 12), pois o Espírito Santo habita em sua vida (Gálatas, 4: 6), regenerando-o (João, 3: 3-6), libertando-o (Romanos, 8: 1-17) e conscientizando-o de sua filiação (Romanos, 8: 15; Gálatas, 4: 6).

6.3 A obra do Espírito Santo

O Antigo Testamento anunciou claramente Deus Pai e o Filho de maneira obscura. Já o Novo Testamento revelou o Filho e deixou entrever a divindade do Espírito Santo. O Espírito Santo habita entre nós e manifesta-se mais claramente. Quando a divindade do Pai ainda não era reconhecida, teria sido imprudente anunciar abertamente a do Filho; e quando a divindade do Filho não era ainda admitida, não se devia desvelar a do Espírito Santo. Era, pois, necessário proceder por aperfeiçoamentos sucessivos, avançar de claridade em claridade, por progressos e impulsos, até que a Trindade fosse firmemente estabelecida.

O Espírito Santo é, antes de tudo, ação[3], personificação de Deus, manifestando sua vida racional e Seus sentimentos na vida do fiel. No antigo Testamento, podemos estudar a obra do Espírito Santo por meio de Sua ação de visitar pessoas. Ora, essas visitações eram curtas, momentâneas e visavam a um fim especial – a libertação do povo de Deus em tempos de crise (Juízes, 6: 34; 11: 29; 14: 19; 15: 14). Os autores inspirados do Antigo Testamento registraram que Yahweh tem um Espírito

3 Conforme Ferreira (2004), *ação* é "Ato ou efeito de agir, de atuar; atuação, ato, feito, obra."

que age (Gênesis, 1: 2) – espírito que transmite ao homem, sopro de vida que o torna semelhante a Deus (Gênesis, 2: 7); retira-o, porém, quando lhe apraz (Gênesis, 6: 3).

Atribuíram-se ao Espírito de Deus fenômenos misteriosos que estariam acima das forças humanas: potência para guerra (Juízes 3: 10; 6: 34; 11: 29); arrebatamento pelos ares (I Reis, 18: 12); inspiração para profetizar (Números, 24: 1-2; I Samuel, 10: 10).

Já no Novo Testamento, o Espírito Santo revela Seu desejo de permanecer no homem, revestindo-o e habitando em seu íntimo. A partir do ministério de Jesus, a atuação do Espírito é mais objetiva: de Deus, do padrão Divino de justiça e do julgamento futuro. O Espírito Santo trabalha por meio da mente, da consciência e das emoções do pecador, enfatizando a necessidade da misericórdia e do perdão de Deus.

Longe do Espírito Santo, ninguém percebe a grandeza de seu pecado ou que este se trata de abominação aos olhos de Deus. Entretanto, por meio da iluminação e da revelação, o Espírito Santo derrama a luz de Deus no coração do pecador que passa a enxergar sua necessidade espiritual.

Mesmo não sendo muito usada nas Escrituras, a convicção pelo Espírito é um dos temas centrais da Bíblia. Para corroborar com essa afirmação, vemos que: o Faraó foi sendo repetidamente convencido de seu tratamento pecaminoso para com Israel, mas manteve-se com seu coração endurecido (Êxodo, 9: 27; 34); Arão e Miriam foram convencidos de seus pecados pelo julgamento de Deus sobre ela (Números, 12: 11); Balaão foi convencido (Números, 22: 34); o rei Saul confessou sua convicção (I Samuel, 26: 21; 28: 15); assim com Davi (II Samuel, 12: 13; 24: 10; 24: 17;

Salmos, 51: 4); Judas demonstrou convicção, mas não se arrependeu (Mateus, 27: 4).

É essencial que os crentes reconheçam a importância do Espírito Santo em suas vidas. De acordo com Oliveira (2013), Ele nos convence do pecado (João, 16: 7-8), nos revela a verdade a respeito de Jesus (João, 14: 16; 26); realiza o novo nascimento (João, 3: 3-6); e nos faz membros do corpo de Cristo (I Coríntios, 12: 13). Na conversão, os cristãos recebem o Espírito Santo (João, 3: 3-6; 20: 22) e se tornam coparticipantes da natureza divina (II Pedro, 1: 4). O Espírito Santo passa a habitar no crente, influenciando sua vida, de modo a viver uma vida piedosa (Romanos, 8: 9; I Coríntios, 6: 19); longe do pecado (Romanos, 8: 2-4; Gálatas, 5: 16-17; 2 Tessalonicenses, 2: 13). Ele testifica que somos filhos de Deus (Romanos, 8: 16); ajuda-nos na adoração a Deus (Atos, 10: 45-46; Romanos, 8: 26-27) e na nossa vida de oração, intercedendo por nós quando clamamos a Deus (Romanos, 8: 26-27).

O Espírito Santo nos guia em toda a verdade (João, 16: 13; 14: 26; I Coríntios, 2: 10-16); nos consola e ajuda (João, 14: 16; I Tessalonicenses, 1: 6). Portanto, ele não é meramente um poder ou influência divina, mas uma pessoa que pensa, fala, deseja, atua e revela coisas inescrutáveis de Deus.

6.4 O batismo com o Espírito Santo

Escrever sobre o batismo com o Espírito Santo é, deveras, um empreendimento ousado, que impõe certo risco, uma vez que a própria noção de batismo é imprecisa e a abordagem desse tema requer o estabelecimento de premissas que, em si mesmas, são bastante discutíveis. No entanto, é fundamental para o cristão, entender a benção divina sobre a atuação do Espírito Santo.

6.4.1 Terminologia

A expressão "batismo com o Espírito Santo" foi utilizada por João Batista ao se referir a Jesus:

> *E, estando o povo em expectação e pensando todos de João, em seu coração, se, porventura, seria o Cristo, respondeu João a todos, dizendo: Eu, na verdade, batizo-vos com água, mas eis que vem aquele que é mais poderoso do que eu, a quem eu não sou digno de desatar a correia das sandálias; este vos batizará com o Espírito Santo e com fogo.* (Lucas, 3: 15-16)

Lucas retoma a terminologia em Atos (1: 5), ao descrever as palavras de Jesus aos seus seguidores: "Porque, na verdade, João batizou com água, mas vós sereis batizados com o Espírito Santo, não muito depois destes dias". Posteriormente, pela terceira vez, registra as palavras do mestre da Galileia, ao relatar a experiência de Pedro na casa de Cornélio: "[...] João certamente batizou com água, mas vós sereis batizados com o Espírito Santo" (Atos, 11: 16).

6.4.2 Histórico

O início do século I da era cristã foi um desafio e um prejuízo para as religiões pagãs do Império Romano. Um movimento oposto às crendices e às formas de religiões arcaicas e infrutíferas começou a desenvolver-se no seio de uma pequena comunidade.

A história nos empolga, pois nos é contada em termos dramáticos e desafiantes. Esse movimento, cujo surgimento e desenvolvimento está narrado no livro de Atos dos apóstolos, foi fruto do mover do Espírito Santo por meio dos discípulos de Jesus. E até a nossa geração Esse espírito continua a mover-se no mundo.

6.4.2.1 A descida do Espírito Santo

A experiência de Pentecostes é o que ocorreu na situação do derramamento do Espírito Santo, um grupo de seguidores de Jesus, reunidos em um só lugar, quando veio sobre eles uma ação sobrenatural, foram cheios do Espírito e falavam em outras línguas. Tal experiência ficou conhecida porque ocorreu por ocasião da Festa de Pentecostes. O nome *Pentecostes* origina-se do grego *pentekoste*, cujo significado é "quinquagésimo dia", do intervalo de 50 dias que separa a antiga Festa da Colheita da Festa da Páscoa (que ocorre exatamente 50 dias antes), de acordo com a tradição judaica.[4] A descida do Espírito Santo sobre a Igreja de Cristo, reunida em Jerusalém naquela ocasião, é relatada em Atos, Capítulo 2, o capítulo de abertura e de impacto da história da Igreja cristã primitiva. Esse livro mostra o impacto que uma comunidade pode causar quando vive e age no poder do Espírito Santo.

6.4.2.2 A promessa da vinda do Espírito Santo

Pentecostes comprova nessa ocasião ser um tempo em que as profecias se cumpriram, desde o Antigo Testamento às gloriosas promessas dos lábios do divino mestre: "Eis que eu vos enviarei

4 A segunda das três grandes festas judaicas, celebradas anualmente em Jerusalém, na sétima semana após a Páscoa, como grato reconhecimento pela colheita concluída.

o que meu Pai prometeu. Por isso, permanecei na cidade até serdes revestidos da força do Alto" (Lucas, 24: 49). Os seguidores de Jesus permaneceram, e as promessas de Deus se cumpriram, porque elas jamais falham.

Voltando ao passado distante, encontramos o profeta Ezequiel falando da restauração do povo de Deus: "Dar-vos-ei um coração novo, porei no vosso íntimo um espírito novo [...]" (Ezequiel, 36: 26). Além de Ezequiel, de um modo muito especial, profetizou Joel:

> *E acontecerá, depois, que derramarei o meu Espírito sobre toda a carne; vossos filhos e vossas filhas profetizarão, vossos velhos sonharão, e vossos jovens terão visões; até sobre os servos e sobre as servas derramarei o meu Espírito naqueles dias. Mostrarei prodígios no céu e na terra: sangue, fogo e colunas de fumaça.* (Joel, 2: 28-30)

O próprio apóstolo Pedro identifica a experiência do Pentecostes com o derramamento do Espírito de que fala o profeta Joel. Temos aqui um exemplo de cumprimento de profecia. A certeza de Deus. As profecias se cumprem.

Joel, porta-voz de Deus, afirmou: "derramarei o meu Espírito sobre toda carne" (Joel, 3: 1). Sobre todos os cristãos verdadeiros, indistintamente de serem judeus ou gentios. No Antigo Testamento, o Espírito vinha sobre algumas pessoas distintas e Seus carismas eram dados a algumas pessoas com uma missão específica e em caráter provisório. Eram carismas especiais que podiam ser, inclusive, retirados, caso o ungido se desviasse das promessas de Deus.

Já no Novo Testamento, o Espírito Santo, juntamente com seus dons, é dado a todos os que creem e para sempre. A promessa de Jesus foi: "E eu rogarei ao Pai, e ele vos dará outro Consolador, para que fique convosco para sempre" (João, 14: 16).

6.4.2.3 O cumprimento da promessa no dia de Pentecostes

Não muito tempo depois da promessa feita por Jesus:

> *Tendo-se completado o dia de Pentecostes, estavam todos reunidos no mesmo lugar. De repente, veio do céu um ruído como o agitar-se de um vendaval impetuoso, que encheu toda a casa onde se encontravam. Apareceram-lhes, então, línguas como de fogo, que se repartiam e que pousaram sobre cada um deles. E todos ficaram repletos do Espírito Santo e começaram a falar em outras línguas, conforme o Espírito lhes concedia se exprimissem.* (Atos, 2: 1-4)

Todos foram cheios do Espírito Santo para comunicar as grandezas de Deus e viver o Evangelho de Cristo, num testemunho encarnado que se estenderia por toda Jerusalém, Judeia, Samaria e até os confins da terra, como testemunhamos atualmente.

Pode-se concluir que a Igreja neotestamentária nasceu com a descida do Espírito Santo no Dia de Pentecostes. Desde então, a Igreja cristã e o cristão agem no mundo como força transformadora no poder do Espírito Santo, para a implantação do reino de Deus entre os homens.

6.4.3 A reforma protestante

As questões espirituais, inclusive o destino eterno das pessoas, eram consideradas assunto exclusivo do clérigo profissional. Esperava-se dos leigos que obedecessem à liderança eclesiástica e observassem os sacramentos, pois estes eram os meios de obterem a graça de Deus. A educação religiosa, até mesmo na forma de um sermão edificante, era quase desconhecida.

As pessoas davam à Igreja cristã muito dinheiro e vastas propriedades rurais, esperando que Deus se agradasse delas por agirem desse modo, e, assim, a Igreja se tornou muito rica. Poderíamos até mesmo dizer, com o emprego da terminologia moderna, que a Igreja era a maior latifundiária, a companhia mais rica e a organização mais poderosa de toda a Europa.

6.4.3.1 Geert Groote e Erasmo de Roterdã

Na Holanda, Geert Groote (1340-1384) deu início ao movimento reavivalista mais notável no seio da Igreja, chamado *Devotio Moderna*. Esse movimento enfatizava uma rígida devoção pessoal e o envolvimento social, especialmente na área da educação; pregava e escrevia tratados contra a simonia[5] e a imoralidade do clero.

O exemplo de Groote atraiu muitas pessoas, surgindo uma comunidade chamada *Os irmãos da vida comum*. Os membros dessa comunidade não tinham a obrigação de fazer votos vitalícios; podiam deixá-la a qualquer momento. Ensinavam que a verdadeira religião consiste em amar a Deus e servi-lo. Esse "novo" conceito contrastava nitidamente com a atitude prevalecente de que ser espiritual significava fazer votos e separar-se do mundo para viver isolado num mosteiro.

Outro holandês que influenciou toda Europa foi Erasmo (1466-1536). Nascido em Roterdã, convicto de que o cristianismo necessitava de um reavivamento que o libertasse da ignorância e da superstição, bem como das abstrações teológicas; viajava conclamando o povo à verdadeira piedade.

5 Simonia é a compra ou venda de coisas sagradas, especialmente das posições ou promoções dentro da Igreja (Ferreira, 2004).

Para Erasmo, o cristianismo se preocupava em seguir o exemplo de Jesus Cristo. Mas como alguém poderia seguir a Cristo, quando ele parecia estar escondido por trás da corrupção, da imoralidade e das nuanças da teologia filosófica? Erasmo declarava que era necessário penetrar além de todas as aparências para se chegar à essência real da fé. Ensinava que devemos olhar além dos sacramentos para compreender o real significado deles, além da letra da lei para a caridade, além do cristianismo para Cristo.

Sua realização mais importante, no entanto, foi preparar uma edição impressa do Novo Testamento grego. Embora criticasse fortemente as práticas religiosas dos seus dias, nunca se separou da Igreja estabelecida. No entanto, essa crítica seria continuada por Martinho Lutero, que também se utilizaria da tradução grega preparada por Erasmo para sua própria tradução do Novo Testamento para o alemão.

6.4.3.2 Martinho Lutero (Martin Luther, 1483-1546)

Erasmo já havia estabelecido sua reputação de estudioso mais notável da Europa antes de 31 de outubro de 1517, quando, então, um monge agostiniano chamado Martinho Lutero (1483-1546) pregou suas teses à porta da Igreja do Castelo em Wittenberg, na Alemanha.

Em Wittenberg, Lutero adquiriu doutorado em Filosofia e Teologia. Sua ordem o enviou a uma viagem a Roma, onde ele observou de perto a decadência moral da cidade e viu a indiferença em relação aos problemas da sociedade entre os líderes eclesiásticos.

Ao retornar a Wittenberg, Lutero ouviu pessoas jactando-se de terem obtido o perdão divino para si mesmas e para seus parentes já falecidos, mediante a compra de indulgências. Tratava-se de um certificado especial, aprovado por Roma, que atestava o perdão divino. Vender indulgências não passava de uma maquinação para levantar fundos financeiros para novos edifícios em Roma. O papa estava muito desejoso de completar uma Igreja especial em homenagem a São Pedro[6].

A Igreja Católica Romana havia também ensinado que, mediante certos atos religiosos, tais como participar de uma romaria para ver uma relíquia famosa, o tempo no purgatório poderia ser abreviado. Todas essas coisas faziam parte do clima religioso daqueles dias, o que fez com que Lutero reagisse de forma contundente.

Entretanto, o que realmente deixou Lutero muito perturbado foi escutar de seus paroquianos que, em virtude das indulgências, eles tinham seus pecados perdoados. Até mesmo aqueles que ainda não haviam cometido pecados, por meio das indulgências[7] compradas tinham também o poder de libertar seus parentes do purgatório, conduzindo-os diretamente ao céu.

Lutero tinha a convicção de que a venda de indulgências era um grave erro doutrinário que precisava ser reparado. Como era professor universitário, propôs debates acadêmicos. Para anunciar esse debate, fixou suas 95 teses (Vianna, 2004) em latim, na porta da Igreja em Wittenberg, em 31 de outubro de 1517.

---

6 Essa estrutura, a Basílica de São Pedro, é hoje a segunda maior estrutura eclesiástica no mundo, e é usada para aparições especiais do Papa (Demian, 2008).

7 A indulgência é a remissão total ou parcial das penas temporais cabíveis para pecados cometidos, que a Igreja concede após terem sido perdoados. Eram comuns na Idade Média (Houaiss, Villar e Franco, 2009).

Não demorou para que suas teses fossem traduzidas para o vernáculo, impressas e circuladas muito além da universidade, além de Wittenberg, e, pouco depois, além da Alemanha.

Suas declarações foram prontamente rejeitadas por outros teólogos. Tanto João Eck (1486-1543) quanto o cardeal Tomás Cajetan (1469-1534) atacaram as teses de Lutero. Foram publicados muitos livros com o intuito de comprovar que Lutero estava enganado. Os teólogos alegavam insubmissão do monge agostiniano ao papa. Lutero apresentou contrarrazões, alegando que tanto os papas quanto os concílios eclesiásticos haviam errado. Seus adversários passaram imediatamente a associar as opiniões dele com as de João Hus, que havia sido executado por heresias no Concílio de Constança, em 1415.

Nesse ínterim, Martinho Lutero publicou três obras importantíssimas que foram lidas em toda a Europa. Na primeira, chamada *Um discurso à nobreza cristã da nação alemã*, ele argumentou que todos os cristãos são sacerdotes. Além disso, rejeitou as alegações que somente o papa tinha a capacidade de interpretar as Escrituras ou convocar um concílio geral. Lutero fez um apelo para reformas que eliminassem as romarias, o abuso da missa, o celibato dos clérigos e as extorsões financeiras de Roma.

Na obra *O cativeiro babilônico da Igreja*, Lutero declarou que os únicos sacramentos verdadeiros são a ceia do Senhor e o batismo. Todos os sacramentos, assim chamados, eram apenas uma maneira de manter os cristãos no cativeiro.

Na última dessas obras, *A liberdade do homem cristão*, Lutero descreveu a natureza da liberdade cristã. Explanou que o cristão é livre, é senhor de todas as coisas e não está sujeito a nenhuma delas, mas ao mesmo tempo é um escravo e súdito de todas as pessoas.

Enquanto esses escritos estavam sendo preparados, o papa Leão X (1475-1521) emitiu uma bula (declaração papal) que condenava Martinho Lutero como herege e exigia sua retratação. O reformador respondeu queimando publicamente a bula papal.

Em uma reunião especial[8] dos dirigentes da Igreja e do governo, chamada de Dieta de Worms[9], Lutero foi convidado a repudiar aquilo que havia escrito. Convicto de sua posição teológica, ele explanou, em um discurso poderoso, sua submissão às Sagradas Escrituras, concluindo, com as célebres palavras: "De outra maneira não posso, aqui estou, que Deus me ajude, amém" (Dreher, 1984).

O concílio declarou que as opiniões de Lutero eram errôneas e que ele estava agindo fora da lei. Embora houvesse salvaguardas, Lutero passava grande perigo de morte. Alguns de seus amigos, diante do perigo iminente, "sequestraram" o monge e o levaram a um castelo forte chamado Wartburg, onde ele permaneceu em segurança. Foi lá que ele aproveitou esse período de reclusão para traduzir o Novo Testamento em alemão.

Lutero era certamente um reformador muito influente, mas não era o único. Mesmo em Wittenberg, havia outros que o ajudavam. Philip Melanchthon (1497-1560) está entre aqueles que cooperaram mais estreitamente com o teólogo. Aos 21 anos de idade, era professor de Grego em Wittenberg.

Melanchthon apoiava Lutero publicamente e por muitas vezes defendia sua teologia. Como assistente de Lutero, foi corresponsável pela *Confissão de Augsburgo*, que até os dias atuais é

8 Realizada na cidade de Worms, na Alemanha (Dreher, 1984).

9 *Dieta* significa "assembleia" (Dreher, 1984).

considerada a principal declaração de fé entre as igrejas luteranas. O livro mais famoso de Melanchthon, *Lugares comuns*, foi o primeiro a expor uma teologia sistemática protestante. Contribui, e muito, à dogmática protestante, por sua consistência lógica e pelo seu amplo domínio da história. Depois da morte de Lutero, Melanchthon veio a ser o líder teológico em Wittenberg.

6.4.3.3 Ulrico Zuínglio (Huldreich Zwingli, 1484-1531)

Aproximadamente na mesma ocasião em que Martinho Lutero fez sua grande descoberta a respeito da justificação pela fé, algo semelhante acontecia na Suíça com Zuínglio.

Educado em Basileia e Viena segundo a tradição humanista cristã, esse jovem sacerdote foi alocado na cidade de Claris (alguns escrevem Glaris). Naqueles dias, era comum os governantes europeus contratarem jovens da Suíça para lutarem em seus exércitos. Zuínglio acompanhava ocasionalmente as tropas suíças como capelão. Horrorizado com o que presenciou, pregava contra esse desperdício dos seus compatriotas.

Em 1518, o ministério de Zuínglio o levou a ser nomeado para servir na Igreja em Zurique. Assim como Lutero, Zuínglio convocou uma série de debates públicos, com o intuito de que todos os cidadãos pudessem ouvir as discussões. O bispo conservador católico de Constança, na Suíça, procurou impedir os esforços que o sacerdote fazia em prol da reforma, não obtendo êxito.

Tanto Lutero quanto Zuínglio concordavam na negação de que o vinho e o pão fossem transformados em corpo e sangue de Cristo, porém discordavam quanto ao significado da celebração da eucaristia. Ao passo que Lutero insistia que Cristo estava realmente presente na eucaristia, Zuínglio argumentava que a ceia do Senhor era um memorial para relembrar aos participantes que Cristo morrera por eles.

Em 1531, Zuínglio retornou aos campos de batalha, onde mais tarde foi encontrado morto por seus amigos.

6.4.3.4 João Calvino (Jean Calvin, 1509-1564)

João Calvino nasceu na cidade de Noyon, no norte da França, próximo à fronteira com a Bélgica. Seu pai, com o desejo de que o filho fosse advogado, fez com que o jovem João convivesse com os filhos da nobreza e obtivesse a melhor educação possível. Assim, Calvino estudou a cultura renascentista em Orleans, Bourges e Paris.

Ao se converter ao protestantismo, aos 24 anos, ele teve de deixar não somente a Igreja Católica como também sua pátria para viver no exílio, em Genebra, na Suíça. Em 1536, publicou a obra denominada *Institutas da religião cristã*, que, ao ser reeditada, às vezes em francês, às vezes em latim, ia crescendo em importância, à medida que tratava das novas questões que surgiam.

Nessa época, na cidade de Genebra, um evangelista de nome Guillaume Farel (1498-1565) estava procurando estabelecer a Reforma. Ao saber da presença de Calvino na cidade, Farel procurou sua ajuda, que assim o atendeu de bom grado. Quando apelaram que os cidadãos declarassem o seu apoio às mudanças propostas, tanto Calvino quanto Farel tiveram de deixar a cidade.

Novamente refugiado, Calvino foi até Estrasburgo, onde ministrava aos refugiados que falavam francês naquela cidade de língua alemã. Na mesma cidade, ele se casou com uma viúva de antecedentes anabatistas. Durante esse período, Calvino revisou as *Institutas da religião cristã* e publicou o primeiro de seus comentários bíblicos. Antes de sua morte, Calvino concluiu 47 exposições bíblicas.

Calvino foi o grande sistematizador da teologia protestante. Segundo ele, tudo quanto o homem pode saber a respeito de Deus acha-se na palavra Deste, e o homem só pode saber o tanto quanto Deus quer revelar. Além disso, Calvino declarou que Deus, embora tenha criado o mundo inteiro, escolheu algumas pessoas para a salvação e outras para a destruição. Esse conceito se tornou conhecido como *predestinação*.

6.4.4 O movimento pentecostal

Lutero enfatizava a justificação pela fé. Algum tempo depois, surgiu John Wesley (1703-1791), que pregava a santificação pela obra do Espírito Santo. Mais tarde, essa experiência de santificação ficou sendo conhecida como a "segunda obra da graça" ou o "batismo no Espírito". Entretanto, no final do século XIX surgiu um novo entendimento a respeito do batismo com o Espírito Santo como sendo um revestimento de poder para evangelizar o mundo conforme profetizado nas Escrituras (Atos, 1: 8). Os seguidores do movimento pentecostal ensinavam que o poder outrora concedido aos apóstolos e discípulos de Jesus era agora uma necessidade vital disponível a todos os crentes. Assim se estabeleceu que a natureza do batismo com o Espírito Santo era um revestimento de poder após a conversão.

6.4.4.1 O avivamento da Rua Azusa

Em outubro de 1900, Charles Fox Parham (1873-1929) alugou uma mansão em Topeka, Kansas, para fundar uma escola bíblica denominada *Betel*. Nessa escola, nenhuma taxa era cobrada para a moradia e a alimentação. Como os primeiros discípulos "tinham tudo em comum" (Atos, 2: 44), desejosos de serem usados por Deus, todos os que desejassem participar tinham de "se entregar ao ministério da Palavra e da oração" (Walker, 1996, p. 17). Assim, cada estudante deveria manter um período de oração de três horas cada um; todavia, alguns deles passavam noites inteiras em intercessão.

Os alunos da escola Betel, ao estudarem os textos bíblicos concernentes ao batismo com o Espírito Santo, concluíram que a prova irrefutável em cada ocasião era que os que recebiam o Espírito falavam em outras línguas (glossolalia). Então, para esses alunos, essa era a evidência ou o sinal do batismo no Espírito nos tempos apostólicos. Assim, por meio dessa conclusão se iniciava o movimento pentecostal do século XX.

Em 1905, Parham mudou-se para Houston, no Texas, onde iniciou outra escola bíblica. Nessa escola, estudava William J. Seymour, negro e cego de um olho. Havia muito preconceito racial no Sul, todavia, Seymour manteve-se firme em seus propósitos. Foi lá que ele aprendeu sobre a "evidência inicial do batismo com o Espírito Santo". Convicto, Seymour ministrava sobre isso em outras denominações, embora ele mesmo não fosse batizado no Espírito Santo. Sua experiência pentecostal ocorreria pouco tempo depois, no dia 12 de abril de 1906.

Seymour alugara um velho galpão na Rua Azusa e então a experiência pentecostal se alastrou. Frank Bartleman (2001, p. 35), evangelista *Holiness*, relata as experiências da Rua Azusa:

> *Todas as forças do inferno estavam combinadas contra nós no princípio. Nem tudo era bênção. Na realidade, a luta foi tremenda. Satanás procurava espíritos imperfeitos como sempre para destruir o trabalho,*

se possível. Mas o fogo não podia ser apagado. Irmãos fortes haviam se reunido com a ajuda do Senhor. Aos poucos, levantou-se uma onda de vitória. Mas tudo isso veio de um pequeno começo, uma pequena chama.

A ênfase do movimento pentecostal se dava na glossolalia como evidência do batismo com o Espírito Santo. A. B. Simpson, líder da Aliança Cristã e Missionária, ao descobrir que o novo movimento ensinava que o batismo com o Espírito Santo era sempre acompanhado da manifestação de diferentes línguas por parte do crente, tomou posição contrária, afirmando que essa era apenas uma das evidências do batismo no Espírito. Algumas denominações mais tarde adotariam essa posição.

Muitos missionários vieram à Azusa, experimentaram do pentecostes e levaram o avivamento para seus países. Daniel Berg e Gunnar Vingren participaram em Chicago de uma reunião de oração. De acordo com Walker (1996, p. 29):

> *Lá receberam uma profecia de que seriam enviados para algum lugar no mundo chamado de Pará. Após pesquisarem e descobrirem que se tratava de um Estado do Brasil, foram enviados miraculosamente para cá em 1910, onde fundaram a Igreja Assembleia de Deus, quatro anos antes das [sic] Igrejas Assembleias de Deus dos Estados Unidos serem organizadas.*

Nos anos seguintes, o movimento pentecostal começou a enfraquecer, mas surgiram novos ministérios a operar miraculosamente. Entre eles estão Aimee Semple MacPherson (fundadora da Igreja do Evangelho Quadrangular), Smith Wigglesworth (o "apóstolo da fé"), entre outros.

6.4.5 O protestantismo no Brasil

Com a colonização portuguesa, veio também o catolicismo para o Brasil. Durante muito tempo, nenhuma outra religião foi permitida na então colônia portuguesa, muito embora os índios e os escravos africanos tenham permanecido em suas crenças, de modo oculto ou, também, muitas vezes, em formas de religião misturadas ao catolicismo (o que é denominado *sincretismo*).

Após a independência do Brasil, em 1822, durante todo o Império (que durou até 1889), o catolicismo foi mantido como religião oficial. No entanto, os seguidores de outras correntes do cristianismo eram tolerados, com algumas limitações para algumas correntes.

No final do século XIX, com a chegada crescente dos imigrantes europeus, houve uma mudança em todo o panorama nacional. Entre os muitos alemães que vieram para o Brasil, um grande número permaneceu luterano. Com a chegada do século XX, vieram missionários americanos que fundaram templos batistas e metodistas.

6.4.6 Evidências do batismo com o Espírito Santo

Não há unanimidade entre os cristãos sobre o argumento da glossolalia como evidência do batismo com o Espírito Santo. Entretanto, sobre o ato de falar em outros idiomas como evidência inicial do batismo com o Espírito Santo, as posições podem ser divididas em três categorias:

1. Falar em outras línguas não é evidência do batismo com o Espírito Santo.
2. O batismo com o Espírito Santo às vezes é evidenciado pelo falar em novas línguas.
3. O batismo com o Espírito Santo é sempre acompanhado pela evidência inicial do falar em outras línguas.

A primeira categoria é a posição evangélica tradicional, adotada pelas Igrejas Batistas Pentecostais da Convenção Batista Nacional.

A segunda posição é adotada pelos representantes do movimento carismático, que reconhece a glossolalia como uma das evidências do batismo com o Espírito Santo. Chamamos de *carismáticos* quaisquer grupos (ou pessoas) que têm sua origem histórica ligada ao movimento da renovação carismática das décadas de 1960 e 1970 e que procuram praticar todos os dons espirituais mencionados no Novo Testamento (profecias, curas, milagres, línguas, interpretação e discernimento de espíritos).

A terceira posição é adotada pelos pentecostais e neopentecostais, que sustentam o seguinte: para ser batizado no Espírito Santo, o cristão deve ser testemunhado pelo sinal físico inicial de falar em outras línguas, correntemente adotado pela Igreja Assembleia de Deus. Entendemos por *pentecostal* qualquer denominação ou grupo que tenha sua origem ligada ao reavivamento pentecostal que começou nos Estados Unidos em 1901 e que sustenta as seguintes doutrinas:

- Todos os dons do Espírito Santo mencionados no Novo Testamento continuam operantes nos diais atuais.
- O batismo com o Espírito Santo é uma experiência de revestimento de poder subsequente à conversão e deve ser buscado pelos crentes da atualidade.

- Quando ocorre o batismo com o Espírito Santo, as pessoas falam em outras línguas como "sinal" de que receberam essa experiência.

6.5 Dons espirituais

Além da questão do batismo com o Espírito Santo não ser unânime, existem muitas diferenças no tocante aos dons espirituais específicos. Dúvidas inundam as mentes e os corações dos fiéis que apresentam questionamentos como estes: Ainda hoje as pessoas poderiam receber o dom de profecia, de modo que Deus realmente lhes revele algo para transmitir a outras pessoas? Ou esse dom foi confinado aos tempos antigos, quando o Novo Testamento ainda estava sendo formado, no século I d.C.?

No início do Capítulo 12, na primeira carta escrita aos Coríntios (I Coríntios, 12), o apóstolo Paulo trata de questões pertinentes aos dons espirituais levantadas pelos membros da Igreja de Corinto em carta que recebera destes (I Coríntios, 7: 1). Não foi por menos que o Espírito Santo, inspirando Paulo, selecionou a palavra grega *pneumatikos* para "dons espirituais". Esse vocábulo é construído da raiz *pneuma-*, palavra grega para "espírito". O termo *pneumáticos*, literalmente, refere-se a alguém que está cheio e é governado pelo Espírito de Deus. Assim, fica evidente a associação entre o Espírito e os dons espirituais. Os coríntios viam os dons – em especial, a glossolalia – como marca de espiritualidade, de maturidade espiritual. Entretanto, o Espírito Santo, para que não houvesse falácia quanto à interpretação, por meio do apóstolo Paulo, rapidamente mudou o termo da linguagem para *carisma*, do grego *charisma*. Essa palavra é formada de *charis*, palavra grega para "graça". Com essa mudança de vocabulário, Paulo habilmente enfatiza que os dons espirituais, acima de tudo, são dons da graça.

A mudança sutil na terminologia reflete um aspecto importante da perspectiva de Paulo. Os dons do Espírito não são emblema de maturidade espiritual – em vez de distintivo da "elite cultural", os dons espirituais são reflexos da graça de Deus para a Igreja e eram disponíveis para todos os crentes. É exatamente esse entendimento elitista dos dons que Paulo procura corrigir diante dos imaturos coríntios, pois na Igreja à qual esse povo pertencia não faltava nenhum dom (I Coríntios, 1: 7).

6.5.1 Os dons para edificação

Vemos na epístola de Paulo aos coríntios que, assim como a Igreja de Corinto perdeu de vista a verdadeira finalidade dos dons espirituais, a correção do apóstolo Paulo para os coríntios inclui o esclarecimento desse ponto importante. Ele mesmo se encarrega de dizer qual é essa finalidade: "a manifestação do Espírito é concedida a cada um visando a um fim proveitoso" (I Coríntios, 12: 7). Os dons espirituais são concedidos para que o corpo de Cristo seja edificado, ou seja, para a edificação da Igreja cristã.

6.5.2 O princípio da participação

Em I Coríntios (12: 11), Paulo declara: "Mas é o único e mesmo Espírito que isso tudo realiza, distribuindo a cada um os seus dons, conforme lhe apraz". Aqui, o apóstolo lembra que todos têm um papel a exercer no corpo de Cristo. Ninguém é excluído da participação dinâmica produzida pelo Espírito que edifica a Igreja.

6.5.3 A prática dos dons espirituais na Igreja de Corinto

A cidade de Corinto era uma verdadeira ponte transcultural. Tudo transitava por ela: os peregrinos, os mercadores e os diferentes tipos de pregadores. Era uma cidade cheia de novidades e também de muito pecado.

Na Grécia Antiga, ao lado das célebres lendas de heróis, semideuses e deuses pagãos, existiam as religiões de mistério.[10] Corinto era um dos centros dessas religiões de mistério, com suas manifestações estranhas, entidades que entravam em pessoas, mudando-lhes o hábito; adivinhações etc.

Foi nesse ambiente e nesse contexto socioeconômico, cultural e religioso aqui referidos que viveu a Igreja de Corinto e que pregou o apóstolo Paulo. Foi nesse ambiente sincrético que Paulo

---

10 A religião era um fator de unidade entre os gregos. Mas não havia livros sagrados, nada semelhante à Torá dos hebreus. Também não havia sacerdotes como no Egito, na Pérsia ou na Babilônia. As crenças eram baseadas em tradições orais (contadas de pai para filho) e nos poemas de autores notáveis como, por exemplo, Homero e Hesíodo. Os deuses gregos viviam no monte Olimpo. Zeus era uma espécie de rei dos deuses. Casado com Hera, protetora do casamento, que, ironicamente, volta e meia é traída por Zeus com alguma mortal (teve inúmeros filhos assim). Poseidon, irmão de Zeus, era o deus dos mares. O outro irmão de Zeus, Hades, era o responsável pelo mundo subterrâneo. Os filhos de Zeus e Hera também eram deuses destacados. Palas Atenas era a deusa da inteligência, protetora dos sábios e, claro, da cidade de Atenas. Apolo era o deus do equilíbrio. Sua irmã gêmea, Ártemis, era a protetora dos caçadores e das mulheres virgens. Afrodite era a deusa do amor. O deus da guerra era o terrível Ares. Hermes era o deus mensageiro, protetor dos comerciantes e dos ladrões. Dionísio era o deus da loucura, das paixões desenfreadas, do prazer (Brown; Coenen, 2000).

bradou: "A propósito dos dons do Espírito, irmãos, não quero que estejais na ignorância" (I Coríntios, 12: 1). E continuou: "Procurai a caridade. Entretanto, aspirai aos dons do Espírito, principalmente à profecia" (I Coríntios, 14: 1).

O Capítulo 10 de I Coríntios mostra que o povo nem sempre retribuiu com obediência aos favores e aos milagres recebidos de Deus, o que pode levar o Senhor a rejeitá-los. No Capítulo 11 do mesmo livro, o crente encontra ali instruções sobre o comportamento que deve manter durante o culto público. Os dons do Espírito Santo são descritos no Capítulo 12, enquanto o Capítulo 13 adverte para o amor como qualidade indispensável à eficácia dos dons. Finalmente, o Capítulo 14 apresenta as regras para o exercício desses dons em culto público.

Dito isso, podemos passar à descrição dos elementos dinâmicos mediante os quais o Espírito Santo quer preparar a Igreja para servir a Cristo e aos homens.

De acordo com Horton (1994, p. 117), o texto bíblico de I Coríntios (12: 8-10) representa uma lista dos dons do Espírito Santo.

> *Porque a um, pelo Espírito, é dada* ***a palavra da sabedoria****; e a outro, pelo mesmo Espírito,* ***a palavra da ciência****; e a outro, pelo mesmo Espírito,* ***a fé****; e a outro, pelo mesmo Espírito,* ***os dons de curar****; e a outro,* ***a operação de maravilhas****; e a outro,* ***a profecia****; e a outro,* ***o dom de discernir os espíritos****; e a outro,* ***a variedade de línguas****; e a outro,* ***a interpretação das línguas****.* (I Coríntios, 12: 8-10, grifo nosso)

Segundo Horton (1994, p. 117), essa lista de dons não é suficiente, mas meramente uma amostra de dons "retirada de um suprimento infinito".

6.5.4 Classificação dos dons

Quanto à classificação dos dons, a doutrina não é pacífica. Horton (1997, p. 472-473) os classifica em: dons de ensino e pregação, dons de curar e dons de adoração; para Cho (1995, p. 115), os dons são divididos em: dons de revelação, dons de poder e dons vocais; para Chown (2002, p. 21), eles se dividem em: dons de revelação, dons de poder e dons de inspiração. Entretanto, para este estudo classificamos os dons em:

- **Dons de ensino e pregação** – Palavra de sabedoria e palavra da ciência.
- **Dons de poder** – Cura, operação de milagres, fé, profecia e discernimento de espíritos.
- **Dons de adoração** – Variedades de línguas e interpretação de línguas.

Enfatizamos que os dons do Espírito, ativos atualmente na Igreja, não visam fornecer novas doutrinas nem sequer ensinar novos critérios para a vida. Pelo contrário, eles servem para aplicar a palavra de Deus às novas circunstâncias na Igreja. Seus propósitos são fortalecer, encorajar e confortar.

6.5.4.1 Dons de ensino e pregação

Os dons de ensino e pregação são dádivas concedidas a algumas pessoas pelo Espírito Santo, para que manifestem seu poder e graça e auxiliem a construir a Igreja. Os dons principais são os dons da palavra de sabedoria e da palavra da ciência.

a) **Dom da palavra da sabedoria**

A sabedoria é o meio pelo qual podemos usar o conhecimento de maneira eficaz. Não se trata da sabedoria comum, para o viver diário, que se obtém pelo diligente estudo e pela meditação. Esse dom diz respeito mais especificamente a um fragmento da sabedoria de Deus que nos é transmitida por meios sobrenaturais.

Um exemplo desse dom se encontra em II Reis (6: 12): "[...] é Eliseu, profeta de Israel, que revela ao rei de Israel até mesmo as palavras que dizes no teu quarto de dormir".

b) **Dom da palavra da ciência**

O dom da palavra da ciência consiste na revelação sobrenatural de algum fato conhecido apenas por Deus. Não se trata da sabedoria cotidiana, que se obtém pelo estudo e pela meditação nas coisas de Deus e na Sua palavra ou pela oração. O teor desse dom excede às limitações do conhecimento ou da imaginação do ser humano.

Um exemplo desse dom se encontra nas Escrituras, quando o povo consultava Deus acerca de quem seria o rei de Israel:

> *Samuel mandou que se apresentassem todas as tribos de Israel e, tirada a sorte, foi escolhida a de Benjamim. Mandou que a tribo de Benjamim se aproximasse, dividida por clãs, e o clã de Metri foi sorteado. Mandou então que se aproximasse o clã de Metri, homem por homem; e Saul, filho de Cis, foi apontado no sorteio. Procuraram-no, mas não o encontraram. Consultaram então a Iahweh: "O homem veio para cá?" E Yahweh respondeu: "Está ali, escondido no meio das bagagens."* (I Samuel, 10: 20-22)

Ainda há outros dons que podem ser elencados, como os demonstrados a seguir.

a) **Dom de cura**

Esse dom é concedido a qualquer cristão para a restauração da saúde física, por meios divinos e sobrenaturais. Há os que creem que os apóstolos possuíam de fato dotes especiais, mas que, depois deles, os dons de curar cessaram. Mas o que dizer de Felipe, nomeado para servir à mesa enquanto os apóstolos se dedicavam à oração e ao ministério da palavra (Atos, 6: 1-5)? A cura faz parte do Evangelho da graça remissora, consumado por Jesus Cristo na cruz do calvário.

Há curas que se realizam imediatamente, como no caso dos cegos de Jericó (Mateus, 20: 29-34), e há curas que se realizam gradualmente, como no caso do cego de Betsaida (Marcos, 8: 22-26) e dos leprosos (Lucas, 17: 14). A ordem do Mestre da Galileia foi: "Curai os doentes, ressuscitai os mortos, purificai os leprosos, expulsai os demônios. De graça recebestes, de graça dai" (Mateus, 10: 8).

b) **Dom de operação de milagres**

O dom de operação de milagres trata-se de atos sobrenaturais de poder, que intervêm nas leis da natureza, suspendendo temporariamente a ordem habitual observada pelos homens. Incluem atos divinos em que se manifesta o reino de Deus contra Satanás e os espíritos malignos. Vários são os exemplos de milagres nas Escrituras: transformar água em vinho (João 2), a tempestade em bonança (Mateus, 8: 23-27) e a figueira em galhos ressequidos (Mateus, 21: 19) são alguns exemplos de milagres registrados.

c) **Dom da fé**

Não se trata da fé para salvação, mas de uma fé sobrenatural, especial, comunicada pelo Espírito Santo, que capacita o crente à realização de coisas extraordinárias e milagrosas. É a fé que move montanhas (Marcos, 11: 22-24) e que frequentemente opera em conjunto com outras manifestações do Espírito Santo, tais como as curas e os milagres. O crente não a possui: ela somente é manifestada quando surge uma necessidade, de acordo com hora e lugar que o Espírito Santo determine.

d) **Dom de profecia**

É preciso distinguir a profecia aqui mencionada, como manifestação momentânea do Espírito, da profecia como dom ministerial na Igreja, mencionada em Efésios (4: 11). Como dom de ministério, a profecia é concedida a apenas alguns crentes, os quais servem na Igreja como ministros profetas. Como manifestação do Espírito Santo, a profecia está potencialmente disponível a todo cristão cheio Desse espírito (Atos, 2: 16-18). Quanto à profecia como manifestação do Espírito, trata-se de um dom que capacita o cristão a transmitir uma palavra ou revelação diretamente de Deus, sob o impulso do Espírito Santo (I Coríntios, 14: 24-25; 14: 29-31).

Tanto no Antigo Testamento quanto no Novo Testamento profetizar não é primariamente predizer o futuro, mas proclamar a vontade de Deus e exortar e levar o seu povo à retidão, à fidelidade e à paciência. A mensagem profética pode desmascarar a condição do coração de uma pessoa – "os segredos de seu coração serão desvendados" (I Coríntios, 14: 25) –, ou prover a edificação, a exortação, o consolo (I Coríntios, 14: 3). Vejamos com detalhes cada um desses itens.

∞ **Edificar**: Do grego *epoikodomeo*, que significa "terminar a estrutura da qual a fundação já foi colocada". Paulo diz que "Ninguém pode pôr outro fundamento, além do que já está posto, o qual é Jesus Cristo" (I Coríntios, 3: 11). Desse modo, os cristãos tem o dever de construir algo firme e útil sobre o fundamento: "Se a obra que alguém edificou nessa parte permanecer, esse receberá galardão" (I Coríntios, 3: 14).

∞ **Exortar**: Do grego *parakaleo*, significa "chamar alguém de lado, consolar, encorajar e fortalecer pela consolação, confortar, instruir, ensinar". Desse verbo grego mencionado se origina a palavra *parakleto*, título conferido ao Espírito Santo, que consola e intercede pelo povo de Deus. Tanto exortar quanto consolar proveem da mesma palavra grega *parakaleo*.

Portanto, a Igreja não deve ter como infalível toda profecia, porque muitos falsos profetas aparecerão no seio da Igreja (I João, 4: 1). Daí a necessidade de que toda profecia seja julgada quanto à sua autenticidade e conteúdo, conforme recomendação do apóstolo Paulo: "não desprezeis as profecias. Discerni tudo e ficai com o que é bom" (I Tessalonicenses, 5: 20-21).

e) **Dom de discernimento de espíritos**

Por meio desse dom, o Espírito Santo revela a fonte de qualquer demonstração de poder e sabedoria sobrenatural. Assim, nesse mundo cheio de imitações e falsidades, esse dom visa aclarar o que está por trás das faltas: heresias, más intenções ou motivações ruins. Por várias vezes, esse dom se manifestou na vida dos discípulos de Jesus: no desmascaramento de Ananias por intermédio de Pedro (Atos, 5: 1-5); na repreensão de Pedro a Simão, o mágico (Atos, 8: 18-22) e na repreensão de Paulo ao espírito de adivinhação que atuava numa jovem na cidade de Filipos (Atos, 16: 16-18).

6.5.4.3 Dons de adoração

Os dons de adoração são dádivas que não são relacionadas ao intelecto e tampouco à compreensão em línguas estrangeiras.

a) **Variedades de línguas ou glossolalia**

No tocante a esse dom, a palavra vem do termo grego *glossa*, que significa "língua" (órgão do corpo ou idioma), mas é interpretada como manifestação sobrenatural do Espírito Santo. Notemos os fatos apresentados a seguir.

Essas línguas podem ser humanas como as que os discípulos falaram no dia de Pentecostes (Atos, 2: 4-6) ou uma língua desconhecida na terra, entendida somente por Deus, conforme declaração do apóstolo Paulo: "Pois aquele que fala em línguas, não fala aos homens, mas a Deus. Ninguém o entende, pois ele, em espírito, enuncia coisas misteriosas" (I Coríntios, 14: 2).

A língua falada através desse dom não é aprendida, apesar de ser compreensível. Parece que, na maioria dos casos, elas são ininteligíveis. Paulo diz a respeito da inteligibilidade das línguas:

> *Se oro em línguas, o meu espírito está em oração, mas a minha inteligência nenhum fruto colhe. Que fazer, pois? Orarei com o meu espírito, mas hei de orar também com a minha inteligência. Cantarei com o meu espírito, mas cantarei também com a minha inteligência. Com efeito, se deres graças apenas com o teu espírito, como poderá o ouvinte não iniciado dizer "Amém" à tua ação de graças, visto que não sabe o que dizes? Sem dúvida, tua ação de graças é valiosa, mas o outro não se edifica.* (I Coríntios, 14: 14-17)

O ato de falar noutras línguas como dom abrange o espírito do homem e o Espírito de Deus que, entrando em mútua comunhão, faculta ao crente a comunicação direta com Deus (no louvor, no bendizer, na ação de graças e na oração).

Línguas estranhas faladas no culto devem ser seguidas de sua interpretação também pelo Espírito Santo, para que a congregação conheça o conteúdo e o significado da mensagem. Paulo recomenda que: "Se há quem fale em línguas, falem dois ou, no máximo, três, um após o outro. E que alguém as interprete. Se não há intérprete, cale-se o irmão na assembleia; fale a si mesmo e a Deus" (I Coríntios, 14: 27-28).

b) **Dom de interpretação de línguas**

O dom de interpretação de línguas trata-se da capacidade concedida pelo Espírito Santo para que o portador desse dom compreenda e transmita o significado de uma mensagem dada em outras línguas. Tal mensagem interpretada para a Igreja reunida pode conter um ensino sobre a adoração e a oração, ou pode ser uma profecia. Toda a congregação pode assim desfrutar dessa revelação vinda do Espírito Santo. A interpretação de uma mensagem em línguas pode ser um meio de edificação de toda congregação, pois todos recebem a mensagem. A interpretação pode vir por meio daquele que orou em línguas ou de outra pessoa. Quem fala em línguas deve orar para que possa interpretá-las conforme ensina as Escrituras (I Coríntios, 14: 13).

Questionário de Paracletologia

1. Qual é o significado do termo *paracletologia*?
2. O que a paracletologia estuda? Qual é o outro nome dado a essa disciplina?
3. Quais eram as atividades do Espírito Santo no Antigo Testamento? E no Novo Testamento?
4. Qual é a palavra usada no Antigo Testamento para *espírito*? Qual é a palavra que a *Septuaginta* usou para *espírito*?
5. O que se pode dizer sobre os atributos de Deus?

6. Quais são os principais nomes dados ao Espírito Santo?
7. Mesmo não sendo muito usado nas Escrituras, qual é um dos temas centrais da Bíblia?
8. Cite algumas das obras do Espírito Santo na vida dos cristãos e dê o significado da palavra *pentecostes*.
9. O que ensinava Erasmo de Roterdã?
10. Como viviam os irmãos da vida comum?
11. O que significa *indulgência*?
12. Quem atacou as teses de Martinho Lutero?
13. O que significa o termo *predestinação*, usado por João Calvino?
14. Quais são os princípios encontrados em I Coríntios 12?
15. Para este estudo, como são classificados os dons espirituais?

* Todas as passagens bíblicas indicadas neste capítulo são citações de Bíblia (2002).

Angelologia: doutrina dos anjos*

Capítulo 7

A angelologia é a parte da teologia que estuda os anjos, como aparecem nas Escrituras Sagradas. O correto, nesta parte da teoria, é nos limitarmos ao que diz a Bíblia, pois não há fontes externas confiáveis sobre esse assunto. A base para os estudos devem ser os pressupostos bíblicos – existem uma série de referências bíblicas a respeito do assunto, não sendo adequado divagar sobre o tema, nem usar outra fonte que não sejam autenticadas pelos fundamentos bíblicos. A teologia tem a função precípua de ensinar. Aqui, nesta obra, como representantes de Deus, seguiremos o grito da reforma, *Sola Scriptura*, limitando-nos, dessa forma, aos ensinamentos da Santa Bíblia.

A existência dos anjos foi até mesmo negada por séculos, porém de repente o assunto veio à tona de forma exacerbada, e, em alguns casos, os anjos assumem maior importância do que Deus. De repente, o pêndulo se moveu para o extremo oposto e agora a figura dos anjos tem recebido tamanho destaque que, na hinologia, na pregação e no culto de um modo geral, tem roubado a cena e ocupado o lugar do Espírito Santo e do próprio Jesus.

Os anjos estão presentes na Bíblia desde o Gênesis até o Apocalipse. São inúmeras as referências, a partir das quais é possível sistematizar um conhecimento abrangente sobre os anjos. Sua função permanente e contínua é vigente em toda a história da Igreja, e seu papel é de extrema importância para o cumprimento do plano divino.

Só o conhecimento da teologia bíblica irá fornecer um conhecimento equilibrado sobre os anjos, sua natureza e tarefa. Esses seres invisíveis têm ajudado a realizar a vontade do Senhor sobre a terra.

7.1 As palavras que se referem a anjos

A palavra hebraica *mal'ak* e o termo grego *aggelos* significam "mensageiro" e podem ser atribuídos tanto a homens como a espíritos. Assim sendo, somente pelo contexto é que podemos afirmar se o mensageiro é um ser angelical ou um ser humano.

Quando a Bíblia usa os termos *santos anjos* ou *anjos*, a obra está fazendo referência a espíritos piedosos que permaneceram em seu estado original, criados por Deus (Marcos, 8: 38; Lucas, 9: 26; Atos, 10: 22; Apocalipse, 14: 10). Do contrário, quando se refere a espíritos malignos, espíritos imundos e expressões afins, referem-se aos anjos caídos, que são servos de Satanás (Mateus, 12: 24; 25: 41).

O termo *anjo* e seus equivalentes se encontram em 35 dos 66 livros da Bíblia Sagrada. Essas criaturas angelicais são mencionadas em ambos os Testamentos e em todas as épocas da história humana e sagrada. Vejamos:

- **Conforme Gilmer, Jacobs e Vilela (1999, p. 65)** – No Antigo Testamento, eles são mencionados textualmente por 109 vezes, sempre em missões específicas – **Gênesis**, 16: 7; 9-11; 19: 1; 15; 24: 7; 40; 28: 12; 31: 10-11; 32: 1; 48: 16; **Êxodo**, 3: 2; 14: 19; 23: 20; 23; 32: 34; 33: 2; **Números**, 20: 16; 22: 22-35; **Juízes**, 2: 1-4; 5: 23; 6: 11-12; 20-22; 13: 3; 6; 13; 15-17; 19-20; **I Samuel**, 29: 9; **II Samuel**, 14: 17; 19: 27; **I Reis**, 13: 18; 19: 5; 7; **II Reis**, 1: 1; 15; 19: 35; **I Crônicas**, 21: 12; 15-16; 18; 20; 27; 30; **II Crônicas**, 32: 21; **Jó**, 4: 18; **Salmos**, 8: 5; 34: 7; 35: 5-6; 91: 11; 103: 20; 148: 2; **Eclesiastes**, 5: 6; **Isaías**, 37: 36; 63: 9; **Daniel**, 3: 28; 6: 22; **Oseias**, 12: 4; **Zacarias**, 1: 9; 11-14; 19; 2: 3; 3: 3; 5-6; 4: 1; 4-5; 5: 5-10; 6: 4-5; 12: 8; **Malaquias**, 2: 7; 3: 1.
- **Segundo Coenen e Brown (2000 p. 147)** – No Novo Testamento, os anjos são mencionados servindo aos santos, por 175 vezes (51 vezes nos Sinópticos, 21 em Atos, 67 em Apocalipse). Emprega-se com respeito a homens apenas 6 vezes (Lucas 7: 24; 9: 52; Tiago 2: 25; Mateus 11: 10; Marcos 1: 2; Lucas 7: 27, ao citarem Malaquias 3: 1). Convém que o aluno examine minuciosamente cada texto e contexto onde a palavra está presente: **Mateus**, 1: 20; 24; 2: 13; 19; 4: 6; 11; 11: 10; 13: 39; 41; 49; 16: 27; 18: 10; 22: 30; 24: 31; 36; 25: 31; 41; 26: 53; 28: 2; 5; **Marcos**, 1: 2; 13; 8: 38; 12: 25; 13: 27; 32; **Lucas**, 1: 11; 13; 18; 19; 26; 28; 30; 34; 35; 38; 2: 9; 10; 13; 15; 4: 10; 7: 27; 9: 26; 15: 10; 16: 22; 20: 36; 22: 43; 24: 23; **João**, 1: 51; 5: 4; 12: 29; 20: 12; **Atos**, 5: 19; 6: 15; 7: 35; 53;

8: 26; 10: 3; 7; 22; 12: 7; 11; 15; 23; 23: 8-9; 27: 23; Romanos, 8: 38; I Coríntios, 4: 10; 6: 3; 11: 14; Gálatas, 1: 8; 3: 19; 4: 14; Colossenses, 2: 18; II Tessalonicenses, 1: 7; I Timóteo, 3: 16; 5: 21; Hebreus, 1: 4-7; 13; 2: 2; 7; 9; 16; 12: 22; 13: 2; I Pedro, 1: 12; 3: 22; II Pedro, 2: 4; 11; Judas, 6; Apocalipse, 1: 1; 20; 2: 1; 8; 12; 18; 3: 1; 7; 14; 5: 2; 11; 7: 1; 2; 11; 8: 2-8; 10; 12; 13; 9: 1; 11; 13-15; 10: 1; 5; 7-10; 11: 1; 15; 12: 7; 14: 6, 8-10; 15; 17-19; 15: 1; 6; 8; 16: 1; 3-5; 8; 10; 12; 17; 17: 1; 17; 18: 1; 21; 19: 17; 20: 1; 21: 9; 12; 17; 22: 6; 8; 16.

7.2 A origem dos anjos

De onde vêm os anjos? Qual é a sua origem? Quando foram criados? Com que propósito? Essas perguntas têm sido feitas por diferentes pessoas em diferentes lugares e em diferentes épocas.

O que a Bíblia mostra na verdade é que os anjos são seres espirituais, pertencentes a uma criação distinta da criação física – importante frisar – não superior ou melhor.

O mesmo Deus que formou o universo, os animais, os planetas e os seres humanos, também foi o responsável pela criação de todas as coisas, como está escrito: "pois, nele, foram criadas todas as coisas, nos céus e sobre a terra, as visíveis e as invisíveis, sejam tronos, sejam soberanias, quer principados, quer potestades. Tudo foi criado por meio dele e para ele" (Colossenses, 1: 16).

Além do mundo físico existe uma esfera espiritual, habitada por Deus e os anjos. Essa esfera provavelmente é antecedente à esfera física, sem que isso necessariamente implique grau de importância. Foi nesta esfera que aconteceu a rebelião de Lúcifer, que posteriormente também afetou a esfera física.

7.2.1 Os anjos foram criados

Entre as muitas coisas criadas por Deus, destacam-se os anjos. É impossível saber ou determinar o tempo sobre esse período da criação invisível e espiritual. Pode ser que Deus os tenha criado imediatamente após ter criado os céus e antes de ter criado a terra, pois, de acordo com Jó (38: 4-7), é nos informado que: "Onde estavas tu, quando eu lançava os fundamentos da Terra? [...] quando as estrelas da alva, juntas, alegremente cantavam, e rejubilavam todos os filhos de Deus?".

Que os anjos existem desde a eternidade, é mostrado pelos versículos que falam de sua criação: "Tu só és Senhor, tu fizeste o céu, o céu dos céus e todo o seu exército" (Neemias, 9: 6); "louvai-o, todos os seus anjos; louvai-o, seus exércitos todos! Louvem o nome de Iaweh, pois Ele mandou e foram criados" (Salmos, 148: 2; 5); "porque nele foram criadas todas as coisas que há nos céus e na terra, visíveis e invisíveis, sejam tronos, sejam dominações, sejam principados, sejam potestades; tudo foi criado por ele e para ele" (Colossenses, 1: 16).

Embora as Escrituras não citem números definidos sobre a quantidade de anjos, dizem-nos que: "milhares de milhares o serviam, e miríades de miríades estavam diante dele; assentou-se o tribunal, e se abriram os livros" (Daniel, 7: 10).

7.2.2 A natureza dos anjos

O primeiro elemento de que dispomos para identificar a natureza dos anjos é a referência a eles como "filhos de Deus". Quatro classes de seres recebem essa designação nas Escrituras:

- os anjos;
- Adão;
- os crentes salvos;
- Jesus.

Os anjos são chamados de *filhos de Deus* no livro de Jó, onde, já no Capítulo 1, recebem essa denominação e posteriormente também são assim identificados no mesmo livro. Adão recebeu essa designação na genealogia de Lucas (3: 38), baseado em que Adão fora criado pelo próprio Deus e se encontrava então em um estado de pureza. Os salvos recebem esse título por meio da adoção (João, 1: 12; Romanos, 8: 15). Não se trata de uma igualdade de natureza com Deus, mas de uma manifestação de sua graça que nos adotou como filhos. Por fim, Jesus Cristo era Filho de Deus em um sentido todo exclusivo. Sua filiação não implicava apenas relacionamento, mas em uma igualdade de natureza. Isso ficou bastante claro para os oponentes de Jesus.

Logo, o sentido no qual nós somos chamados *filhos de Deus* é num sentido bem diferente, da mesma maneira que Jesus recebe tal designação. Essa distinção fica clara quando Jesus é chamado de *Unigênito*, isto é, único da espécie (João, 3: 16). Na epístola aos Hebreus, também é muito fácil perceber que o sentido no qual Jesus era Filho de Deus era superior ao sentido no qual os anjos foram assim chamados: "A qual dos anjos disse ele jamais:

Senta-te à minha direita, até que eu reduza os teus inimigos a escabelo dos teus pés?" (Hebreus, 1: 13).

Em que sentido então os anjos são chamados *filhos de Deus*? Da mesma forma que Adão o foi e os salvos o são – por trazerem em si a imagem de Deus. Deus criou o homem à Sua imagem e semelhança e, por essa similitude, o primeiro homem, antes da queda, foi chamado filho de Deus, da mesma forma como o homem após a redenção.

Não sabemos exatamente a quais pontos essa imagem e semelhança se referem. Mas sabemos que somos diferentes das demais criaturas. Da mesma forma, os anjos trazem em si uma semelhança com a divindade. A primeira característica dos anjos é que eles, como o homem, foram criados à imagem e semelhança de Deus.

Uma coisa, porém, sobre imagem de Deus é muito clara, nos anjos e nos homens: ambos foram criados com livre-arbítrio e plena capacidade de escolha. Não são autômatos que necessitam de controle de outros, podendo decidir por si mesmos. Prova disso é que houve rebelião entre os anjos. Alguns utilizaram mal sua liberdade, o que demonstra o seu livre-arbítrio e prova que eles possuem em si essa característica, que é um dos sinais da imagem e semelhança de Deus.

7.2.3 Os anjos são seres espirituais

No Antigo Testamento, o salmista chama esses seres de *espíritos*: "fazendo dos ventos [espíritos] teus mensageiros, das chamas de fogo teus ministros" (Salmos, 104: 4). No Novo Testamento, eles são chamados pelo mesmo termo: "espíritos ministradores, enviados para servir a favor daqueles que hão de herdar a salvação" (Hebreus, 1: 14). Dessa forma, as Escrituras testificam que os anjos são, de fato, seres espirituais. Suas atividades no céu e sobre a terra, no passado, são registradas em ambos os Testamentos. O fato de terem sido criados essencialmente espíritos não nega a possibilidade de materialização.

Os anjos só eram vistos quando assim era concedido por seu Criador, o que demonstra estarem fora do alcance dos sentidos naturais. A Bíblia realmente fala em anjos sendo vistos, ouvidos e até se alimentando, como por ocasião da visita deles a Abraão, Jacó, Daniel, Elias, Maria, Zacarias e aos pastores de Belém.

7.2.4 Os anjos são inteligentes

Os seres angélicos com certeza desfrutam de uma sabedoria superior à humana, até porque seu meio dispõe de possibilidades de que não dispomos no nosso. A sabedoria de que os anjos desfrutam pode ser percebida por meio da declaração que o profeta Ezequiel faz a Lúcifer: "[...] cheio de sabedoria [...] corrompeste a tua sabedoria [...]" (Ezequiel, 28: 12; 17).

Não se pode afirmar que ele tenha perdido essa sabedoria. Uma sabedoria corrompida ainda é uma sabedoria, agora utilizada não para os propósitos divinos, mas para propósitos perversos.

A inteligência dos anjos excede a dos homens nesta vida, porém é necessariamente finita – não sabem de tudo, pois não são iguais a Deus em sabedoria. Eles não podem diretamente discernir os nossos pensamentos (I Reis, 8: 39), e os seus conhecimentos dos mistérios da graça são limitados (I Pedro, 1: 12).

Jesus falou sobre a limitação do conhecimento dos anjos, quando disse que eles não sabiam o dia da vinda do Filho do Homem: "Mas a respeito daquele dia e hora ninguém sabe, nem os anjos dos céus, nem o Filho, senão o Pai" (Mateus, 24: 36).

7.2.5 Os anjos são seres poderosos

"Bendizei ao Senhor, todos os seus anjos, valorosos em poder, que executais as suas ordens e lhe obedeceis à palavra" (Salmos, 103: 20). Não resta nenhuma dúvida de que estes seres são capazes de realizar prodígios inigualáveis. Em muitos textos das Escrituras fica evidente sua capacidade sobrenatural e isto nos surpreende.

Uma demonstração explícita desse poder é encontrada no Livro do profeta Isaías que nos informa que numa noite um *anjo do Senhor* feriu 185 mil soldados do exército da Assíria (Isaías, 37: 36). Temos ainda o caso do anjo que libertou Pedro da prisão. Bastou ele falar a Pedro e as correntes caíram de seus ombros. Conforme ele ia andando, as portas iam se abrindo em sua frente de modo que Pedro pode sair tranquilamente das masmorras de Herodes (Atos, 12). No Apocalipse, encontramos anjos detendo os quatro ventos do céu (7: 1), esvaziando as taças e controlando os trovões da ira de Deus sobre as nações inquietas e angustiadas.

Todas essas realizações vêm a confirmar que são seres poderosíssimos a serviço de Deus. Entretanto, o seu poder, embora seja grande, é restrito. Eles não podem fazer aquelas obras que são exclusivas da divindade.

7.2.6 Os anjos são seres gloriosos

Existem algumas palavras no original grego e hebraico que são traduzidas como "glória". Mesmo em português, elas têm sentidos distintos. Quando dizemos que os anjos são seres gloriosos, queremos afirmar que eles têm um brilho e um resplendor especiais, como aquele descrito em Daniel e nos evangelhos acerca dos anjos que guardavam o túmulo de Jesus, como se depreende do texto:

> *E levantei os meus olhos, e olhei, e eis um homem vestido de linho, e os seus lombos cingidos com ouro fino de Ufaz; e o seu corpo era como berilo, e o seu rosto parecia um relâmpago, e os seus olhos como tochas de fogo, e os seus braços e os seus pés brilhavam como bronze polido; e a voz das suas palavras era como a voz de uma multidão.* (Daniel, 10: 5-6)

Portanto, os anjos não são apenas espirituais – são esplendorosos, reluzentes, gloriosos.

Embora saibamos que muitas vezes essa glória foi encoberta para que eles pudessem realizar sua tarefa, quando se manifestam aos olhos humanos apresentam características sobrenaturais.

Nesse aspecto, também é importante alertar que nem sempre o brilho autentica o anjo. Paulo diz que Satanás é capaz de se transfigurar em um anjo de luz: "o próprio Satanás se transfigura em anjo de luz" (II Coríntios, 11: 14). Assim sendo, o que distingue um anjo obediente de um demônio não é unicamente a aparência.

7.2.7 Anjos não procriam

"Porque, na ressurreição, nem casam, nem são dados em casamento; mas serão como os anjos no céu" (Mateus, 22: 30). Um aspecto particular que distingue os anjos dos seres humanos é a questão da reprodução. A criação humana é composta de duas partes distintas – macho e fêmea, homem e mulher, sendo-lhes dada a capacidade multiplicadora. São seres que geram outros seres com suas mesmas características. Ao contrário do seres humanos, os anjos não têm sexo, ainda que citados no sentido masculino.

Os anjos, por sua vez, foram criados em um número fixo e, embora sejam citados em grande número, não há suporte bíblico para dimensionar sua quantidade. João escreveu sobre eles dizendo: "olhei, e ouvi a voz de muitos anjos ao redor do trono, e dos animais, e dos anciãos; e era o número deles milhões de milhões, e milhares de milhares" (Apocalipse, 5: 11). Mesmo sendo muitos, seria muito ariscado afirmar sua quantidade, visto que jamais as Escrituras salientam tal ensino. Portanto, concluímos que permanecem imutáveis desde sua criação.

7.2.8 Anjos são seres limitados

Embora o conhecimento dos anjos seja superior ao dos seres humanos até pela sua própria condição de existência, não significa que tenham conhecimento ilimitado. Há muitas coisas que eles conhecem e nós desconhecemos; por outro lado, há inúmeras coisas que eles ignoram completamente, como, por exemplo, o dia do retorno de Cristo: "Mas daquele dia e hora ninguém sabe, nem os anjos do céu, mas unicamente meu Pai" (Mateus, 24: 36).

Não devemos presumir que eles conhecem todos os mistérios e todos os propósitos divinos. Como o anjo disse a João, eles são conservos.

7.3 A atividade dos anjos

Quais são as atividades dos anjos? Quais são suas tarefas? Para que eles foram criados? Todas essas perguntas se revestem de uma importância enorme em virtude da popularidade que os anjos adquiriram em nossos dias. Existem seminários sobre anjos, milhares de livros que tratam sobre esses seres – desde seus nomes até como obter um contato pessoal com os mesmos. Portanto, para que não venhamos a atribuir a eles tarefas para as quais não foram destinados, fundamentaremos nosso estudo somente nas Escrituras, e jamais em experiências humanas.

A atividade angelical foi e continua sendo bastante intensa, desde a eternidade. Aquelas experiências narradas na Bíblia são apenas uma ínfima parte que Deus desejou revelar aos homens. Quando a Bíblia registra algo que os anjos fizeram, podemos ter certeza de que havia uma importância ímpar dentro dos propósitos divinos para tais atividades. A conclusão que se tem é que esses milhares de seres estão trabalhando avidamente para que se concretizem no universo os propósitos eternos de Deus. Muitas são as suas tarefas, as quais passaremos a analisar a seguir.

7.3.1 Adoração

O ministério dos anjos bons é variado, porém eles foram criados com a finalidade principal de adorar a Deus. O reconhecimento da magnitude de Deus, antes de se dar por qualquer ser humano, deu-se pelos seres angelicais, como podemos observar no relato de Jó: "Sobre que estão fundadas as suas bases ou quem lhe assentou a pedra angular, quando as estrelas da alva, juntas, alegremente cantavam, e rejubilavam todos os filhos de Deus?" (Jó, 38: 6-7).

Numa época em que a única criação era a invisível, antes da queda, embora não possamos conceber exatamente como era, podemos ter certeza que a adoração já fazia parte da atividade dos anjos. A glória de Deus era proclamada por esses seres espirituais.

Ao ser chamado aos céus e contemplar os diversos tipos de seres angélicos, João testemunhou no céu adoração constante por parte deles:

> *E havia diante do trono um como mar de vidro, semelhante ao cristal. E no meio do trono, e ao redor do trono, quatro animais cheios de olhos, por diante e por detrás. E o primeiro animal era semelhante a um leão, e o segundo animal semelhante a um bezerro, e tinha o terceiro animal o rosto como de homem, e o quarto animal era semelhante a uma águia voando. E os quatro animais tinham, cada um de per si, seis asas, e ao redor, e por dentro, estavam cheios de olhos; e não descansam nem de dia nem de noite, dizendo: Santo, Santo, Santo, é o Senhor Deus, o Todo-Poderoso, que era, e que é, e que há de vir.* (Apocalipse, 4: 7-8)

Essa foi a primeira atividade desses seres celestiais e que com certeza não há de cessar por toda a eternidade. Apresentam uma adoração mais perfeita que a nossa. Como diz o Salmo: "Louvai-o anjos poderosos; louvai-o todos os seus exércitos celestiais" (Salmos, 148: 2).

7.3.2 Proteção

Logo no início do livro de Gênesis, presenciamos essa responsabilidade. Após pecar, Adão e Eva foram expulsos do Éden. A finalidade era impedir o homem, agora corrompido pela sua desobediência, de ter acesso à árvore da vida. A Escritura nos diz que: "E havendo lançado fora o homem, pôs querubins ao oriente do jardim do Éden, e uma espada inflamada que andava ao redor, para guardar o caminho da árvore da vida" (Gênesis, 3: 24).

Além da proteção de um elemento divino, outra função dos anjos é a proteção dos santos de Deus de uma maneira geral. O grau e o início dessa proteção não são especificados, mas todo aquele que teme a Deus tem a garantia do cuidado exercido pelos anjos, como escreveu o salmista: "O anjo do Senhor acampa-se ao redor dos que o temem e os livra" (Salmos, 34: 7).

Devemos sempre ter em mente que tanto nós como os anjos trabalhamos para que a vontade de Deus seja feita na terra, e não a nossa. Os livramentos sempre serão dados conforme um propósito de Deus, e não de acordo com os nossos desejos pessoais. É o caso, por exemplo, de Atos 12. Naquela ocasião, um apóstolo foi morto e outro milagrosamente libertado da cadeia e da morte. Porque Deus permitiu que um perecesse e outro fosse maravilhosamente preservado, não sabemos. Mas sabemos que Deus tem promessa de proteção e livramento e assim fará se ele quiser.

7.3.3 Servem a favor dos salvos

Os anjos também servem os salvos de uma forma geral. Por diversas maneiras eles auxiliam o povo de Deus na realização de determinados propósitos, indo além da mera proteção. Um caso típico foi o de Abraão. Quando ele enviou seu servo Eliezer para procurar uma esposa para o seu filho Isaac, tinha convicção da ajuda angelical nessa tarefa, como pode se observar no texto: "O Senhor Deus dos céus, que me tomou da casa de meu pai e da terra da minha parentela, e que me falou, e que me jurou, dizendo: À tua descendência darei esta terra; ele enviará o seu anjo adiante da tua face, para que tomes mulher de lá para meu filho" (Gênesis, 24: 7).

A missão de Eliezer foi bem sucedida. Ele retornou com uma esposa para Isaac. Embora as Escrituras não tenham registrado a ação de nenhum anjo, é presumível que o sucesso também foi resultante das ações de um desses seres, mesmo que não tenhamos recebido nenhuma informação a respeito. Não significa que tenhamos de especular o que um anjo fez ou deixou de fazer. Não é nossa função. As ações dos anjos permanecem ocultas em sua maioria porque assim Deus determinou.

Outro caso que temos sobre a ação dos anjos diz respeito ao sustento de Elias após ter sido ameaçado pela rainha Jezabel:

> *E deitou-se, e dormiu debaixo do zimbro; e eis que então um anjo o tocou, e lhe disse: "Levanta-te, come". E olhou, e eis que à sua cabeceira estava um pão cozido sobre as brasas, e uma botija de água; e comeu, e bebeu, e tornou a deitar-se. E o anjo do Senhor tornou segunda vez, e o tocou, e disse: "Levanta-te e come, porque te será muito longo o caminho".* (I Reis, 19: 5-7)

7.3.4 Mensageiros

Como já falamos no início de nosso estudo, o termo *anjo*, tanto no hebraico quanto no grego, significa "mensageiro". Essa é uma designação geral para esses seres espirituais, embora levar mensagens não seja de forma alguma sua única tarefa. Eles realizam muitas outras tarefas, além de possuírem inúmeras atribuições. Talvez a popularização do termo tenha se dado porque sempre que eles se manifestavam traziam alguma mensagem e o termo *mensageiro* pareceu a melhor designação para eles.

Eles foram os primeiros mensageiros das palavras de Deus. Antes de haver um registro escrito das manifestações divinas, foram empregados por Deus para revelar Sua vontade aos homens, trazendo mensagens de cunho bastante variado, como se pode verificar nas suas diversas manifestações:

7.3.4.1 Mensagens que revelavam o propósito de Deus para uma vida

Por alguma razão desconhecida, alguns indivíduos que executaram uma missão especial dentro dos planos de Deus tiveram seus nascimentos confirmados por um ser angélico. Dois exemplos bíblicos são bastante fortes: Sansão e João Batista.

Aliás, há muitas semelhanças entre eles, pois os pais de ambos eram velhos e estavam debaixo do voto de nazireado. Todavia, a razão dessa prenunciação exclusivamente a respeito deles, e não de outros, permanece oculto. A verdade é que foram separados para Deus desde o ventre de suas mães.

Sobre o nascimento deles, nas Escrituras é dito:

E o anjo do Senhor apareceu a esta mulher, e disse-lhe: Eis que agora és estéril, e nunca tens concebido; porém conceberás, e terás um filho. Agora, pois, guarda-te de beber vinho, ou bebida forte, ou comer coisa imunda. Porque eis que tu conceberás e terás um filho sobre cuja cabeça não passará navalha; porquanto o menino será nazireu de Deus desde o ventre; e ele começará a livrar a Israel da mão dos filisteus" (Juízes, 13: 3-5). *[...] E um anjo do Senhor lhe apareceu, posto em pé, à direita do altar do incenso. E Zacarias, vendo-o, turbou-se, e caiu temor sobre ele. Mas o anjo lhe disse: "Zacarias, não temas, porque a tua oração foi ouvida, e Isabel, tua mulher, dará à luz um filho, e lhe porás o nome de João. E terás prazer e alegria, e muitos se alegrarão no seu nascimento, porque será grande diante do Senhor, e não beberá vinho, nem bebida forte, e será cheio do Espírito Santo, já desde o ventre de sua mãe. E converterá muitos dos filhos de Israel ao Senhor seu Deus, E irá adiante dele no espírito e virtude de Elias, para converter os corações dos pais aos filhos, e os rebeldes à prudência dos justos, com o fim de preparar ao Senhor um povo bem disposto."* (Lucas, 1: 11-17)

7.3.4.2 Mensagens proféticas revelando o significado de visões e profecias

O livro de Daniel é repleto de visões e sonhos, nos quais anjos surgem para fazer o profeta entender o significado de suas imagens. O Capítulo 11 desse livro vai mais além. O anjo faz uma descrição minuciosa de muitos eventos futuros envolvendo o povo de Israel e os povos conquistadores ao redor. O livro de Daniel, embora seja um livro de profecias e o próprio Daniel seja denominado *profeta* pelo próprio Jesus, foge do modelo tradicional. Sua marca principal são os sonhos e as visões e a presença de seres espirituais que explicam os eventos futuros a partir das visões e sonhos ou mesmo diretamente.

7.3.4.3 Mensagens relacionadas ao Juízo divino

Por ocasião do juízo da cidade de Sodoma e Gomorra, Deus utilizou-se de anjos para pronunciar o julgamento futuro:

> *Então disseram aqueles homens a Ló: "Tens alguém mais aqui? Teu genro, e teus filhos, e tuas filhas, e todos quantos tens nesta cidade, tira-os fora deste lugar; Porque nós vamos destruir este lugar, porque o seu clamor tem aumentado diante da face do Senhor, e o Senhor nos enviou a destruí-lo."* (Gênesis, 19: 12-13)

O juízo sobre Nabucodonosor também foi comunicado por um anjo em sonho (Daniel, 4).

7.3.4.4 Mensagens especiais ligadas ao nascimento do Messias

Aquela era uma ocasião muito especial, quando o Filho de Deus encarnaria e tomaria a forma humana. Há uma intensa atividade angelical, preparando as pessoas envolvidas ou protegendo-as, como vemos nos anjos que aparecem em sonhos para José e orientam suas decisões para proteger o Messias.

Esse era um momento decisivo na história da humanidade. Tanto que o anjo designado para anunciar o nascimento do Salvador à Maria foi Gabriel, um dos dois únicos seres angélicos que são descritos pelo nome. A ele coube a missão de transmitir esta importante mensagem:

> *E, entrando o anjo aonde ela estava, disse: "Salve, agraciada; o Senhor é contigo; bendita és tu entre as mulheres". E, vendo-o ela, turbou-se muito com aquelas palavras, e considerava que saudação seria essa. Disse-lhe, então, o anjo: "Maria, não temas, porque achaste graça diante de Deus. E eis que em teu ventre conceberás e*

> *darás à luz um filho, e pôr-lhe-ás o nome de Jesus. Este será grande, e será chamado filho do Altíssimo; e o Senhor Deus lhe dará o trono de Davi, seu pai; e reinará eternamente na casa de Jacó, e o seu reino não terá fim."* (Lucas, 12: 8-33)

7.3.4.5 Mensagens relacionadas à divulgação do Evangelho

Os anjos não têm a missão de pregar o Evangelho. Essa ordem Jesus entregou para os seus discípulos. Por isso, Pedro nos diz que os anjos desejam atentar para aquilo que falamos (I Pedro, 1: 12). No entanto, no livro de Atos, vemos os anjos colaborando com a expansão do Evangelho de outra forma.

Foi um anjo que disse a Felipe que fosse para o caminho de Gaza para pregar o Evangelho ao eunuco da rainha Etíope: "E o anjo do Senhor falou a Filipe, dizendo: Levanta-te, e vai para o lado do sul, ao caminho que desce de Jerusalém para Gaza, que está deserta" (Atos, 8: 26). Também foi um anjo que apareceu a Cornélio e ordenou que ele procurasse Pedro:

> *Este, quase à hora nona do dia, viu claramente numa visão um anjo de Deus, que se dirigia para ele e dizia: "Cornélio". O qual, fixando os olhos nele, e muito atemorizado, disse: "Que é, Senhor?" E disse-lhe: "As tuas orações e as tuas esmolas têm subido para memória diante de Deus; agora, pois, envia homens a Jope, e manda chamar a Simão, que tem por sobrenome Pedro. Este está hospedado com Simão, curtidor, que tem a sua casa junto à beira mar. Ele te dirá o que deves fazer."* (Atos, 10: 3-6)

Como podemos ver, nenhum deles tomou sobre si essa tarefa, que pertence só aos salvos. Eles apenas providenciaram para que a mensagem fosse divulgada e atingisse pessoas específicas. De alguma forma, eles ajudam na tarefa de evangelização.

7.3.4.6 Mensagens de consolo e exortação ao povo de Deus

Os anjos também são instrumentos de consolo e ânimo. As mensagens que eles trazem têm a finalidade de fortalecer os servos de Deus. Quando um anjo tocou a Daniel, ele se sentiu fortalecido (Daniel, 10: 10; 17). O mesmo se deu com o profeta Elias, e até mesmo Jesus foi servido por esses seres:

> *E quando chegou àquele lugar, disse-lhes: "Orai, para que não entreis em tentação". E apartou-se deles cerca de um tiro de pedra; e, pondo-se de joelhos, orava, dizendo: "Pai, se queres, passa de mim este cálice; todavia não se faça a minha vontade, mas a tua". E apareceu-lhe um anjo do céu, que o fortalecia.* (Lucas, 22: 41-43)

Em um momento de grande aflição, Deus enviou um anjo para confortar o apóstolo Paulo, dizendo:

> *Mas agora vos admoesto a que tenhais bom ânimo, porque não se perderá a vida de nenhum de vós, mas somente o navio. Porque esta mesma noite o anjo de Deus, de quem eu sou, e a quem sirvo, esteve comigo, dizendo: Paulo, não temas; importa que sejas apresentado a César, e eis que Deus te deu todos quantos navegam contigo.* (Atos, 27: 22-24)

7.4 Classificação dos anjos

Como já dissemos, *anjo* é uma especificação geral que significa "mensageiro". Mas nem todos os anjos têm uma função de levar mensagens ou se limitam apenas a isso. As Escrituras dão um testemunho mais abundante sobre eles, citando seus postos e até funções.

É bem provável a existência de uma hierarquia entre eles, porém nem sempre clara, mas que mostra a necessidade de uma ordem organizada nas regiões celestiais.

No que tange a seus ofícios, as Escrituras os apresentam da seguinte maneira: *anjos, arcanjo, querubim, serafim, hoste, principado, potestade, príncipe* etc. Vejamos a seguir uma descrição dessas hierarquias.

7.4.1 Gabriel

Gabriel é o único anjo cujo nome é referido na Bíblia. Derivado do vocábulo hebraico *Gabriy'el* (Gabriel); no grego *gabrihl*, significa "guerreiro de Deus" ou "homem de Deus". Ele é chamado de *homem guerreiro*, enfatizando sua força ou habilidade para lutar. Embora pertença a uma classe mais elevada e as Escrituras ressaltem sua posição eminente na presença de Deus, ele jamais é designado como *arcanjo*, apesar de ser frequentemente chamado dessa forma.

Ele aparece quatro vezes nas Escrituras, e sempre em missões específicas (Daniel, 8: 26; 9: 21; Lucas, 1: 19; 26). No Antigo Testamento, Gabriel aparece apenas no livro do profeta Daniel, como mensageiro celestial com a missão de dar "a entender a visão" e para fazer "saber o que há de acontecer no último tempo da ira, porque esta visão se refere ao tempo determinado do fim" (Daniel, 8: 16). Nesse mesmo livro, há uma nova aparição para tornar compreensível o segredo das "setenta semanas" escatológicas, onde Jerusalém seria reedificada em tempos angustiosos; o Messias seria notório; a cidade santa, depois de sua reedificação, seria destruída, e o santuário, profanado (Daniel, 9: 24-27).

Encontramo-lo também no Novo Testamento anunciando o nascimento de Jesus Cristo no Evangelho segundo São Lucas. Ali, o referido anjo é o mensageiro que anuncia grandes eventos: o nascimento de João (Lucas, 1: 11-20) e de Jesus (Lucas, 1: 26-38). Também é apresentado como aquele que "assiste diante de Deus" (Lucas, 1: 19), o que evidencia sua relação pessoal com seu criador. Destes casos, conclui-se que Gabriel é o portador das grandes mensagens divinas aos homens. Pode-se concluir, de acordo com a Bíblia, que Gabriel é o anjo mensageiro.

7.4.2 Arcanjo

Essa palavra é aplicada somente a um ser na Bíblia Sagrada: Miguel. O nome Miguel significa provavelmente "quem é como Deus". O vocábulo hebraico *Miyka'el* (Miguel); grego *Micahl*, pode ser encontrado no Novo Testamento (Judas, 9) e no Antigo Testamento (Daniel).

Ele é mencionado como aquele que se levanta, provavelmente em defesa do povo de Israel. "Mas o príncipe do reino da Pérsia me resistiu por vinte e um dias; porém Miguel, um dos primeiros príncipes, veio para ajudar-me, e eu obtive vitória sobre os reis da Pérsia" (Daniel, 10: 13). Nesse mesmo sentido, o vers. 21 fala de "Miguel, vosso príncipe".

O prefixo *arc-* na palavra *arcanjo* sugere uma posição superior, pois a mesma significa "chefe, principal ou poderoso". Miguel é reconhecido como sendo um dos primeiros príncipes dos céus (Daniel, 10: 13).

Há, em algumas literaturas, a afirmação de que Gabriel seria outro arcanjo, como ocorre nos livros apócrifos e pseudoepígrafos, como no livro de Enoque, que registra o nome de sete arcanjos, a saber: Uriel, Rafael, Raquel, Saracael, Miguel, Gabriel e Remiel. Segundo é informado ali, a cada um deles Deus entregou uma província sobre a qual reinam. Se for verdade que existem personalidades angelicais que supervisionam certas nações, como o "príncipe da Pérsia" e o "príncipe da Grécia", então Miguel poderia ser classificado como o "príncipe de Israel" (Daniel, 10: 21).

O Dicionário Strong (2002) nos informa que

> *os judeus, depois do exílio, distinguiam várias ordens de anjos; alguns criam na existência de quatro ordens de anjos de maior hierarquia (de acordo com os quatros cantos do trono de Deus); mas a maioria reconhecia sete ordens (com base no modelo dos sete Amshaspands, os espíritos superiores da religião de Zoroastro).*

Esse fato deve ter ocorrido devido à grande circulação que havia de livros que se intitulavam inspirados, como o livro que acabamos de citar.

7.4.3 Querubins

O título *querubim* fala de posição elevada e santa desses seres e sua responsabilidade está intimamente relacionada com o trono de Deus, como defensores de Seu caráter e presença santa. A palavra *querubim* aparece 81 vezes na Bíblia, apesar de pouco se dizer a respeito deles. Eles aparecem, principalmente:

- na cultura israelita antiga;
- nas poesias hebraicas;
- nas visões apocalípticas;
- nas descrições dos móveis e ornamentos da Arca, do Tabernáculo e do Templo.

No hebraico *keruwb*; no grego *cheroubim*. O vocábulo *querubim* (singular) ou *querubins* (plural) são palavras de etimologia incerta, entretanto são seres reais e poderosos.

Aparecem pela primeira vez na entrada do Jardim do Éden, incumbidos de guardar o caminho para a árvore da vida depois de o homem ter sido expulso (Gênesis, 3: 24). Por ordem divina, foram colocados sobre a tampa da arca da aliança, no Santo dos Santos do tabernáculo, embora em figuras de ouro, foram postos em cada extremidade do propiciatório (Êxodo, 25: 17-22; Hebreus, 9: 5), onde simbolicamente protegiam os objetos guardados na arca, e proviam, com suas asas estendidas, um pedestal visível para o Trono invisível de Yahweh (Salmos, 80: 1; 99: 1).

Também foram bordados querubins nas cortinas e véus do Tabernáculo, bem como estampados nas paredes do Templo (Êxodo, 26: 31; II Crônicas, 3: 7).

Profeta do cativeiro babilônico, Ezequiel se refere a esses seres como "cheios de olhos". Os quatro seres viventes mencionados pelo profeta são querubins (Ezequiel, 1: 5; 13-15; 3: 13; 10: 14-15).

Os querubins jamais são chamados de *anjos*, embora isso talvez se deva ao fato de que eles não são "mensageiros". Pelo contexto, no original hebraico *keruwb cakak*, "querubim da guarda" (Ezequiel, 18: 14), supõe-se que significa "guardar, cobrir, cercar, proteger, parar a aproximação". O principal propósito deles é proclamar e proteger a glória, a soberania e a santidade de

Deus. Severino Pedro nos informa que "existe uma característica dupla nesses seres viventes denominados querubins: Eles são chamados de querubins e como tais desempenham dupla função, isto é, são guardas celestiais" (Gênesis, 3: 24), e, ao mesmo tempo, eles desempenham a função de serafins (os componentes do coro angelical) que clama dia e noite: "Santo, Santo, Santo é o Senhor dos Exércitos: toda a terra está cheia da sua Glória" (Isaías, 6: 1-6; Apocalipse, 4: 8).

Satanás também pertencia a essa classe de seres espirituais conforme implícito no texto: "Tu eras querubim da guarda ungido, e te estabeleci [...]" (Ezequiel, 28: 14; 16).

7.4.4 Serafins

A única citação dessas criaturas chamadas de **serafins** se encontra no livro do profeta Isaías: "Os serafins estavam acima dele; cada um tinha seis asas: com duas cobriam o rosto, e com duas cobriam os pés, e com duas voavam" (Isaías, 6: 2).

O termo usado no idioma original hebraico é *saraph*, "serafim", sendo designado para esses seres majestosos com asas, mãos ou vozes humanas a serviço de Deus. Com relação às asas, Eurico Bergstén (1999) afirma que os serafins cobrem seu rosto com duas asas, em respeito ao Criador, cobrem os pés com outras duas e voam com as duas restantes.

Quanto à origem exata e a significação desse termo, não existe concordância entre os eruditos. Provavelmente, deriva-se da raiz hebraica *saraph*, cujo significado é "queimar", o que daria a ideia de que os serafins são seres resplandecentes, uma vez que essa raiz hebraica do termo também pode significar "consumir com fogo", mas também "rebrilhar" e "refletir".

7.4.5 O Anjo do Senhor

Se existe uma aparente confusão no meio teológico, ela se refere a esse personagem chamado *Anjo do Senhor*, no hebraico *hwhy Kalm mal'ak Yahweh.*

A maneira pela qual esse anjo se manifesta o distingue de qualquer outro ser criado. Ele aparece inúmeras vezes no Antigo Testamento. Vale lembrar que a palavra hebraica *malak*, traduzida por "anjo", significa simplesmente "mensageiro". Assim sendo, se trocarmos a palavra *anjo* nos textos em que o Anjo do Senhor é retratado por *mensageiro*, entenderemos que esse não é simplesmente um anjo qualquer.

De acordo com Catedral News (2008), "Se ele fosse apenas um mensageiro de Deus, ele seria, então, distinto do próprio Criador, entretanto, encontramos várias passagens nas Escrituras onde o Anjo do Senhor é chamado de *Deus* ou *Senhor*". Vejamos alguns argumentos a seguir, ainda de acordo com Catedral News (2008):

> *Abraão recebe ordens de Deus para sacrificar seu filho, Isaque, no lugar em que Ele mostraria. Em obediência fora "ao lugar que Deus lhes dissera, e edificou Abraão ali um altar, e pôs em ordem a lenha, e amarrou a Isaque, seu filho, e deitou-o sobre o altar em cima da lenha. E estendeu Abraão a sua mão e tomou o cutelo para imolar o seu filho. Mas o* **Anjo do SENHOR** *lhe bradou desde os céus e disse: Abraão, Abraão! E ele disse: Eis-me aqui. Então, disse: Não estendas a tua mão sobre o moço e não lhe faças nada; porquanto agora sei que temes a* **Deus** *e* **não me negaste o teu filho**, *o teu único" (Gênesis 22,1-19).*

Jacó lutou com um anjo e prevaleceu. Ao final "Jacó lhe perguntou e disse: Dá- me, peço-te, a saber, o teu nome. E disse: Por que perguntas pelo meu nome? E abençoou-o ali. E chamou Jacó o nome daquele lugar Peniel, porque dizia: **Tenho visto a Deus face a face**, *e a minha alma foi salva" (Gênesis 32,30).*

Moisés, ao se encontrar inesperadamente com este mensageiro de Deus no monte Sinai, descobre: "E apareceu-lhe o **Anjo do SENHOR** *em uma chama de fogo, no meio de uma sarça; e olhou, e eis que a sarça ardia no fogo, e a sarça não se consumia. E Moisés disse: Agora me virarei para lá e verei esta grande visão, porque a sarça se não queima. E, vendo o SENHOR que se virava para lá a ver, bradou Deus a ele do meio da sarça e disse: Moisés! Moisés! E ele disse: Eis-me aqui" (Êxodo 3,2-4).*

É chamado de Senhor Jeová: "E o Anjo do SENHOR estendeu a ponta do cajado que estava na sua mão e tocou a carne e os bolos asmos; então, subiu fogo da penha e consumiu a carne e os bolos asmos; e o Anjo do SENHOR desapareceu de seus olhos. Então, viu Gideão que era o **Anjo do SENHOR**; *e disse Gideão: Ah!* **SENHOR Yahveh**, *que eu vi o Anjo do SENHOR face a face. Porém o SENHOR lhe disse: Paz seja contigo; não temas, não morrerás. Então, Gideão edificou ali um altar ao SENHOR e lhe chamou SENHOR é Paz; e ainda até ao dia de hoje está em Ofra dos abiezritas" (Juízes 6,21-24).*

É chamado de maravilhoso; "Porém o **Anjo do SENHOR** *disse a Manoá: Ainda que me detenhas, não comerei de teu pão; e, se fizeres holocausto, o oferecerás ao SENHOR. Porque não sabia Manoá que fosse* **o Anjo do SENHOR**. *E disse Manoá* **ao Anjo do SENHOR**: *Qual é o teu nome? Para que, quando se cumprir a tua palavra, te honremos. E o* **Anjo do SENHOR** *lhe disse: Por que perguntas assim pelo meu nome, visto que é* **maravilhoso**? *Então, Manoá tomou um cabrito e uma oferta de manjares e os ofereceu sobre uma penha ao SENHOR; e agiu o Anjo maravilhosamente, vendo-o Manoá e sua mulher. E sucedeu que, subindo a chama do altar para o céu,* **o Anjo do SENHOR** *subiu na chama do altar; o que vendo Manoá e sua mulher caíram em terra sobre seu rosto. E nunca mais* *apareceu* **o Anjo do SENHOR** *a Manoá, nem à sua mulher; então, conheceu Manoá que era o Anjo do SENHOR. E disse Manoá à sua mulher: Certamente morreremos,* **porquanto temos visto Deus**" *(Juízes 13,16-22).*

Nesse texto, Ele declara ser seu nome secreto a palavra "maravilhoso" que aqui está oculta. Todavia, revela-se em Isaías 9.6 como sendo Ele o Filho de Deus: "Porque um menino nos nasceu, um filho se nos deu; e o principado está sobre os seus ombros; e o seu nome será **maravilhoso** *Conselheiro, Deus Forte, Pai da Eternidade, Príncipe da Paz".*

A revelação progressiva de Deus vai se tornando inteligível na medida de sua vinda à Terra. Através do profeta Malaquias, Deus anuncia: "Eis que eu envio o **meu mensageiro** *(João Batista), que preparará o caminho diante de mim; de repente, virá ao seu templo* **o Senhor** *(Jesus Cristo), a quem vós buscais,* **o Anjo da Aliança**, *a quem vós desejais; eis que ele vem, diz o SENHOR dos Exércitos (Deus Pai)" (Malaquias 3,1).*

Nesse texto, Ele declara ser seu nome secreto, pois a palavra *maravilhoso*, no hebraico y*pil'iy* ou *paliy*, significa "incompreensível, extraordinário, ser difícil de compreender". Todavia, Deus revela ao profeta Isaías como sendo Ele o Filho de Deus: "Porque um menino nos nasceu, um filho se nos deu; e o principado está sobre os seus ombros; e o seu nome será **maravilhoso** Conselheiro, Deus Forte, Pai da Eternidade, Príncipe da Paz" (Isaías, 9: 6, grifo nosso).

A revelação progressiva de Deus vai se tornando inteligível na medida de sua vinda à terra. Através do profeta Malaquias, Deus anuncia: "Eis que eu envio o **meu mensageiro** [João Batista], que preparará o caminho diante de mim; de repente, virá ao seu templo **o Senhor** [Jesus Cristo], a quem vós buscais, **o Anjo da Aliança**, a quem vós desejais; eis que ele vem, diz o

Senhor dos Exércitos [Deus Pai, grifo nosso]" (Malaquias, 3: 1, grifo nosso).

Analisando essa passagem das Escrituras, uma das principais autoridades nos Estados Unidos sobre história dos judeus, línguas e costumes do Antigo Testamento, Charles L. Feinberg (1996, p. 340), afirma que "o mensageiro é, sem sombra de dúvidas, João Batista" (Mateus, 3: 3; 11: 10; Marcos, 1: 2-3; Lucas, 1: 76; 3:4; 7: 26-27; João, 1: 23).

Esse mesmo autor, que cresceu em um lar judeu ortodoxo e estudou hebraico e assuntos afins durante 14 anos como matérias preparatórias para o rabinato, admitiu que esse Anjo da Aliança é "a autorrevelação de Deus. Ele é o Senhor em pessoa, o Anjo do Senhor da história do Antigo Testamento, o Cristo pré-encarnado das muitas *teofanias* (aparições de Deus em forma humana) nos Livros do Antigo Testamento" (Feinberg, 1996, p. 340-341).

Por fim, outro judeu de não pequena envergadura conclui: "Não se pode evitar a conclusão de que este Anjo misterioso não é outro senão o Filho de Deus, o Messias, o Libertador de Israel, e o que seria o Salvador do mundo" (Myer, 1999, p. 59).

7.5 Anjos caídos (demonologia)

Há ainda outra classe de anjos que precisa ser analisada, pois são constantemente citados nas Escrituras – os anjos caídos. A Bíblia fala de Satanás e seus anjos (Mateus 25: 41) e utiliza muitos outros termos para se referir a essa categoria de seres espirituais que se opõe a Deus e seus propósitos. Essa classe de seres conta com um líder que teria formado um reino juntamente com esses anjos rebelados, tendo por objetivo levantar-se contra Deus.

É fundamental ter entendimento acerca desses seres, pois uma das suas tarefas é enganar, iludir, fazendo-se passar por anjos de Deus. O conhecimento bíblico, e somente ele, é fundamental para conhecermos os ardis desses seres enganadores liderados por Satanás.

7.5.1 A origem de Satanás

Há um ser que surge nas Escrituras que é descrito como o originador do mal no mundo, denominado por diversos nomes diferentes como *Diabo, Satanás, Tentador, Maligno* etc. Aparece como um opositor dos propósitos divinos, como atormentador do homem e causador de inúmeros males para a humanidade.

Lúcifer foi criado como todos os seres espirituais, ou seja, perfeito. Seu nome significa "Estrela da Manhã": "Como caíste desde o céu, **ó estrela d'alva**, filho da aurora! Como foste atirado à terra, vencedor das nações!" (Isaías, 14: 12, grifo nosso). A Bíblia diz que Lúcifer era um querubim-guarda ungido. Embora rodeado de toda a glória, nasceu em seu coração uma insatisfação e estranhos pensamentos, transformando sua vontade em ação. Lúcifer se rebelou contra o próprio Deus e foi lançado para o mais profundo abismo (Isaías, 14: 15).

Juntamente com ele, muitos anjos foram contaminados pelas suas mentiras e, consequentemente, foram expulsos dos céus. Satanás, para afirmar o seu reinado mal, tem como finalidade a luta contra Deus e contra os servos Dele.

Como observou a organização celestial, ele imitou a ordem hierárquica dos céus e a aplicou junto a seus súditos que o acompanharam, pois essa é sua especialidade: imitar as coisas de Deus.

7.5.2 O estado original de Satanás

Antes de se rebelar contra Deus, Lúcifer gozava de uma situação privilegiada na criação espiritual invisível, e é importante frisar que Deus não o criou como um ser mal, perverso. Sua intenção não foi criar o mal; a questão é que Ele criou esse ser com livre-arbítrio, que ele utilizou para se rebelar com Deus, incitando um grande número de anjos.

A origem de sua mudança de atitude foi a soberba. Ele almejou o lugar de Deus, recusando o julgo do Pai. Portanto, o primeiro pecado no universo foi a soberba, que gerou a rebelião. Assim, o distúrbio no universo não começou no mundo físico, mas no mundo espiritual. Quando se manifestou na terra, já havia acontecido anteriormente nas esferas celestes. O Novo Testamento sanciona o fato da queda desse anjo ter ocorrido em decorrência de seu orgulho: "Não neófito, para que, ensoberbecendo-se, não caia na condenação do diabo" (I Timóteo, 3: 6).

Logo, lidamos não com um único ser, mas com todo um grupo devidamente organizado e que trabalha para frustrar os propósitos divinos. As ações de Satanás são as mesmas de seus anjos, e, quando falamos que ele faz determinada coisa, queremos dizer ele e aqueles que os seguem.

7.6 Os títulos e nomes de Satanás

A seguir, são listados alguns nomes para que possa ser vista a variedade de suas abordagens e revelado seu verdadeiro caráter. Através desses nomes, podemos descobrir as características e os atributos pessoais do anjo caído.

a) **Lúcifer**

Antes de sua rebelião e queda, fato que ocorreu antes da criação do homem, Satanás chamava-se *Lúcifer*, a resplandecente estrela da manhã.

Ele era um dos anjos mais próximos do Trono de Deus, todavia sua audaciosa arrogância provocou sua queda. O orgulho corroeu seu caráter e o fez premeditar um plano para usurpar o Trono de Deus. Essa mesma presunção, provavelmente, abastece seu reino rebelde até hoje.

b) **Satanás**

No hebraico, *satan* significa "adversário, alguém que se opõe". Esse nome torna bem visível seu desígnio como inimigo de Deus. O nome *Satanás* é usado 56 vezes no Antigo e no Novo Testamento. Ele descreve suas tentativas maliciosas e persistentes de prejudicar o plano de Deus. Sob a condenação divina, Satanás e seus anjos "não prevaleceram; nem mais seu lugar se achou nos céus" (Apocalipse, 12: 8). Não obstante, Satanás ainda se apresenta diante de Deus para apontar os pecados dos crentes diante de Deus, dia e noite (Jó, 1: 6-11; 2: 1-6; Apocalipse, 12: 10). Com intenção maligna e motivos maliciosos, Satanás intenta macular o relacionamento do cristão com seu Senhor.

Agora e até o final dos tempos, Satanás é o inimigo declarado de Deus, de Cristo, dos anjos obedientes e do povo eleito.

c) **Diabo**

O nome *diabo* significa especificamente "dado à calúnia, difamador, que acusa com falsidade". No livro do Apocalipse, o apóstolo João usa quatro nomes para Satanás: "Ele segurou o dragão, a antiga serpente, que é o diabo, Satanás [...]" (Apocalipse, 20: 2).

A palavra *diabo*, referindo-se ao próprio Satanás, aparece 35 vezes no Novo Testamento.

d) **Serpente**

Entre os antigos, a serpente era um emblema de astúcia e sabedoria. A primeira manifestação do diabo na terra foi registrada no livro de Gênesis, na tentação do primeiro casal, quando Satanás tomou posse da serpente, falando, argumentando e raciocinando (3: 1-15). Apocalipse (12: 9; 20: 2) menciona "a antiga serpente, que se chama diabo".

e) **Dragão**

Houve, no registro bíblico, duas grandes guerras mundiais. A primeira está registrada no livro de Apocalipse, entre Miguel e seus anjos contra o dragão. A outra aconteceu no deserto da Judeia, entre Jesus e o mesmo inimigo (Lucas, 4: 1-13).

A primeira foi um combate de dimensões fora do comum, uma luta sem derramamento de sangue, uma guerra espiritual nos campos de batalha imperceptível ao homem:

> *Houve peleja no céu. Miguel e os seus anjos pelejaram contra o dragão. Também pelejaram o dragão e seus anjos; todavia, não prevaleceram; nem mais se achou no céu o lugar deles. E foi expulso o grande dragão, a antiga serpente, que se chama diabo e Satanás, o sedutor de todo o mundo, sim, foi atirado para a terra, e, com ele, os seus anjos.* (Apocalipse, 12: 7-9)

Essa batalha implacável e impiedosa mudou-se de cenário, do céu para a terra. Os seres humanos agora são a presa. Essa fera (dragão) os ataca e os persegue como se fossem animais indefesos. Ninguém fica ileso dessa guerra; não há terreno neutro nesse conflito. Não se pode pedir uma trégua nem negociar um cessar-fogo. Não se pode assinar um acordo de paz nem hastear uma bandeira branca.

Cada área da vida cristã é um invisível campo de batalha para o maior de todos os conflitos – a guerra espiritual de Satanás pelo controle de nossas almas.

Esse combate é uma luta mortal, uma batalha em que não há prisioneiros! É vencer ou morrer.

f) **Belzebu**

Esse nome, de origem aramaica, procedente do hebraico *BaalZebube*, "senhor dos insetos" ou "senhor das moscas". Posteriormente foi designado pelos judeus para "senhor do monturo", referindo-se a Satanás, príncipe dos espíritos malignos. Certa feita, após Jesus libertar um cego e mudo, os fariseus o acusaram de expelir "demônios senão pelo poder de Beelzebu, príncipe dos demônios" (Mateus, 12: 24). A palavra *maioral*, equivalente a *príncipe* em outas traduções da Bíblia, no grego é *archon*, que significa "governador, comandante, chefe, líder". Assim, por meio deste texto, é esclarecido que Satanás governa os espíritos malignos na qualidade de príncipe.

g) **Belial**

Esse nome, *Baliya'al*, em hebraico, foi usado no Antigo Testamento para designar homens ímpios, perversos, companheiro vil (Deuteronômio, 13: 13; Juízes, 19: 22; 20: 13; I Samuel, 2: 12; 10: 27; Provérbios, 6: 12; 19: 28). No grego, *Belial* ou *Beliar* significa alguém inútil ou malvado. É também um dos nomes do diabo (II Coríntios, 6: 15).

h) **Tentador**

Na primeira aparição do diabo registrada nas Escrituras, ele tentou e enganou Adão e Eva no jardim do Éden (Gênesis, 3: 1). Este sempre foi o seu principal método de operação: tentar, enganar, ocultar, seduzir, camuflar e deturpar. Satanás tenta os servos de Deus com o propósito de destruí-los, como bem disse Steven Lawson (1997), quando afirma que o diabo manipula nossa mente e nos faz titubiar sobre nossas decisões. Por meio de mentiras revestidas de verdade, ele nos provoca, invertendo os valores mais sólidos.

A tentação é uma das maiores armas do arsenal de Satanás; por isso ele é chamado de *Tentador.* No grego, a palavra *tentação* é *peirasmos*, que pode significar "testar" ou "provar algo". O termo significa uma prova de retidão ou uma indução para o mal, dependendo do contexto. Quando procedente do diabo, é sempre para a prática do mal.

i) **Príncipe deste mundo**

Esse título atribuído a Satanás demonstra sua influência sobre as autoridades deste mundo, do grego *kosmos*. Essa palavra, *mundo*, possui algumas ideias em sua forma verbal, por exemplo: colocar as coisas em ordem, sistematizar, adornar ou decorar. A partir dessa última forma, originou-se o vocábulo *cosmético*, que é o conceito de adornar a aparência exterior.

Assim, no Novo Testamento, o termo *mundo* é empregado no sentido de planeta Terra (João, 1: 10; Atos, 17: 24). Também é utilizada para significar os habitantes da Terra; referindo-se ora às pessoas em geral, como em João (3: 16) ora a todos os incrédulos, alheios para com Deus, também como em João (14: 17; 15: 18). Mas é na concepção de sistema mundial, belamente organizado e disposto a funcionar sem a direção de Deus, que vem de encontro ao que pretendemos demonstrar. O sistema mundial está adornado com belos conceitos de cultura, música, arte, filosofia, religião etc. Não são más em si mesmas, entretanto Satanás distorce seus sentidos, afastando o homem de um verdadeiro relacionamento com Deus, sendo digno do título a ele atribuído: *príncipe deste mundo*, daí sendo possível concluir que ele exerce grande poder (concedido por Deus) e influência sobre esse sistema. Ele mesmo disse que recebeu esse direito de se fazer obedecer: "Disse-lhe o diabo: 'Dar-te-ei toda esta autoridade e a glória destes reinos, porque ela me foi entregue, e a dou a quem eu quiser'" (Lucas, 4: 6).

Por três vezes, Jesus atribuiu esse nome a ele: "Chegou o momento de ser julgado este mundo, e agora o seu príncipe será expulso" (João, 12: 31); "Já não falarei muito convosco, porque aí vem o príncipe do mundo; e ele nada tem em mim" (João, 14: 30); "[...] porque o *príncipe* deste mundo já está julgado" (João 16: 11). Ele recebeu o título de príncipe, entretanto sobre ele está a autoridade e o domínio do Rei dos reis e Senhor dos Senhores (Apocalipse 19: 16).

j) **Príncipe da potestade do ar**

Como foi dito, ele exerce influência e autoridade não só na terra, como também no mundo espiritual. Ele é perito na astúcia, e com sua eloquência trouxe após si um terço dos anjos dos céus (Apocalipse, 12: 4) que lhes obedecem e se sujeitam as suas ordens e forma de governo.

k) **Enganador**

Satanás é um perito no plantio de dúvidas; é sua técnica especial. Na sua primeira aparição registrada na Bíblia, ele levou Eva e Adão a pecarem no jardim do Éden (Gênesis 3: 1). Suas táticas não mudaram com o passar do tempo, são sempre as mesmas. O diabo promete o céu, mas entrega o inferno; ele oferece a vida, mas envia a morte. Fala de salvação, mas introduz a destruição. O mais mortal de todos os inimigos vem camuflado de arauto de paz, provedor de prosperidade, restaurador de esperança.

Teríamos ainda de falar sobre os seguintes nomes: *acusador* (Apocalipse, 12: 10), *anjo de luz* (II Coríntios, 11: 13-15), *homicida* (João, 8: 44), *pai da mentira* (João, 8: 44), *leão que ruge* (I Pedro, 5: 8), *destruidor* (Apocalipse, 9). Entretanto, os que até o momento foram apresentados de forma sintética já são suficientes para demonstrar com quem estamos lidando.

7.7 A natureza de Satanás

Embora saibamos que, ao descrever a natureza dos anjos, também estamos descrevendo a natureza de Satanás, alguns pontos são importantes de se relembrar. Alguns querem colocar Satanás não como um ser pessoal, mas apenas como a personificação do mal. Todavia, as Escrituras mostram que ele é um ser inteligente, ardiloso, perspicaz, que possui uma vontade livre e que a usa para levar os seus planos sobre a terra.

Algumas coisas são importantes de serem registradas com respeito à sua natureza e à sua importante posição diante do mundo espiritual:

- **É uma criatura**: "Perfeito eras nos teus caminhos, desde o dia em que **foste criado**, até que se achou iniquidade em ti" (Ezequiel, 28: 15, grifo nosso).
- **É um ser espiritual**: "Revesti-vos de toda a armadura de Deus, para que possais estar firmes contra as astutas ciladas do diabo; porque não temos que lutar contra carne e sangue, mas, sim, contra os principados, contra as potestades, contra os príncipes das trevas deste século, contra as hostes espirituais da maldade, nos lugares celestiais" (Efésios, 6: 11-12).
- **Pertencia à ordem dos querubins**: "Tu eras querubim ungido para proteger, e te estabeleci" (Ezequiel, 28: 14).

7.7.1 É uma pessoa

A grande confusão que muitos fazem reside no fato de que a maioria das pessoas não sabe distinguir a diferença entre o que é ser uma pessoa e possuir um corpo. Quando falamos que Satanás é uma pessoa, alguns, de forma errada, interpretam que, se ele fosse uma pessoa, teria necessariamente de possuir uma forma corpórea. Entenda: é consenso entre os cristãos que Deus Pai seja uma pessoa, embora as Escrituras afirmem que ninguém jamais o viu (João, 1: 18; I Timóteo, 6: 16). Se ele é uma pessoa, mesmo que não tenha sido visto, logo, uma pessoa não precisa necessariamente possuir um corpo, desde que possua atributos de uma pessoa. Como Satanás possui todos os atributos de uma pessoa, apesar de não ser visível, ele deve ser considerado como tal.

Vejamos provas bíblicas de que o diabo é uma pessoa, pelas atribuições que a Palavra de Deus faz a ele, que só podem ser praticados por pessoas:

∞ **Homicida e mentiroso** – "Vós sois do diabo, que é vosso pai, e quereis satisfazer-lhe os desejos. Ele foi homicida desde o princípio e jamais se firmou na verdade, porque nele não há verdade. Quando ele profere mentira, fala do que lhe é próprio, porque é mentiroso e pai da mentira" (João, 8: 44).

∞ **Pecador contumaz** – "Aquele que pratica o pecado procede do diabo, porque o diabo vive pecando desde o princípio" (I João, 3: 8).

∞ **Acusador** – "Então, ouvi grande voz do céu, proclamando: 'Agora, veio a salvação, o poder, o reino do nosso Deus e a autoridade do seu Cristo, pois foi expulso o acusador de nossos irmãos, o mesmo que os acusa de dia e de noite, diante do nosso Deus'" (Apocalipse, 12: 10).

∞ **Adversário** – "O diabo, vosso adversário, anda em derredor, como leão que ruge procurando alguém para devorar" (I Pedro, 5: 8).

∞ **Presunçoso** – "Então, o diabo o levou à cidade santa, colocou-o sobre o pináculo do templo e lhe disse: 'Se és Filho de Deus, atira-te abaixo, porque está escrito: Aos seus anjos ordenará a teu respeito que te guardem'; e: 'Eles te susterão nas suas mãos, para não tropeçares nalguma pedra'" (Mateus, 4: 5-6).

∞ **Orgulhoso** – "Não seja neófito, para não suceder que se ensoberbeça e incorra na condenação do diabo" (I Timóteo, 3: 6).

- **Poderoso** – "Revesti-vos de toda a armadura de Deus, para que possais estar firmes contra as astutas ciladas do diabo. Porque não temos que lutar contra a carne e o sangue, mas, sim, contra os principados, contra as potestades, contra os príncipes das trevas deste século, contra as hostes espirituais da maldade, nos lugares celestiais" (Efésios, 6: 11-12).
- **Maligno** – "[...] embraçando sempre o escudo da fé, com o qual podereis apagar os dardos inflamados do maligno" (Efésios, 6: 16).
- **Sutil** – "Mas receio que, assim como a serpente enganou Eva com a sua astúcia, assim também seja corrompida a vossa mente e se aparte da simplicidade e pureza devidas a Cristo" (II Coríntios, 11: 3).
- **Enganador** – "E não é de admirar, porque o próprio Satanás se transforma em anjo de luz" (II Coríntios, 11: 14).
- **Feroz e cruel** – "Sede sóbrios, vigiai, porque o diabo, vosso adversário, anda em derredor, bramando como um leão, buscando a quem possa tragar" (I Pedro, 5: 8).
- **Covarde** – "Sujeitai-vos, portanto, a Deus; mas resisti ao diabo, e ele fugirá de vós" (Tiago, 4: 7).

7.8 Satanás e os demônios

No Novo Testamento, o vocábulo grego *daimonion* é limitado e específico, em comparação com as noções que os antigos filósofos usavam, bem como com a utilização dessa palavra no grego clássico. Ao ser traduzida para o latim, *daimon* se tornou *daemon*, que deu origem ao português *demônio*. Para a cultura grega, o mundo estava cheio de demônios (*daimonion* – espírito dos mortos), seres intermediários entre os deuses e os homens que poderiam ser aplacados ou controlados por magia, feitiços e encantamentos. Eles viviam no ar, do grego *aer*, parte mais baixa e impura entre a terra e a lua. A obra dos demônios poderia ser vista nas calamidades e desgraças que sobrevêm à vida do homem, por meio do qual levavam os homens à doença e à loucura.

Na Bíblia, *daimon* é empregado somente para poderes malignos. Não há crença nos espíritos dos mortos, ou nos fantasmas, muito menos em sacrifícios a eles, visto que as Escrituras são categóricas em afirmar: "Sacrifícios ofereceram aos demônios, não a Deus; a deuses que não conheceram, novos deuses que vieram há pouco, dos quais não se estremeceram seus pais" (Deuteronômio, 32: 17). Paulo adverte aos cristãos para que não tenham as mesmas atitudes dos pagãos, pois "as coisas que eles sacrificam, é a **demônios que as sacrificam** e não a Deus; e eu não quero que vos torneis associados aos demônios" (I Coríntios, 10: 20, grifo nosso), sendo que o paganismo, em geral, tem o demônio por detrás dele (Apocalipse, 9: 20).

Eles mantêm a forma angélica, com a natureza voltada para o mal. Têm inteligência e conhecimento, mas não podem conhecer os pensamentos íntimos das pessoas nem obrigá-los a pecar. A teologia cristã tem percebido, a partir da Bíblia e da experiência, os seguintes ministérios demoníacos:

- indução à desobediência a Deus e aos Seus mandamentos;
- propagação do erro e da falsa doutrina;
- indução à mentira (pai da mentira) e à corrupção;
- provocação de rebeldia em pessoas que sofrem provações;
- influência negativa sobre o corpo, os sentidos e a imaginação;
- influência sobre os bens materiais (apego *versus* perda);

- realização de efeitos extraordinários, com aparência de milagres;
- indução a sentimentos negativos, como o temor, a angústia e o ódio;
- promoção da idolatria, da superstição, da necromancia, da magia, do sacrilégio e do culto satânico.

Satanás mantém permanente luta contra Deus e o seu povo e procura desviar os fiéis de sua lealdade a Cristo (II Coríntios, 11: 3), induzindo-os a pecar e a viver segundo os sistemas elaborados pela natureza corrompida ou "carne" (I João, 5: 19).

Os cristãos devem conhecer, pelo estudo da Bíblia e da teologia, a natureza e o ministério do mal, para se conscientizarem e se precaverem. O apóstolo Paulo nos exorta a nos fortalecer em Deus e no seu poder, resistindo firmes, pois "a nossa luta não é contra os seres humanos, mas contra os poderes e autoridades, contra os dominadores desse mundo de trevas, contra as forças espirituais do mal nas regiões celestiais" (Efésios, 6: 12).

A disciplina devocional, com a leitura da Bíblia, a oração, a busca de santidade, o desenvolvimento dos dons recebidos, a comunhão do Corpo, são antídotos contra o mal.

O **ministério demoníaco** contra as pessoas pode se dar de três maneiras:

1. **Tentação** – Apoio às opções negativas e atinge todos os seres humanos.
2. **Indução** – Também chamada *obsessão*, é uma ação mais íntima e contínua de assessoria à maldade, que atinge os descrentes e os crentes carnais.
3. **Possessão** – Quando os demônios se apoderam de corpos, controlando-os.

Para a teologia evangélica clássica, isso não pode acontecer a um convertido, cujo corpo é habitado pelo Espírito Santo.

Devemos estar advertidos para não cair em um dualismo de fundo zoroastrista. Satanás não é um ente contrário comparável a Deus. Não devemos nem minimizar, nem maximizar o ministério do maligno. Ele já foi derrotado na cruz, e o sangue de Cristo desde a sua morte nunca perdeu seu poder. A obra da expiação já foi realizada, Cristo já ressuscitou e o Espírito Santo já foi enviado. O resgate já se deu, é oferecido pela Graça e recebido pela fé. O Senhor já reina sobre o universo, a história e sobre a sua Igreja.

7.9 A origem dos demônios

As Escrituras não revelam claramente a origem dos demônios. Muitos preferem entender que são seres distintos dos anjos caídos, isto é, aqueles que se uniram a Lúcifer em sua rebelião. A maior objeção quanto a identificar os demônios com os anjos caídos é o fato de que os primeiros se apossam das pessoas, enquanto isso não é comum na questão dos segundos. Mesmo assim, temos um exemplo clássico desse fato, quando as Escrituras dizem que Satanás teria entrado em Judas por ocasião de sua traição (João, 13: 27).

De qualquer forma, trata-se de seres espirituais sob o comando de Satanás, que é chamado de *príncipe dos demônios* e, portanto, exerce plena influência sobre eles (Mateus, 12: 24). Assim como vimos que existem diversas classes de anjos tementes a Deus, podemos dizer que, quanto aos anjos caídos, suas funções variam.

Eles não são responsáveis apenas por possessões e doenças, mas também por criar falsos ensinos destruidores (I Timóteo, 4: 1).

Os judeus, conforme verificado nos escritos de Flávio Josefo e em alguns apócrifos como Tobias, tinham conceitos muito distorcidos com respeito aos demônios e, portanto, não servem de base para uma compreensão sobre sua origem e natureza.

De qualquer maneira, eles têm consciência plena de que já houve um juízo divino sobre eles (Mateus, 8: 29; Lucas, 8: 31), assim como tinham pleno conhecimento da autoridade suprema de Jesus e sua missão na terra (Mateus, 8: 31; 32; Marcos, 1: 23-24; Atos, 19: 15).

7.10 Destino de Satanás

A condenação e o destino eterno de Satanás são irreversíveis. Não há oferta de perdão para ele, somente o juízo. Embora o julgamento sobre ele seja gradativo, vai seguindo passo a passo até que ele seja atirado para sempre no lago que arde com fogo e enxofre.

Desde sua condição privilegiada na criação espiritual até o momento em que desejou ocupar o Trono de Deus, esse ser recebeu sua justa condenação, passando a sofrer derrota sobre derrota. Cinco juízos foram lançados sobre ele até o sofrimento eterno. Esses juízos são:

1. **Juízo por ocasião de sua rebelião (Isaías, 14; Ezequiel, 28)**

Já não era permitido a ele conviver com os demais seres celestiais nem estar presente nas esferas celestes. Não era ainda momento de exterminá-lo, então, ele foi isolado e, como consequência, formou um reino à parte.

Esse primeiro juízo teve o mesmo efeito que a expulsão de Adão do Éden, pois Satanás também estava em uma espécie de Éden, só que, ao invés de árvores frutíferas, havia pedras preciosas de toda espécie (Ezequiel, 28: 13). Adão foi expulso para não acessar a árvore da vida eterna, e Lúcifer para não desfrutar dos privilégios anteriores.

2. **A maldição do Éden (Gênesis, 3: 14-15)**

A maldição que Satanás recebeu no Éden na verdade foi uma promessa de que ele seria derrotado por alguém que nasceria da mulher que ele acabara de fazer cair. A tentação e queda do homem fora um nova tentativa de rebelião, de tomar para si o domínio do homem e levá-lo à desobediência ao Criador.

3. **O julgamento na cruz do Calvário (Colossenses, 2: 14)**

Ao que tudo indica, Satanás não tinha ideia dos efeitos de Jesus crucificado. Não sabia ele que aquele seria o meio que Deus manifestou para reverter os efeitos do Éden e conceder à humanidade decaída a vida eterna.

4. **Será amarrado no abismo (Apocalipse, 20: 1-3)**

Durante o período denominado *Milênio*, a Bíblia diz que Satanás será amarrado em um abismo e ali ficará durante os mil anos em que Cristo estará reinando com a sua Igreja sobre a terra.

A Bíblia faz questão de afirmar que é necessário após estes mil anos que ele seja solto. A finalidade de sua soltura é provar se os que viveram na terra durante o reinado do Messias de fato reconheceram sua soberania e desejam viver sob sua autoridade ou não. A verdade é que, uma vez solto, Satanás consegue novamente persuadir a muitos que não tem seu coração em Deus e juntamente com ele recebem a sentença final.

5. No lago de fogo (Apocalipse, 20: 10)

Enfim, o seu destino final. A Bíblia diz que o inferno foi preparado para o diabo e os seus anjos (Mateus, 25: 41). É a ele que foi destinado esse local de eterno sofrimento primeiramente. Não se trata de um lugar onde ele deixará de existir, mas onde ele passará por toda a eternidade sofrendo o castigo por sua rebelião e demais ações contra Deus.

Questionário de Angelologia

1. Qual o significado no hebraico e no grego do termo *anjo*?
2. A quem pode ser atribuído na Bíblia o termo *anjo*?
3. Cite seis livros do Antigo Testamento em que os anjos são mencionados.
4. Cite nove livros do Novo Testamento em que os anjos são mencionados.
5. Quando os anjos foram criados?
6. Como a Bíblia define a quantidade de anjos?
7. Quem são os quatro seres que recebem a designação de *filhos de Deus*?
8. Em que sentido então os anjos são chamados de *filhos de Deus*?
9. O que podemos dizer sobre a sabedoria dos anjos?
10. Qual é a finalidade principal para a qual os anjos foram criados?
11. Cite um livro da Bíblia em que os anjos aparecem revelando o significado de visões e profecias.

12. No que tange a seus ofícios, como as Escrituras apresentam esses seres espirituais?
13. Quem, nas Escrituras Sagradas, é chamado de *arcanjo*?
14. Qual é o principal propósito dos querubins?
15. Faça um comentário sobre o Anjo do Senhor.
16. Quem é descrito na Bíblia como sendo originador do mal no mundo?
17. Cite quatro títulos pelo qual Satanás é conhecido.
18. O que quer dizer quando se afirma que Satanás é uma pessoa?
19. Qual será a condenação de Satanás?

Referências

AGOSTINHO, S. **A Trindade**. São Paulo: Paulus, 1995. v. 7. (Coleção Patrística).

ANDRADE, C. de. **As verdades centrais da fé cristã**. Rio de Janeiro: CPAD, 2006.

ANKERBERG, J.; WELDON, J. **Os fatos sobre os anjos**: quem são eles, donde vêm e o que fazem hoje. Porto Alegre: Chamada da Meia-Noite, 1995.

AQUINO, T. de. **Sobre o ensino (de magistro) e os sete pecados capitais**. São Paulo: M. Fontes, 2001.

_____. **Suma teológica**. São Paulo: Loyola, 2006.

AZPITARTE, E. L. **Culpa e pecado**. Petrópolis: Vozes, 2005.

BANCROFT, E. H. *Teologia elementar*. São Paulo: Batista Regular, 1995.

BARTLEMAN, F. *A história do avivamento Azusa*. São Paulo: Worship, 2001.

BATISTA, P. S. *Manual de respostas bíblicas*. São Paulo: Betesda, 2006.

BENTHO, E. C. *Hermenêutica fácil e descomplicada*: como interpretar a Bíblia de maneira prática e eficaz. 3. ed. Rio de Janeiro: CPAD, 2005.

BERGSTÉN, E. *Introdução à teologia sistemática*. Rio de Janeiro: CPAD, 1999.

BERKHOF, L. *Teologia sistemática*. Campinas: LPC, 1996.

BETTENSON. H. *Documentos da Igreja Cristã*. 3. ed. São Paulo: Aste, 1998.

BÍBLIA. Português. *Bíblia de Jerusalém*. 4. ed. rev. e atual. São Paulo: Paulus, 2002.

BÍBLIA ON-LINE: módulo Avançado 3.0. São Paulo: Sociedade Bíblica do Brasil, 2002. CD-ROM.

BRUNELLI, W. *Curso intensivo de teologia*. São Paulo: Ministério IDE, 1999. v. 1.

CHAMPLIN, R. N. *O Novo Testamento interpretado versículo por versículo*. São Paulo: Candeia, 1995. v. 1.

CHAMPLIN, R. N.; BENTES, J. M. *Enciclopédia de Bíblia, teologia e filosofia*. São Paulo: Candeia, 1995. v. 1.

CHO, D. P. Y. *Espírito Santo, meu companheiro*. 5. ed. São Paulo: Vida, 1995.

CHOWN, G. **Os dons do Espírito Santo**. São Paulo: Vida, 2002.

CÍCERO, M. T. **Dos deveres**. São Paulo: M. Claret, 2002.

COENEN, L.; BROWN, C. **Dicionário internacional de teologia do Novo Testamento**. 2. ed. São Paulo: Vida Nova, 2000.

DEMIAN, Cecília. Basílica de São Pedro. **Diarioweb.com.br**. 25 dez. 2008. Disponível em: <http://www.diarioweb.com.br/noticias/corpo_noticia.asp?IdCategoria=217&IdNoticia=116948>. Acesso em: 15 jul. 2014.

DIDAQUÊ. Catecismo dos primeiros cristãos. Tradução de Urbano Zilles. 5. ed. Petrópolis: Vozes, 1986.

DREHER, M. N. Lutero e a Dieta de Worms de 1521. In: **Reflexões em torno de Lutero**. São Leopoldo RS: Sinodal, 1984. v. 2.

DUFFIELD, G. P.; VAN CLEAVE, N. M. V. **Fundamentos da teologia pentecostal**. São Paulo: Quadrangular, 1991.

ERICKSON, M. J. **Introdução à teologia sistemática**. São Paulo: Vida Nova, 1999.

FALCÃO, M. **Como conhecer uma seita**. São Paulo: O Arado, 2006.

FEINBERG, C. L. **Os profetas menores**. São Paulo: Vida, 1996.

FERREIRA, A. B. de H. **Novo dicionário Aurélio de língua portuguesa**. Versão 5.0. Curitiba: Positivo, 2004. 1 CD-ROM.

FRANCISCO, W. **A doutrina dos anjos e demônios**: estudo exegético acerca dos anjos e demônios à luz das Escrituras. 3. ed. Rio de Janeiro: CPAD, 2005.

GEISLER, N. **Enciclopédia de apologética**: respostas aos críticos da fé cristã. São Paulo: Vida, 2002.

GEORGE, T. *Teologia dos reformadores*. São Paulo: Vida Nova, 1994.

GILBERTO, A. *Verdades pentecostais*. Rio de Janeiro: CPAD, 2006.

GILMER, T. L.; JACOBS, J.; VILELA, M. *Concordância bíblica exaustiva*. São Paulo: Vida, 1999.

GRUNDEM, W. *Manual de teologia sistemática*. São Paulo: Vida, 2001.

_____. *Teologia sistemática*: atual e exaustiva. São Paulo: Vida Nova, 2006.

HALE, B. D. *Introdução ao estudo do Novo Testamento*. São Paulo: Hagnos, 2002.

HARRIS, R. L.; ARCHER JR., G. L.; WALTKE, B. K. *Dicionário internacional de teologia do Antigo Testamento*. São Paulo: Vida Nova, 1998.

HEXHAM, I. *Dicionário de religiões e crenças modernas*. São Paulo: Vida, 2001.

HODGE, C. *Teologia sistemática*. São Paulo: Hagnos, 2001.

HORTON, S. M. *O que a Bíblia diz sobre o Espírito Santo*. Rio de Janeiro: CPAD, 1994.

_____. *Teologia sistemática*. Rio de Janeiro: CPAD, 1997.

HOUAISS, A.; VILLAR, M. de S.; FRANCO, F. M. de M. *Dicionário Houaiss da língua portuguesa*. versão 3.0. Rio de Janeiro: Instituto Antônio Houaiss; Objetiva, 2009. 1 CD-ROM.

HOUSE, P. *Teologia do Antigo Testamento*. São Paulo: Vida, 2005.

KEESING, F. M. **Antropologia cultural**: a ciência dos costumes. 2. ed. Rio de janeiro: Fundo de Cultura, 1972. v. 1.

KELLY, J. N. D. **Doutrinas centrais da fé cristã**. São Paulo: Vida Nova, 1994.

KENNY, A. **História concisa da filosofia ocidental**. Lisboa: Temas e Debates, 1999.

KÜMMEL, W. G. **Introdução ao Novo Testamento**. 3. ed. São Paulo: Paulus, 2004.

_____. **Síntese teológica do Novo Testamento**. 4. ed. São Paulo: Teológica, 2003.

LADD, G. E. **Teologia do Novo Testamento**. São Paulo: Exudus, 1997.

LAMELAS, I. P. A "invenção" do pecado original segundo Agostinho. **Didaskalia**, Lisboa, v. 42, fasc. 1, p. 55-134, 2012.

LANGSTON, A. B. **Esboços de teologia sistemática**. Rio de Janeiro: Juerp, 1999.

LAWSON, S. J. **Fé sob fogo**. Rio de Janeiro: CPAD, 1997.

MARX, K.; ENGELS, F. **Manifesto do Partido Comunista**. São Paulo: Instituto José Luis e Rosa Sundermann, 2003.

MELLO, L. G. de. **Antropologia cultural**: iniciação, teoria e temas. 12. ed. Petrópolis: Vozes, 2005.

MENZIES, W. W.; HORTON, S. M. **Doutrinas bíblicas**. Rio de Janeiro: CPAD, 1999.

MOSER, A. **O pecado**: do descrédito ao aprofundamento. Petrópolis: Vozes, 1996.

MYER, P. Conhecendo as doutrinas da Bíblia. São Paulo: Vida, 1999.

OLIVEIRA, R. de. As grandes doutrinas da Bíblia. 9. ed. Rio de Janeiro: CPAD, 2006.

PARANAGUÁ, G. F. A história da reconciliação pela cruz. Londrina, 1º mar. 2001. Disponível em: <http://www.palavradacruz.com.br/estudos.asp?id=&menu=&id2=694>. Acesso em: 14 jul. 2014.

RABUSKE, E. A. Antropologia filosófica. 9. ed. Petrópolis: Vozes, 2003.

RELIGIÃO. In: Dicionário etimológico. 2012. Disponível em: <http://www.dicionarioetimologico.com.br>. Acesso em: 14 jul. 2014.

SANTOS, A. Tanatologia forense. Porto, Portugal: Faculdade de Medicina da Universidade do Porto, 2003/2004. Disponível em: <http://www.nhu.ufms.br/Bioetica/Textos/Morte%20e%20o%20Morrer/TANATOLOGIA%20FORENSE.pdf>. Acesso em: 14 jul. 2014.

SILVA, De PLÁCIDO e. Vocabulário jurídico. 24. ed. rev. e atual. Rio de Janeiro: Forense, 2004.

SILVA, E. S. da. Como responder às testemunhas de Jeová. 3. ed. São Paulo: Candeia, 1995. v. 1.

SILVA, S. P. da. A doutrina da predestinação. 6. ed. Rio de Janeiro: CPAD, 2005.

SILVA, S. P. da. O homem: a natureza humana explicada pela Bíblia. 7. ed. Rio de Janeiro: CPAD, 1997.

SILVA, S. P. da. **O pecado**: sua origem e manifestação. Rio de Janeiro: CPAD, 1998.

_____. **Os anjos**: sua natureza e ofício. Rio de Janeiro: CPAD, 1987.

STOTT, J. **A cruz de Cristo**. 11. ed. São Paulo: Vida, 2006.

STRONG, A. H. **Teologia sistemática**. São Paulo: Hagnos, 2003. v. 2.

STRONG, J. **Dicionário bíblico Strong**: léxico hebraico, aramaico e grego de Strong. Barueri, SP: Sociedade Bíblica do Brasil, 2002.

THIESSEN, H. C. **Palestras em teologia sistemática**. São Paulo: Batista Regular, 2006.

TORREY, R. A. et al. **Os fundamentos**: a famosa coletânea de textos das verdades bíblicas fundamentais. São Paulo: Hagnos, 2005.

VIANNA, A. M. Estudo introdutório às 95 teses de Martinho Lutero. **Revista Espaço Acadêmico**, n. 34, mar. 2004. Disponível em: <http://www.espacoacademico.com.br/034/34tc_lutero.htm>. Acesso em: 15 jul. 2014.

VINE, W. E; UNGER, M. F; WHITE JR., W. **Dicionário Vine**: o significado exegético e expositivo das palavras do Antigo e do Novo Testamento. 5. ed. Rio de Janeiro: CPAD, 2005.

VOS, J. G. **O catecismo maior de Westminster**: comentado por Johannes Gerhardus Vos. São Paulo: Projeto Os Puritanos/ Clire, 2007.

WALKER, J. **A Igreja do século XX**: A história que não foi contada. São Paulo: Worship, 1996.

Respostas

Capítulo 5

1. *Hamartiologia* é a união de duas palavras gregas: *hamartia* (pecado) e *logia* (conhecimento; estudo; doutrina). Portanto, hamartiologia significa o "conhecimento ou doutrina do pecado".
2. A transgressão voluntária da lei conhecida de Deus.
3. No Éden, na ocasião da criação, o ser humano resolveu desobedecer a Deus e seguir seus próprios interesses.
4. O **caráter** é a soma de todas as escolhas humanas; dessa forma, só pode ser obtido através das decisões.
5. As consequências trazidas pelo pecado produziram prejuízos incalculáveis em todas as dimensões da existência. A queda de Satanás e seus subordinados trouxe grande ruína, tanto no universo físico quanto no mundo espiritual. O pecado e a queda desse querubim ungido afetaram os céus, causando sérios danos, primeiramente nas regiões celestes e, depois, na terra. Com a queda, esse terrível ser persuadiu um terço dos anjos de Deus, que os seguem até hoje. Juntos, eles passaram a fazer oposição a Deus e aos homens.
6. O termo *religião* demonstra claramente o sentido de perda de comunhão com Deus. Religião vem do latim *religare,* ou seja, significa "religar". A religião busca religar o homem com Deus.
7. Morreu espiritualmente, perdeu a comunhão com Deus e começou seu declínio fisicamente.
8. O ser humano, o homem.
9. Em relação ao pecado de Adão, o homem deixou de ter comunhão com Deus e passou a ser um recipiente de uma natureza depravada, expressa em seu caráter e conduta. Por conseguinte, o pecado afetou completamente a constituição do homem: espírito, alma e corpo.

10.

- **Morte espiritual** – Perda da comunhão com Deus, o que torna inutilizadas as capacidades espirituais do homem. Ele não pode agradar a Deus nem fazer nada de valor real para Ele, porque o relacionamento vital Deus-homem foi interrompido.
- **Morte física** – No sentido comum que conhecemos, isto é, a separação entre o espírito e o corpo. O sopro vital que Deus colocou no homem não pode mais permanecer no organismo decadente que, por sua fraqueza, não pode mais retê-lo.
- **Morte eterna** – Essa é a segunda morte, uma separação eterna e definitiva do homem para com Deus. Esse é o aspecto mais sombrio das consequências do pecado, pois uma vez neste estágio o homem não tem retorno.

11. O Novo Testamento emprega cinco palavras gregas principais para o pecado, as quais, juntas, retratam o seu aspecto variado, tanto passivo quanto ativo. A mais comum dessas palavras é a palavra grega *hamartia*, que descreve o pecado como um não atingimento do alvo ou fracasso em alcançar um objetivo.

Outra palavra é a expressão grega *adikia*, que significa "iniquidade, uma profunda violação da lei e da justiça". Já a palavra grega *poneria* expressa o mal de um tipo vicioso ou degenerado. Ambos os termos parecem falar de uma corrupção ou perversão de caráter. As palavras mais frequentes são a palavra grega *parabasis*, com a qual podemos associar as expressões gregas *paraptoma*, uma significando "transgressão, ir além do limite estabelecido", e *anomia*, que significa "falta de lei, desprezo e violação da lei, iniquidade, maldade".

12.

- *Hamartia* – 58 vezes ao todo; 43 vezes em Romanos, com o significado de "errar o alvo".
- *Hamarteema* – 2 vezes, significando o "pecado como uma ação".
- *Parabasis* – 5 vezes, com o significado de "transgressão", literalmente "andar ao longo de uma linha".

- *Paraptoma* – 15 vezes, indicando "fracasso, falha, desvio da verdade e da retidão".
- *Adikia* – 12 vezes, significando "injustiça".
- *Asebeia* – 4 vezes, com o significado de "impiedade, falta de reverência".
- *Anomia* – 6 vezes, com o sentido de "ilegalidade".
- *Akatharsia* – 9 vezes, com o significado de "impureza, falta de pureza".
- *Parokoee* – 4 vezes, com o significado de "desobediência".
- *Planee* – 4 vezes, com o significado de "errar, vagar".

13. A Bíblia fala em resistir ao Espírito Santo (Atos, 7: 51), mentir para o Espírito Santo (Atos, 5: 3) e entristecer o Espírito Santo (Efésios, 4: 30). Em nenhum desses casos, porém, se fala tão severamente como no caso da referência à blasfêmia contra Espírito Santo, onde se diz que não há perdão:

> *"Quem não está a meu favor, está contra mim; e quem não ajunta comigo, dispersa. Por isso vos digo: todo pecado e blasfêmia serão perdoados aos homens, mas a blasfêmia contra o Espírito não será perdoada. Se alguém disser uma palavra contra o Filho do Homem, ser-lhe-á perdoado, mas se disser contra o Espírito Santo, não lhe será perdoado, nem neste mundo, nem no vindouro."* (Mateus 12: 22-32)

14. O pecado contra o Espírito Santo.

15. O perdão do pecado é a mensagem central do cristianismo. É anunciado desde o livro de Gênesis até o Apocalipse. Embora Deus seja santo e justo (o que nos distancia Dele), Ele também é misericordioso e gracioso (Êxodo, 34: 6). Na Bíblia, é anunciado que Deus, pela sua infinita misericórdia, fez plena provisão para harmonizar as reivindicações de clemência e justiça em seu próprio caráter ao enviar ao mundo Seu Único Filho gerado, sobre quem Ele lançou a iniquidade de todos nós, conforme predissera o profeta: "O Senhor fez cair sobre ele a iniquidade de nós todos" (Isaías, 53: 6), para que, uma vez por todas, como 'Cordeiro de Deus', tire o pecado do mundo" (João, 1: 29).

Capítulo 6

1. A paracletologia estuda de uma forma sistemática tudo o que se refere à pessoa do Espírito Santo, chamado por Jesus de ***Consolador***.
2. A paracletologia estuda de uma forma sistemática tudo o que se refere à pessoa do Espírito Santo, chamado por Jesus de ***Consolador***. A esse ramo da teologia também é dado o nome de ***pneumatologia***, sendo essa a denominação mais utilizada no meio teológico.
3. No antigo Testamento, as atividades e as manifestações do Espírito Santo eram esporádicas, específicas e em tempos distintos, visando a um fim especial – a libertação do povo de Deus em tempos de crise (Juízes, 7: 14; 11: 29; 14: 19; 15: 14). Já na dispensação da graça, no Novo Testamento, suas atividades se concretizam de maneira direta e contínua através da Igreja cristã. No Antigo Testamento, Deus se manifestava em circunstâncias especiais; já no Novo Testamento, ele veio para fazer morada nos corações dos crentes e enchê-los do Seu poder.
4. Com 376 aparições no Antigo Testamento, a palavra hebraica para **espírito** é *xwr*, ou *ruach*, que significa, essencialmente, "vento, hálito, respiração". Essa expressão traduzida cerca de 100 vezes como "Espírito de Deus", "Espírito de Javé", "teu Espírito" ou "Espírito Santo". A *Septuaginta* (versão grega dos Setenta) traduziu *ruach* pela palavra grega *pneuma*. A raiz *pneu* refere-se ao ar. O sufixo *-ma* fala de "ação, do movimento do ar".
5. Os atributos de Deus são aquelas características essenciais, permanentes e distintivas que podem ser afirmadas a respeito do seu Ser. Seus atributos são Suas perfeições, inseparáveis de sua natureza e que condicionam seu caráter.
6. Espírito de Cristo, Vida, Adoção, Graça e Glória.
7. A convicção pelo Espírito é um dos temas centrais da Bíblia.
8. A experiência do Pentecostes ficou conhecida porque ocorreu por ocasião da Festa de Pentecostes. O nome *pentecostes* origina-se do intervalo de 50 dias que separam a Festa da Colheita da Festa da Páscoa, de acordo com

a tradição judaica. A descida do Espírito Santo sobre a Igreja reunida em Jerusalém naquela ocasião nos é relatada em Atos, Capítulo 2, o capítulo de abertura e de impacto da história da Igreja cristã primitiva.

9. Para Erasmo, o cristianismo se preocupava em seguir o exemplo de Jesus Cristo. Mas como alguém poderia seguir a Cristo, quando ele parecia estar escondido por trás da corrupção, da imoralidade e das nuanças da teologia filosófica? Erasmo declarava que era necessário penetrar além de todas as aparências para se chegar à essência real da fé. Ensinava que devemos olhar além dos sacramentos para compreender o real significado deles, além da letra da lei para a caridade, além do cristianismo para Cristo.

10. Os membros dessa comunidade não tinham a obrigação de fazer votos vitalícios; podiam deixá-la a qualquer momento. Ensinavam que a verdadeira religião consiste em amar a Deus e servi-lo. Esse "novo" conceito contrastava-se nitidamente com a atitude prevalecente de que ser espiritual significava fazer votos e separar-se do mundo para viver isolado num mosteiro.

11. Tratava-se de um certificado especial, aprovado por Roma, que atestava o perdão divino. A indulgência é a remissão total ou parcial das penas temporais cabíveis para pecados cometidos, que a Igreja concede após terem sido perdoados. Eram comuns na Idade Média.

12. Enquanto os escritos de Lutero estavam sendo preparados, o papa Leão X (1475-1521) emitiu uma bula (declaração papal) que condenava o religioso como herege e exigia sua retratação. O reformador respondeu queimando publicamente a bula papal.

13. Calvino declarou que Deus, embora tenha criado o mundo inteiro, escolheu algumas pessoas para a salvação e outras para a destruição. Esse conceito se tornou conhecido como *predestinação*.

14. Princípio da edificação e participação.

15. Ensino e pregação, discernimento de espíritos, adoração.

Capítulo 7

1. A palavra hebraica *Kalm – mal'ak* e o termo grego *aggelos* significam "mensageiro" e podem ser atribuídos tanto a homens como a espíritos.
2. Quando a Bíblia usa os termos "santos anjos" ou "anjos", ela está fazendo referência a espíritos piedosos que permaneceram em seu estado original, criados por Deus (Marcos, 8: 38; Lucas, 9: 26; Atos, 10: 22; Apocalipse, 14: 10). Do contrário, quando se refere a "espíritos malignos", "espíritos imundos" e expressões afins, referem-se aos anjos caídos, que são servos de Satanás (Mateus, 12: 24; 25: 41).
3. Gênesis; Êxodo; Números; Juízes; I Samuel; II Samuel.
4. Mateus; Marcos; Lucas; João; Atos; Romanos; I Coríntios; Gálatas; Colossenses.
5. É impossível saber ou determinar o tempo sobre esse período da criação invisível e espiritual. Pode ser que Deus os tenha criado imediatamente após ter criado os céus e antes de ter criado a terra, pois, de acordo com Jó (38: 4-7), é-nos informado que: "Onde estavas tu, quando eu lançava os fundamentos da Terra? [...] quando as estrelas da alva, juntas, alegremente cantavam, e rejubilavam todos os filhos de Deus?".
6. Os anjos foram criados em um número fixo. Embora sejam citados em grande número, não há suporte bíblico para dimensionar sua quantidade. João escreveu sobre eles dizendo: "olhei, e ouvi a voz de muitos anjos ao redor do trono, e dos animais, e dos anciãos; e era o número deles milhões de milhões, e milhares de milhares" (Apocalipse, 5: 11). Mesmo sendo muitos, seria muito ariscado afirmar sua quantidade, visto que jamais as Escrituras salientam tal ensino. Portanto, concluímos que permanecem imutáveis desde sua criação.
7. Os anjos, Adão, os crentes salvos e Jesus.
8. Da mesma forma que Adão o foi e os salvos o são – por trazerem em si a imagem de Deus. Deus criou o homem à Sua imagem e semelhança, e, por essa similitude, o primeiro homem, antes da queda, foi chamado *filho de Deus*, da mesma forma como o homem após a redenção.

9. Os seres angélicos com certeza desfrutam de uma sabedoria superior à humana, até porque seu meio dispõe de possibilidades de que não dispomos no nosso. A sabedoria que os anjos desfrutam pode ser percebida por meio da declaração que o profeta Ezequiel faz a Lúcifer: "[...] cheio de sabedoria [...] corrompeste a tua sabedoria [...]" (Ezequiel, 28: 12; 17). Não se pode afirmar que ele tenha perdido essa sabedoria. Embora corrompida, ainda é uma sabedoria, agora utilizada não para os propósitos divinos, mas para propósitos perversos.
A inteligência dos anjos excede a dos homens nesta vida, porém é necessariamente finita, ou seja, esses seres não sabem de tudo e tampouco são iguais a Deus em sabedoria. Eles não podem diretamente discernir os nossos pensamentos (I Reis, 8: 39), e os seus conhecimentos dos mistérios da graça são limitados (I Pedro, 1: 12).
Jesus falou sobre a limitação do conhecimento dos anjos, quando disse que eles não sabiam o dia da vinda do Filho do Homem: "Mas a respeito daquele dia e hora ninguém sabe, nem os anjos dos céus, nem o Filho, senão o Pai" (Mateus, 24: 36).
10. A conclusão que se tem é que esses milhares de seres estão trabalhando avidamente para que se concretizem no universo os propósitos eternos de Deus.
11. O livro de Daniel é repleto de visões e sonhos, nos quais os anjos surgem para fazer o profeta entender o significado de tais imagens. O Capítulo 11 desse livro vai mais além. O anjo faz uma descrição minuciosa de muitos eventos futuros envolvendo o povo de Israel e os povos conquistadores ao redor. O livro de Daniel, embora seja um livro de profecias e o próprio Daniel seja denominado *profeta* pelo próprio Jesus, foge do modelo tradicional. Sua marca principal são os sonhos e as visões e a presença de seres espirituais que explicam os eventos futuros a partir das visões e sonhos ou mesmo diretamente.
12. Adoração, Proteção, Serviço, Mensagens ao povo de Deus.
13. Essa palavra é aplicada somente a um ser na Bíblia Sagrada: Miguel. O nome Miguel significa provavelmente "quem é como Deus". O vocábulo hebraico *Miyka'el* (Miguel) e o grego *Micahl* podem ser encontrados no Novo Testamento (Judas, 9) e no Antigo Testamento (Daniel).

14. O título *querubim* fala de sua posição elevada e santa. Sua responsabilidade está intimamente relacionada com o Trono de Deus, como defensores de Seu caráter e presença santa. A palavra *querubim* aparece 81 vezes na Bíblia, apesar de pouco se dizer a respeito deles.
15. A maneira pela qual esse anjo se manifesta o distingue de qualquer outro ser criado. Ele aparece inúmeras vezes no Antigo Testamento. Vale lembrar que a palavra hebraica *malak,* traduzida por "anjo", significa simplesmente "mensageiro". Assim sendo, se trocarmos à palavra *anjo* nos textos em que o Anjo do Senhor é retratado por mensageiro, entenderemos que esse não é simplesmente um anjo qualquer. Se ele fosse apenas um mensageiro de Deus, ele seria, então, distinto do próprio Criador; entretanto, encontramos várias passagens nas Escrituras onde o Anjo do Senhor é chamado de Deus ou Senhor (Catedral News, 2008).
16. Antes de sua rebelião e queda, fato que ocorreu antes da criação do homem, Satanás chamava-se *Lúcifer,* a resplandecente "estrela da manhã". Esse era seu título no céu, conforme revelou o profeta: "Como caíste do céu, ó estrela d'alva, filho da aurora [...]" (Isaías, 14: 12). Possivelmente, Lúcifer ocupava uma posição destacada nos céus: segundo alguns doutrinadores, ele liderava todos os anjos em adoração a Deus.
    Ele era um dos anjos mais próximos do Trono de Deus. Todavia, sua audaciosa arrogância provocou sua queda. O orgulho corroeu seu caráter e o fez premeditar um plano para usurpar o Trono de Deus. Essa mesma presunção, provavelmente, abastece o seu reino rebelde até hoje.
17. Satanás, diabo, serpente, dragão, belzebu.
18. Mesmo que não tenha sido vista, uma pessoa não precisa necessariamente possuir um corpo, desde que possua atributos de uma pessoa. Como Satanás possui todos os atributos de uma pessoa, apesar de não ser visível, ele deve ser considerado como tal.
19. A condenação e o destino eterno de Satanás são irreversíveis. Não há oferta de perdão para ele, somente o juízo. Embora o julgamento sobre ele seja gradativo, vai seguindo passo a passo até que ele seja atirado para sempre no lago que arde com fogo e enxofre.

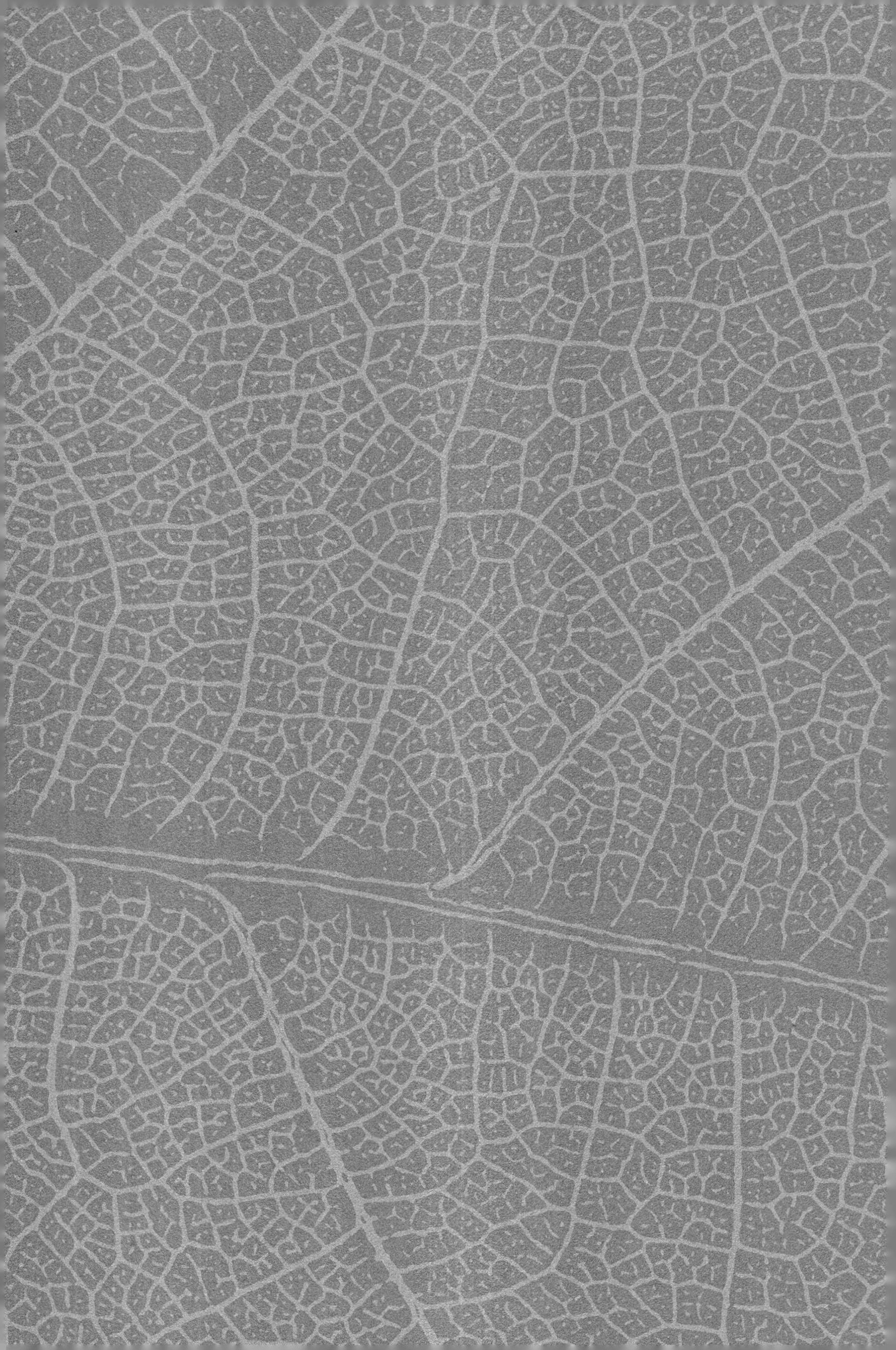

Parte 3

* Todas as passagens bíblicas indicadas neste capítulo são citações de Bíblia (2002).

Panorama do Antigo Testamento*

Capítulo 8

O Antigo Testamento é um dos fundamentos principais para a compreensão do contexto das Escrituras Sagradas. A formação de cada Livro, os milagres e a revelação da criação e da pessoa de Deus se destacam na construção dos textos sagrados. Cada Livro tem sua história, uma mensagem específica, princípios e valores que foram transmitidos e têm ultrapassado os diferentes ciclos históricos da humanidade. A história da formação do povo hebreu permanece viva até hoje com seus mais ricos detalhes e princípios revolucionários. Nesta etapa, estudaremos os Livros, os conteúdos, os princípios e os valores dos textos sagrados.

8.1 Gênesis[1]

Autoria

Até o século XVII, as comunidades judaicas e cristãs imputaram a Moisés a autoria do Pentateuco. Em 1671, Baruch Spinoza colocou em dúvida a autoria mosaica, insinuando a possibilidade de Esdras ter sido seu autor, surgindo várias correntes contrárias sobre o assunto. Todavia, outros livros do Antigo Testamento citam Gênesis como obra de Moisés (Josué, 1: 7-8; 23: 6; I Reis, 2: 3; II Reis, 14: 6; Esdras, 3: 2; 6: 18; Neemias, 8: 1; Daniel, 9: 11-13). Os escritores do Novo Testamento estão de pleno acordo com os do Antigo Testamento, tratando dos cinco livros em geral como "a lei de Moisés" (Atos, 13: 39; 15: 5; Hebreus, 10: 28). Para eles, "ler Moisés" equivale a ler o Pentateuco (II Coríntios, 3: 15). Por fim, as palavras de Jesus dão testemunho da autoria mosaica: "Porque, se, de fato, crêsseis em Moisés, também creríeis em mim; porquanto ele escreveu a meu respeito. Se, porém, não credes nos seus escritos, como crereis nas minhas palavras?" (João, 5: 46-47).

Temática

Este livro é bem definido pelo seu título, *Bereshit*, que, no hebraico, significa "princípio". Relata a história da origem de todas as coisas, "o princípio do céu e da terra, o princípio dos mares, dos peixes, dos animais, do homem, da mulher, do primeiro

1 **Fonte das citações**: Bíblia (1994, p. 5; 1996, p. 28; 1998, p. 1; 1999a, p. 15; 1999b, p. 5; 1999c, p. 1388; 2000, p. 1; 2001, p. 3); Dockery (2001, p. 154); Ellisen (1999, p. 15); Hoff (1993, p. 15); Halley (2001, p. 56); Pearlman (1996a, p. 13); Shedd (1997, p. 33).

casamento, do primeiro homicídio, da queda, do primeiro sacrifício, da redenção, das nações e de Israel, o povo escolhido de Deus" (FTB, 2014, p. 140).

De acordo com Myer Pearlman (1999, p. 13), esse livro "tem sido chamado 'viveiro' das gerações da Bíblia, pelo fato de nele se encontrarem todos os começos de todas as grandes doutrinas referentes a Deus, ao homem, ao pecado e à salvação".

Conteúdo e abrangência dos temas

Trata da "criação até a morte de José, abrangendo um período de 2.315 anos, de cerca de 4004 a 1689 anos antes de Cristo" (FTB, 2014, p. 140).

8.2 Êxodo[2]

Autoria

Como em Gênesis, o autor de Êxodo foi Moisés. *Êxodo* vem do grego, significando "sair". Os tradutores da *Septuaginta* deram ao livro esse título (Êxodo) porque narra a saída do povo de Deus do Egito.

2 **Fonte das citações**: Bíblia (1994, p. 79; 1996, p. 114; 1998, p. 83; 1999a, p. 78; 1999b, p. 77; 1999c, p. 1399; 2000, p. 73; 2001, p. 65; 2003, p. 82); Dockery (2001, p. 167); Ellisen (1999, p. 25); Halley (2001, p. 106); Hoff (1993, p. 101); Malta ([S.d.], p. 63); Mesquita (1987); Pearlman (1999a, p. 23); Shedd (1997, p. 119).

Temática

A ideia central do Livro é a saída de Israel do Egito e a redenção pelo sangue. Yahweh não somente livra seu povo da servidão egípcia mediante seu poder manifesto nas pragas, mas também o redime por sangue. Em torno dessa ideia, concentra-se a história de um povo salvo pelo sangue, amparado pelo sangue e tendo acesso a Deus pelo sangue. Com a finalidade de que fosse uma nação santa e um reino de sacerdotes, a nação necessitava de uma revelação de Deus para orientá-los na conduta e no culto de sua nova vida. Deus lhes dá a Lei. Acusados de pecado pela santidade da Lei, os israelitas sentem a necessidade de purificação. Deus proporciona a eles um sistema de sacrifícios para que pudessem se aproximar Dele e prestar-Lhe culto. Assim, Deus dá a eles o Tabernáculo e ordena o sacerdócio.

Conteúdo e abrangência dos temas

Faltam evidências conclusivas quanto à data precisa do êxodo. Segundo Hoff (1993, p. 104):

> *há duas opiniões principais a respeito desta questão. De acordo com a primeira, o êxodo dataria, mais ou menos, por volta do ano de 1440 a.C. Conforme a segunda opinião ocorreu no reinado de Ramsés II, entre 1260 e 1240 a.C.[...] "não há dúvida alguma de que os israelitas saíram do Egito no lapso compreendido entre 1450 e 1220 a.C.".*

Desse modo, é possível que o livro de Êxodo tenha sido compilado na caminhada pelo deserto.

8.3 Levítico[3]

Autoria

Como em Gênesis e Êxodo, o autor de Levítico foi Moisés.

Temática

Levítico apresenta as leis pelas quais Israel haveria de manter a comunhão com seu Deus. Instrui como um povo redimido pode aproximar-se de Deus pela adoração e como pode ser mantida a comunhão por meio da santificação.

A mensagem de Levítico é que o acesso a Deus se dá somente por meio do sangue, e o acesso assim obtido exige a santidade do adorador. Deus é intrinsecamente santo e chama o seu povo para ser santo, dando-lhe o padrão de obediência pelo qual pode manter a santidade.

Conteúdo e abrangência dos temas

A data exata em que esse livro foi escrito permanece incerta, embora tenha ocorrido, sem dúvida, durante a peregrinação no deserto antes da morte de Moisés.

3 **Fonte das citações**: Bíblia (1994, p. 138; 1996, p. 184; 1998, p. 152; 1999a, p. 127; 1999b, p. 129; 1999c, p. 1389; 2000, p. 138; 2001, p. 111; 2003, p. 138); Dockery (2001, p. 184); Ellisen (1999, p. 36); Halley (2001, p. 128); Hoff (1993, p. 155); Malta ([S.d.], p. 101); Pearlman (1999a, p. 27); Shedd (1997, p. 155).

8.4 Números[4]

Autoria

Como em Gênesis, Êxodo e Levítico, o autor foi Moisés. O nome hebraico desse livro é *bemidbar*, que significa "no deserto" (FTB, 2014, p. 144), assim, tem esse título porque trata do registro dos dois censos de Israel antes de entrar em Canaã.

Temática

O tema é o fracasso de Israel em cumprir os mandamentos de Deus. Números documenta que, quando o povo de Deus permanece fiel às condições da aliança, é cercado de bênçãos; do contrário, quando desobedece, a recíproca é verdadeira. Quase toda a geração que havia presenciado os sinais operados no Egito, por não acreditar nas promessas de Deus, não adentrou na Terra Prometida e, consequentemente, acabou morrendo no deserto por castigo. É uma história trágica de falta de fé, queixas, murmurações, deslealdade e rebeliões.

Conteúdo e abrangência dos temas

A narrativa de Números abrange um espaço de quase 39 anos, desde cerca de 1490 a.C. a 1451 a.C.

4 **Fonte das citações**: Bíblia (1994, p. 180; 1996, p. 229 1998, p. 201; 1999a, p. 158; 1999b, p. 160; 1999c, p. 1390; 2000, p. 185; 2001, p. 141; 2003, p. 176); Dockery (2001, p. 196); Ellisen (1999, p. 46); Halley (2001, p. 134); Hoff (1993, p. 195); Malta ([S.d.], p. 108); Pearlman (1999a, p. 31); Shedd (1997, p. 185).

8.5 Deuteronômio[5]

Autoria

Como em Gênesis, Êxodo, Levítico e Números, o autor de Deuteronômio foi Moisés.

Deuteronômio provém da versão grega que significa "segunda Lei" ou "repetição da Lei". Moisés recordou os preceitos da Lei às pessoas da nova geração para que a gravassem em seus corações e, em seguida, os escreveu em um livro.

Temática

Moisés conduziu Israel do Egito às fronteiras da Terra Prometida. Deus havia sido fiel a Israel ao dar-lhe diversos êxitos sobre seus inimigos. Na ocasião em que o tempo de sua partida estava próximo, Moisés resumiu diante da nova geração, numa série de discursos, a história passada de Israel, e nesse resumo baseou as admoestações e exortações que tornam Deuteronômio um grande sermão exortativo para o povo israelita.

Com brilho, Hoff (1993, p. 226) definiu Deuteronômio "uma exortação viva e opressiva recordando as graves consequências de esquecer os benefícios do Senhor e apartar-se de seu culto e de sua Lei".

Conteúdo e abrangência dos temas

Deuteronômio compreende o período de dois meses nas planícies de Moabe, atual Jordânia, em 1451 a.C.

5 **Fonte das citações**: Bíblia (1994, p. 237; 1996, p. 288; 1998, p. 268; 1999a, p. 201; 1999b, p. 197; 1999c, p. 1390; 2000, p. 249; 2001, p. 187; 2003, p. 230); Dockery (2001, p. 210); Ellisen (1999, p. 56); Halley (2001, p. 143); Hoff (1993, p. 225); Malta ([S.d.], p. 124); Pearlman (1999a, p. 37); Shedd (1997, p. 222).

8.6 Josué[6]

Autoria

Sua autoria tem sido debatida com veemência pela alta crítica.[7] Tradicionalmente, os judeus atribuem a autoria do Livro a Josué.

Temática

O tema do Livro de Josué é a conquista da Terra Prometida. A morte de Moisés marcou o fim da época da formação da vida nacional de Israel. A nação está em condições de tomar posse de Canaã e cumprir sua missão de ser testemunha aos israelenses quanto à sua unidade e ser defensora da palavra e lei de Deus.

Josué é um livro de vitória e possessão, que apresenta o quadro de Israel, outrora rebelde, agora transformado num exército disciplinado de guerreiros, subjugando as nações que lhe eram superiores em número e poder por tão somente seguir a liderança teocrática do Senhor.

Conteúdo e abrangência dos temas

A narrativa compreende desde a morte de Moisés até a morte de Josué, cobrindo um período de 24 anos.

6 **Fonte das citações**: Bíblia (1996, p. 344; 1998, p. 328; 1999a, p. 242; 1999b, p. 245; 1999c, p. 1390; 2000, p. 345; 2001, p. 223); Dockery (2001, p. 229); Ellisen (1999, p. 68); Halley (2001, p. 148); Hoff (1996, p. 23); Hoff (1993, p. 195); Malta ([S.d.], p. 128); Pearlman (1999a, p. 40); Pfeiffer; Harrison (1995, p. 1); Shedd (1997, p. 256).

7 A alta crítica é a ciência que tenta descobrir as datas dos livros da Bíblia, seus autores, seus propósitos e suas características de estilo e linguagem; tenta determinar as fontes originárias dos documentos bíblicos. Para um maior entendimento, consulte o capítulo A alta crítica do livro de Hoff (1993, p. 263-266).

8.7 Juízes[8]

Autoria

Segundo a tradição judaica, não foi identificada a autoria do Livro de Juízes. Apesar de alguns seguimentos judaicos afirmarem que se trata do profeta Samuel, não se pode afirmar com certeza quem é realmente o autor desse livro.

Temática

Enquanto Josué é um livro de vitórias, Juízes é um livro de derrotas. A desobediência do povo de Israel aos princípios de Deus resultou em opressão nas mãos de povos vizinhos. Em sua aflição, Israel clamou ao Senhor, pedindo socorro. Deus respondeu aos clamores, proporcionando-lhes juízes ou libertadores. Enquanto o libertador governa, os israelitas permanecem fiéis, mas quando morre, eles voltam à apostasia.

Com a maestria que lhe é peculiar, Pearlman (1999a, p. 45) conclui que "a história do livro pode resumir-se em quatro palavras: Pecado, Servidão, Arrependimento, Salvação".

Conteúdo e abrangência dos temas

O Livro de Juízes é o único que registra um longo período da história de Israel. Abrange o período que vai da morte de Josué à magistratura de Samuel.

8 **Fonte das citações**: Bíblia (1994, p. 320; 1996, p. 381; 1998, p. 367; 1999a, p. 271; 1999b, p. 276; 1999c, p. 1390; 2000, p. 342; 2001, p. 251; 2003, p. 310); Dockery (2001, p. 242); Ellisen (1999, p. 77); Halley (2001, p. 158); Hoff (1996, p. 65); Malta ([S.d.], p. 147); Pearlman (1999a, p. 45); Pfeiffer; Harrison (1995, p. 36); Shedd (1997, p. 155).

8.8 Rute[9]

Autoria

A autoria do Livro de Rute é desconhecida. Uma tradição judaica atribui a autoria a Samuel.

Temática

Deus recompensa o viver pela fé. O Livro de Rute nos apresenta a recompensa a quem permanece fiel diante das adversidades da vida. É uma história de fidelidade tanto humana quanto divina. Dockery (2001, p. 253) sintetizou bem o Livro em quatro momentos: a opção pela fé (1: 1-22); o desafio pela fé (2: 1-23); uma reivindicação pela fé (3: 1-18) e um filho em razão da fé (4: 1-18).

Conteúdo e abrangência dos temas

"Os episódios relatados no Livro de Rute se passam durante o período dos juízes. Segundo Pearlman (1999, p. 49), 'o livro abrange um período de dez anos, provavelmente durante a época de Gideão'" (FTB, 2014, p. 150).

9 **Fonte das citações**: Bíblia (1994, p. 353; 1996, p. 420; 1998, p. 406; 1999a, p. 299; 1999b, p. 304; 1999c, p. 1391; 2000, p. 381; 2003, p. 354); Dockery (2001, p. 253); Ellisen (1999, p. 84); Halley (2001, p. 165); Hoff (1996, p. 93); Malta ([S.d.], p. 160); Pearlman (1999a, p. 49); Pfeiffer; Harrison (1995, p. 79); Shedd (1997, p. 296).

8.9 Primeiro Livro de Samuel[10]

Autoria

"Tanto o Primeiro e Segundo Samuel são de autoria desconhecida. Segundo a tradição rabínica, os Livros de Samuel são de autoria do profeta Samuel, sendo completados pelos profetas Natã e Gade por serem mencionados juntamente com Samuel em I Crônicas, 29: 29" (FTB, 2014, p. 153).

Temática

O tema deste Livro é o governo humano. O Livro de Samuel é de transição. É o registro da passagem do governo de Israel por juízes ao governo por reis e da passagem do governo teocrático ao governo humano. O livro relata o estabelecimento da monarquia e narra a história das vidas diretamente relacionadas com o reino, conforme explica Pearlman (1999a, p. 51):

> *Samuel, um patriota e juiz de coração humilde e consagrado, que servia a Deus obedientemente; Saul, um rei egoísta, pródigo, ciumento e obstinado, faltoso e infiel na lealdade a seu Deus; Davi, um homem segundo o coração de Jeová, o doce cantor de Israel, um varão de oração e louvor, provado, disciplinado, perseguido e finalmente coroado monarca de todo Israel.*

10 **Fonte das citações**: Bíblia (1994, p. 359; 1996, p. 427; 1998, p. 416; 1999a, p. 304; 1999b, p. 311; 1999c, p. 1391; 2000, p. 387; 2003, p. 362); Dockery (2001, p. 258); Halley (2001, p. 166); Hoff (1996, p. 101); Malta ([S.d.], p. 164); Pearlman (1999a, p. 51); Pfeiffer; Harrison (1995, p. 86); Shedd (1997, p. 300).

Conteúdo e abrangência dos temas

A narrativa compreende um período de cerca de 115 anos; aproximadamente entre 1171 a.C. a 1056 a.C., iniciando com o nascimento de Samuel e terminando com a morte de Saul.

8.10 Segundo Livro de Samuel[11]

Autoria

Os dois livros hoje conhecidos como *I Samuel* e *II Samuel* são, originalmente, um só livro, denominado *O Livro de Samuel*. São de autoria desconhecida (conforme indicamos no Primeiro Livro de Samuel).

Temática

O tema do Segundo Livro de Samuel é o homem conforme o coração de Deus, enfocando a pessoa de Davi. Trata desde a ascendência de Davi ao trono de Israel até os 40 anos de seu reinado. Por meio do reinado de Davi, Deus consolidou o reino, unificando tanto a vida religiosa quanto a vida política da nação. De acordo com Ellisen (1999, p. 92): "O motivo dominante é a glória e o poder de uma nação que corresponde ao Senhor soberano".

---

11 **Fonte das citações**: Bíblia (1994, p. 405; 1996, p. 478; 1998, p. 463; 1999a, p. 340; 1999b, p. 353; 1999c, p. 1393; 2000, p. 436; 2001, p. 323; 2003, p. 415); Dockery (2001, p. 269); Ellisen (1999, p. 91); Halley (2001, p. 172); Hoff (1996, p. 101); Malta ([S.d.], p. 164); Pearlman (1999a, p. 57); Pfeiffer; Harrison (1995, p. 112); Shedd (1997, p. 301).

Conteúdo e abrangência dos temas

Compreende "desde a morte de Saul até a compra do local do templo à beira de Araúna, abrangendo um período de 37 anos" (FTB, 2014, p. 153).

8.11 Primeiro Livro de Reis[12]

Autoria

O autor do livro é desconhecido. Segundo o historiador judeu Flávio Josefo, citado por Dockery (2001, p. 282), o livro teria sido escrito por Jeremias, corroborando com a tradição judaica, que atribui obras anônimas a líderes religiosos famosos da época. Entretanto, a autoria tem sido ainda atribuída a Ezequiel, enquanto outros autores apontam para Isaías ou ainda a um profeta desconhecido do cativeiro babilônico.

Temática

O tema é o governo humano. O livro abrange quatro séculos da existência de Israel, começando com o reinado de Salomão e terminando com o cativeiro babilônico. A primeira metade registra a glória do reino salomônico, sua riqueza, sabedoria e a maior de suas façanhas: a construção do templo de Salomão[13].

---

12 **Fonte das citações**: Bíblia (1994, p. 442; 1996, p. 516; 1998, p. 508; 1999a, p. 370; 1999b, p. 387; 1999c, p. 1393; 2000, p. 475; 2001, p. 351; 2003, p. 456); Dockery (2001, p. 282); Ellisen (1999, p. 103); Halley (2001, p. 176); Hoff (1996, p. 167); Malta ([S.d.], p. 182); Mesquita (1983b, p. 13); Pearlman (1999a, p. 63); Pfeiffer; Harrison (1995, p. 129); Shedd (1997, p. 348).

13 Templo que ficou conhecido como uma das "sete maravilhas do mundo".

No entanto, sua desobediência ao se unir com mulheres estrangeiras levou Salomão à idolatria e resultou na divisão da nação em dois reinos: do Norte, que manteve o nome de Israel, e do Sul, que recebeu o nome da tribo dominante, Judá.

Conteúdo e abrangência dos temas

Os acontecimentos descritos em I Reis vão "desde a morte de Davi até o reinado de Jorão sobre Israel, cobrindo um período de 120 anos" (FTB, 2014, p. 155).

8.12 Segundo Livro de Reis[14]

Autoria

O autor do livro de Reis é desconhecido assim como no caso de I Reis. De acordo com o historiador Flávio Josefo, teria sido escrito por Jeremias, em harmonia com a tradição judaica, que atribui obras anônimas a líderes religiosos famosos da época (Dockery, 2001, p. 282). Entretanto, há aqueles que atribuem a autoria a Ezequiel, enquanto outros apontam para Isaías e, ainda, a um profeta desconhecido do cativeiro babilônico.

14 **Fonte das citações**: Bíblia (1994, p. 485; 1996, p. 571; 1998, p. 561; 1999a, p. 409; 1999b, p. 428; 1999c, p. 1393; 2000, p. 525; 2001, p. 384; 2003, p. 506); Dockery (2001, p. 294); Ellisen (1999, p. 103); Halley (2001, p. 186); Hoff (1996, p. 167); Malta ([S.d.], p. 182); Mesquita (1983b, p. 16); Pearlman (1999a, p. 69); Pfeiffer; Harrison (1995, p. 129); Shedd (1997, p. 348).

Temática

A obra versa sobre o caminho da desobediência. O Segundo Livro dos Reis é uma continuação da história do Primeiro Livro. Registra a queda de Israel pela Assíria, em 722 a.C., passando pela deportação de Judá para a Babilônia, em 586 a.C. Temos aqui uma história de apostasia e idolatria. Embora este tenha sido um grande período profético para Israel, a mensagem dos profetas não foi ouvida. As reformas que se realizaram sob reis como Ezequias e Josias não foram suficientes para desviar a ira de Deus já determinada (21: 10-15; 23: 25-27).

Conteúdo e abrangência dos temas

Os acontecimentos descritos em II Reis abrangem um período de 308 anos, de 896 a.C. a 588 a.C., desde o reinado de Jorão em Judá e de Acazias em Israel.

8.13 Primeiro e Segundo Livros das Crônicas[15]

Autoria

Não se sabe ao certo quem foi o autor de Crônicas. Embora anônimos, a tradição hebraica atribuía a Esdras, o sacerdote, a autoria dessas obras. Os versos finais de II Crônicas são os

15 **Fonte das citações**: Bíblia (1994, p. 526; 1996, p. 619; 1998, p. 612; 1999a, p. 444; 1999b, p. 464; 1999c, p. 1394; 2000, p. 570; 2003, p. 553); Dockery (2001, p. 307); Ellisen (1999, p. 116); Halley (2001, p. 198); Hoff (1996, p. 170); Malta ([S.d.], p. 184); Mesquita (1983a, p. 27); Pearlman (1999a, p. 73); Pfeiffer; Harrison (1995, p. 206); Shedd (1997, p. 398).

primeiros versículos do Livro que leva seu nome, o que sugere uma continuação (II Crônicas, 36: 22-23; Esdras, 1: 1-3).

Temática

O livro fala do retorno do exílio. Crônicas foi escrito evidentemente logo após a volta do exílio, com o intuito de registrar a história do povo de Deus, especialmente Judá. É um livro de exortação, que conclama o povo de Deus a aderir à aliança (17: 1-27; 22: 6-13; 28: 1-10), a serem fiéis ao plano redentor prometido a Davi (17: 7-15; 28: 4-7), a se manterem separados da outras nações (13: 10-12; 15: 11-15; 21: 1-8; 27: 23-24) e ao ritual judaico, de modo que a tragédia do passado não se repetisse.

Conteúdo e abrangência dos temas

Embora seja difícil estabelecer a data exata para I e II Crônicas, estende-se desde a morte de Saul até o decreto de Ciro, abrangendo um período de 520 anos, de 1056 a.C. a 536 a.C.

8.14 Esdras[16]

Autoria

Conforme o registro do Talmude[17], os livros de Esdras e de Neemias eram considerados um só. Não se pode afirmar com

16 **Fonte das citações**: Bíblia (1994, p. 610; 1996, p. 708; 1998, p. 721; 1999a, p. 507; 1999b, p. 536; 1999c, p. 1395; 2000, p. 668; 2001, p. 474; 2003, p. 642); Dockery (2001, p. 325); Ellisen (1999, p. 124); Halley (2001, p. 212); Hoff (1996, p. 279); Malta ([S.d.], p. 186); Mesquita (1983a, p. 205); Pearlman (1999a, p. 77); Pfeiffer; Harrison (1995, p. 275); Shedd (1997, p. 430); Walton (2001).

17 O Talmude é um livro que define e dá forma ao judaísmo, alicerçando todas as leis e rituais judaicos. Enquanto o Pentateuco, ou os cinco livros de Moisés, apenas alude aos Mandamentos, o Talmude os explica, discute e esclarece.

absoluta certeza se foi o próprio Esdras quem copilou o livro ou se foi um autor desconhecido. Pela tradição judaica, o escriba Esdras é o autor de Crônicas e de Esdras-Neemias.

Temática

O tema de Esdras é a restauração de Israel. O retorno do povo de Deus realizou-se em três etapas, sob vários dirigentes: o primeiro retorno esteve sob a direção de Zorobabel em 538 a.C., sendo o mais numeroso; o segundo, dirigido por Esdras, em 458 a.C.; e o terceiro, em 444 a.C., por Neemias. O Livro de Esdras registra o retorno à Terra Prometida como cumprimento da promessa de Deus ao Seu povo (Jeremias, 25: 2; 29: 10; Esdras 1: 1).[18] A fidelidade de Deus é contrastada com a infidelidade do povo. Apesar de terem retornado à sua pátria e das promessas divinas, o povo se deixou influenciar pelos inimigos e interrompeu temporariamente a construção da Casa de Deus (4: 24). Para animar o povo, Deus levantou Ageu e Zacarias.

Conteúdo e abrangência dos temas

Podemos dividir o Livro de Esdras em dois momentos distintos: o primeiro (capítulos 1 a 6) cobre um período de cerca de 23 anos, com início no decreto de Ciro, rei da Pérsia (538 a.C.), que permitiu o retorno do primeiro grupo de exilados a Jerusalém sob a liderança de Zorobabel para a reedificação do templo. Houve um intervalo de quase 60 anos entre os capítulos 6 e 7. Nesse período, Ester tornou-se rainha da Pérsia, por volta de 478 a.C. Aproximadamente 60 anos depois (458 a.C.), outro grupo

18 Josefo (1990), historiador judaico, dá muitas informações a respeito da história dos judeus dessa época.

de exilados, liderado por Esdras, voltou a Jerusalém. Esdras se depara com uma apostasia generalizada, espiritual e moral entre os seus compatriotas, evidenciada nos casamentos destes com mulheres incrédulas. O livro termina com o arrependimento do povo rompendo seus enlaces matrimoniais (Capítulo 10).

8.15 Neemias[19]

Autoria

Conforme o registro do Talmude, os livros de Esdras e de Neemias eram considerados um só. Não se pode afirmar com absoluta certeza se foi o próprio Neemias quem compilou o livro ou se foi um autor desconhecido. Pela tradição judaica, o escriba Esdras é o autor de Crônicas e Esdras-Neemias. Outros autores, como Pearlman (1999a, p. 81), aceitam a autoria desse livro como sendo de Neemias.

Temática

O tema é a restauração política de Jerusalém. Enquanto o Livro de Esdras destaca a restauração religiosa de Jerusalém, o Livro de Neemias descreve a restauração política. Neemias sacrificou sua vida de luxo e prazeres para poder amparar seus irmãos necessitados em Jerusalém. Treze anos depois de Esdras subir a Jerusalém, chega Neemias, de acordo com Mesquita (1983a,

19 **Fonte das citações**: Bíblia (1994, p. 625; 1996, p. 727; 1998, p. 739; 1999a, p. 521; 1999b, p. 550; 1999c, p. 1395; 2000, p. 684; 2003, p. 662); Dockery (2001, p. 332); Ellisen (1999, p. 124); Halley (2001, p. 212); Hoff (1996, p. 279); Malta ([S.d.], p. 186); Mesquita (1983a, p. 251); Pearlman (1999a, p. 81); Pfeiffer; Harrison (1995, p. 288); Shedd (1997, p. 430), Walton (2001).

p. 252), "no ano 444, o 20° de Artaxerxes I". Assim, Neemias reconstrói os muros de Jerusalém em apenas 52 dias, apesar da ferrenha oposição, efetuando conjuntamente com esse ato muitas reformas gerais entre o povo.

Conteúdo e abrangência dos temas

O período histórico coberto pelos dois Livros (Esdras-Neemias) é de aproximadamente 110 anos.

8.16 Ester[20]

Autoria

A autoria do Livro de Ester é desconhecida. Mordecai é apontado como possível autor (veja Ester, 9: 20). Alguns acreditam que o autor foi Esdras, devido ao Talmude atribuir a autoria do Livro de Ester à "Grande Sinagoga".

Temática

O tema é a providência divina. Conforme Silva (2004, p. 1129), a palavra *providência* vem do latim *providentia*, de *providere,* e significa "olhar para frente" ou "prevenir". O Livro de Ester, assim como o Livro Cantares de Salomão, ignora o nome de Deus,

---

20 **Fonte das citações**: Bíblia (1994, p. 647; 1996, p. 753; 1998, p. 764; 1999a, p. 538; 1999b, p. 567; 1999c, p. 1396; 2000, p. 707; 2001, p. 500; 2003, p. 684); Dockery (2001, p. 340); Ellisen (1999, p. 135); Halley (2001, p. 212); Hoff (1996, p. 317); Malta ([S.d.], p. 190); Mesquita (1983a, p. 306); Pearlman (1999a, p. 85); Pfeiffer; Harrison (1995, p. 304); Shedd (1997, p. 449). Walton (2001).

entretanto, a fé em Deus e na sua providência é patente e clara. Também não há referência alguma à lei nem à religião judaica.

Conteúdo e abrangência dos temas

"Houve um intervalo de quase 60 anos entre os capítulos 6 e 7. Nesse período, Ester tornou-se rainha da Pérsia, por volta de 478 a.C." (FTB, 2014, p. 161).

8.17 Jó[21]

Autoria

A autoria de Jó é incerta. Alguns eruditos indicam Moisés como autor da obra, outros a Eliú, outros a Salomão.

Temática

O livro trata de um dos maiores mistérios da humanidade, o do sofrimento.

> *A pergunta que ressoa por todo o Livro é: Por que sofrem os justos? O Livro de Jó descortina o mundo espiritual, Satanás apresenta-se ao Senhor, juntos com os filhos de Deus, e desafia a piedade de Jó, dizendo: "Porventura, teme Jó a Deus debalde?" (1: 9). Vai mais longe e sugere que se Jó perdesse tudo o que possuía, amaldiçoaria Deus. Então, Deus permite que a fé de Jó seja provada, privando-o de*

21 **Fonte das citações**: Bíblia (1994, p. 658; 1996, p. 766, 1998, p. 777; 1999a, p. 549; 1999b, p. 577; 1999c, p. 1396; 2000, p. 719; 2001, p. 509; 2003, p. 699); Dockery (2001, p. 352); Ellisen (1999, p. 153); Halley (2001, p. 220); Hoff (1996, p. 317); Malta ([S.d.], p. 194); Mesquita (1983a, p. 306); Pearlman (1999a, p. 91); Pfeiffer; Harrison (1995, p. 318); Shedd (1997, p. 465), Walton (2001).

> *sua riqueza, de sua família e, finalmente, de sua saúde. Mesmo assim, "Em tudo isto não pecou Jó com os seus lábios" (2: 10).*

Conforme Pearlman (1996a, p. 91),

> *o Livro de Jó ensina que Deus "tem um propósito ao enviar o sofrimento aos homens; que ele castiga o homem com a intenção de trazê-lo mais perto de si mesmo. Deus usou as aflições para experimentar o caráter de Jó e como um meio de revelar-lhe um pecado do qual até então não se tinha dado conta: autojustiça".* (FTB, 2014, p. 163)

Conteúdo e abrangência dos temas

O Livro de Jó trata do sofrimento humano e da relação com Deus. Indica como relacionar-se com Deus apesar de algumas situações na vida não acontecerem de acordo com as expectativas que desenvolvemos. O relacionamento com Deus deve ser sincero e franco, sem se desejar nada em troca, e tudo o que recebemos da parte de Deus é devido ao Seu imenso amor.

8.18 Salmos[22]

Autoria

"O saltério foi completado na história israelita na época pós-exílio, abrangendo uma variedade de temas, inclusive revelações concernentes a Deus, à criação, à raça humana, ao pecado,

22 **Fonte das citações**: Bíblia (1994, p. 696; 1996, p. 813; 1998, p. 831; 1999a, p. 580; 1999b, p. 613; 1999c, p. 1397; 2000, p. 719; 2001, p. 535; 2003, p. 736); Calvino (1999, p. 13); Dockery (2001, p. 364); Ellisen (1999, p. 159); Halley (2001, p. 226); Hoff (1996, p. 317); Malta ([S.d.], p. 198); Mesquita (1983a, p. 306); Pearlman (1999a, p. 95, 1996b, p. 5); Pfeiffer; Harrison (1995, p. 359); Shedd (1997, p. 773), Walton (2001).

ao mal, à justiça, à santidade, à adoração, ao louvor, ao juízo" (FTB, 2014, p. 165). Chamado entre os israelitas de "o livro de louvor" (*sefer Tehillim*), ou simplesmente "louvores". Muitos dos Salmos são anônimos e há dúvida quanto à autoria de alguns deles. Os títulos atribuem 73 deles ao rei Davi, 12 a Asafe, 10 aos filhos de Corá, 2 a Salomão, 1 a Hemã, 1 a Etã e 1 a Moisés. Cinquenta Salmos são de autoria desconhecida.

Temática

Os Salmos tratam de louvores a Deus. Refletem o culto, a vida devocional e o sentimento religioso de cerca de mil anos da história de Israel. É uma coleção de poesia hebraica inspirada, que mostra a adoração e descreve as experiências espirituais do povo judaico. Os Salmos estão intimamente relacionados com a liturgia. O rei Davi organizou corais e orquestras, escolhendo compositores e regentes para liderarem o culto (I Crônicas, 25). Cinquenta e cinco salmos são endereçados especificamente ao "cantor-mor", ou seja, ao líder da adoração.

Pearlman (1999a, p. 95) conclui que "podemos resumir desta maneira o tema dos Salmos: Deus deve ser louvado em todas as circunstâncias da vida; e isto por causa da sua fidelidade no passado, que é uma garantia de sua fidelidade no futuro".

Conteúdo e abrangência dos temas

O Livro de Salmos trata-se de uma coleção de poesias relacionadas ao amor de Deus para com os seres humanos e expressões de linguagem que demonstram o caráter de Deus e Sua maneira específica de se relacionar com Sua criação.

8.19 Provérbios[23]

Autoria

O próprio Salomão foi o autor da maioria dos provérbios. Conforme consta em I Reis (4: 32), Salomão "compôs três mil provérbios, e foram os seus cânticos mil e cinco". Outros autores mencionados por nome em provérbios são Agur (30: 1-33) e Lemuel (31: 1-9), autores que a Bíblia não menciona em outra parte.

Temática

O tema de Provérbios são os princípios de convívio. O referido livro é repleto de expressões concisas que contêm lições morais. A função do Livro é esclarecida já no seu início: "Para aprender a sabedoria e o ensino; para entender as palavras de inteligência; para obter o ensino do bom proceder, a justiça, o juízo e a equidade; para dar aos simples prudência e aos jovens, conhecimento e bom siso" (1: 2-4) (FTB, 2014, p. 167).

Ellisen (1999, p. 185) define o livro em duas premissas: "Ensinar e focalizar os grandes benefícios que advêm aos seres humanos devido à mente disciplinada e ao modo de vida orientado por Deus, e inversamente, advertir dos grandes perigos que resultam inevitavelmente por seguir os ditames da natureza ou paixões inferiores".

---

23 **Fonte das citações**: Bíblia (1994, p. 792; 1996, p. 925; 1999a, p. 671; 1999b, p. 725; 1999c, p. 1397; 2000, p. 912; 2001, p. 617; 2003, p. 382); Dockery (2001, p. 392); Ellisen (1999, p. 185); Halley (2001, p. 244); Malta ([S.d.], p. 200); Pearlman (1999a, p. 97); Pfeiffer; Harrison (1995, p. 442); Shedd (1997, p. 625).

Conteúdo e abrangência dos temas

Provérbios apresenta um conjunto de princípios e valores escritos por homens que, na sua sabedoria, seguiram Deus e, por meio de suas experiências de vida, transmitem de forma prática como devemos agir no cotidiano de maneira sábia, reverente e comprometida com os valores de Deus.

8.20 Eclesiastes[24]

Autoria

Diz-se ter sido escrito por um filho de Davi, que foi rei de Israel em Jerusalém (Eclesiastes, 1: 1-12). Embora seja Salomão o único autor provável, existe uma corrente modernista que nega a autoria salomônica. Apesar disso, a tradição judaica atribui ao rei Salomão sua autoria (David, 1998).

Temática

O tema de Eclesiastes é a inutilidade. Esse célebre livro inicia declarando que tudo neste mundo é fútil. Se essa declaração fosse pronunciada por um homem pobre, poder-se-ia chamá-lo de *leviano*, porém, advinda de um homem que tudo possuía, de um homem a quem nada faltava, se torna uma máxima verdadeira.

---

24 **Fonte das citações**: Bíblia (1994, p. 827; 1996, p. 964; 1998, p. 1024; 1999a, p. 705; 1999b, p. 768; 1999c, p. 1398; 2000, p. 958; 2001, p. 643; 2003, p. 874); David (1998); Dockery (2001, p. 402); Ellisen (1999, p. 190); Halley (2001, p. 48); Malta ([S.d.], p. 205); Pearlman (1999a, p. 99); Pfeiffer; Harrison (1995, p. 484); Shedd (1997, p. 657).

Salomão, seu provável autor, reflete filosoficamente sobre o significado da existência sem Deus. O resultado dessa reflexão tem sua expressão na sentença sempre citada, "tudo é vaidade". *Vaidade*, nesse caso, significa "qualidade daquilo que é vão", ou seja, "vazio, sem valor" (Houaiss; Villar; Franco, p. 760).

Salomão chegou à seguinte conclusão, conforme indica Pearlman (1999a, p. 99): "sem a bênção de Deus, sabedoria, posição e riquezas não satisfazem, muito pelo contrário, trazem cansaço e decepção".

Conteúdo e abrangência dos temas

Eclesiastes trata da vida e dos princípios diários sob uma perspectiva filosófica. Por meio de vários conceitos, o autor apresenta para os seus leitores temas realmente importantes na vida.

8.21 Cantares de Salomão[25]

Autoria

A tradição judaica atribui a autoria desse livro ao rei Salomão, embora esse fato seja contestado na atualidade (David, 1998).

O nome completo desse livro na Bíblia hebraica é *Cântico dos cânticos de Salomão*, mais conhecido como *Cântico de Salomão*, ou, em razão do latim, *cantares*. O nome mais apropriado é *Cântico*

25 **Fonte das citações**: Bíblia (1994, p. 841; 1996, p. 981; 1998, p. 1040; 1999a, p. 915; 1999b, p. 778; 1999c, p. 1398; 2000, p. 971; 2001, p. 655; 2003, p. 887); Dockery (2001, p. 411); Ellisen (1999, p. 198); Halley (2001, p. 251); Malta ([S.d.], p. 209); Pearlman (1999a, p. 103); Pfeiffer; Harrison (1995, p. 497); Shedd (1997, p. 669).

dos cânticos, pelo fato de ser esse cântico o principal de todos os *Cânticos de Salomão* (I Reis, 4: 32).

Temática

O tema dos Cantares de Salomão é o amor verdadeiro. "Cantares é uma história de amor, que glorifica o amor puro e natural e focaliza a simplicidade e a santidade de uma pessoa que busca o seu amado" (FTB, 2014, p. 170). O Livro de Cântico dos cânticos é um poema de amor, em que o nome de Deus nem sequer é mencionado e não há referência à oração ou ao louvor a Deus.

Nesse cântico, uma donzela chamada Sulamita é mencionada (Cantares, 6: 13). Se ela realmente existiu, não há como saber, pois a Bíblia nada registra a respeito dela na história de Salomão. Pode ser que tenha ela sido uma mulher idealizada por Salomão para descrever o forte desejo de seu coração por uma pessoa amável e perfeita. O próprio nome *Sulamita* é especial, pois é a forma feminina do nome *Salomão*. A escolha desse nome para a amada demonstra que a aspiração de Salomão era encontrar alguém com quem ele se identificasse totalmente, alguém que participasse de sua vida e de seus interesses, como Deus espera de cada um de seus filhos.

Conteúdo e abrangência dos temas

De forma poética, o autor apresenta o amor como princípio fundamental da vida. Pelo amor profundo entre um homem e uma mulher, podemos aprender valores para a vida.

8.22 Isaías[26]

Autoria

Até 1775, não havia dúvida quanto à autoria desse livro como sendo de Isaías, porém, hoje essa informação é contestada pela alta crítica.[27] De acordo com Horton (2002, p. 52), as tradições judaicas indicam que Isaías era sobrinho do rei Uzias e foi serrado ao meio pelo iníquo rei Manassés (Hebreus, 11: 37).

Temática

O Livro de Isaías trata do juízo e da salvação e é, de todas as escrituras proféticas, o mais formoso e sublime. Conforme a Bíblia Pentecostal, "Isaías é uma Bíblia em miniatura" (Bíblia, 1996, p. 991), devido à sua organização e ao seu conteúdo; tem 66 capítulos, com duas divisões principais de 39 e 27. A primeira enfatiza o juízo do Senhor e a última apresenta Sua graça. Em nenhum dos outros livros obtemos uma visão tão gloriosa do Messias e de Seu reino. Isaías revela que o propósito divino da salvação será somente realizado em conexão com o Messias. O Livro está repleto de promessas de restauração e redenção, do advento garantido do Messias, de salvação para todas as nações e do triunfo dos propósitos de Deus.

---

26 **Fonte das citações**: Bíblia (1994, p. 850; 1996, p. 991; 1998, p. 1051; 1999a, p. 726; 1999b, p. 791; 1999c, p. 1399; 2000, p. 980; 2001, p. 662; 2003, p. 894); Dockery (2001, p. 422); Ellisen (1999, p. 214); Halley (2001, p. 256); Horton (2002); Malta ([S.d.], p. 212); Pearlman (1999a, p. 107); Pfeiffer; Harrison (1995, p. 1); Shedd (1997, p. 680).

27 Devido ao fato de haver uma mudança de tom e foco no capítulo 40: 56 e em razão da menção de Ciro (44: 28; 45, 1: 13), alguns críticos têm alegado que os capítulos 40 a 60 não foram escritos por Isaías.

Segundo Ellisen (1999, p. 227), devido à ênfase dada à graça de Deus e à sua obra redentora, o Livro de Isaías é chamado, algumas vezes, de "O quinto Evangelho", e seu autor, de "profeta evangélico", em virtude das muitas previsões sobre o Messias (7: 14; 9: 6; 11: 1-10; 25: 8; 32: 1; 29: 17-18; 35: 4-6; 40: 3; 40: 11; 42: 2-3; 53: 2-3; 61: 1; 63: 1-4).

Conteúdo e abrangência dos temas

Isaías profetizou durante os reinados de "Uzias, Jotão, Acaz e Ezequias, reis de Judá" (1: 1). Assim, os acontecimentos históricos registrados em Isaías abrangem um período de aproximadamente 62 anos.

8.23 Jeremias[28]

Autoria

A autoria do Livro de Jeremias é fato consumado. Tanto interna (seu nome é citado 131 vezes) quanto externamente, o livro é atribuído a Jeremias (Daniel, 9: 2; Esdras, 1: 1).

Temática

O tema de Jeremias é o julgamento purificador. Deus julgaria o povo escolhido em virtude de sua rejeição à Lei divina, como

28 **Fonte das citações**: Bíblia (1994, p. 850; 1996, p. 1079; 1998, p. 1051; 1999a, p. 788; 1999b, p. 859; 1999c, p. 1399; 2000, p. 980; 2001, p. 717; 2003, p. 956); Dockery (2001, p. 452); Ellisen (1999, p. 229); Halley (2001, p. 275); Horton (2002); Malta ([S.d.], p. 216) Pearlman (1999a, p. 116); Pfeiffer; Harrison (1995, p. 65); Shedd (1997, p. 741).

também em virtude da recusa inflexível da correção dos profetas. O destino previsto para uma nação apóstata em Deuteronômio (28-30) era inevitável. O profeta Jeremias foi considerado traidor da sua nação; e o povo, os nobres e o rei, alternadamente, tentaram matá-lo. Entre suas profecias condenatórias, Jeremias tinha também mensagens de esperança para a nação. Anunciou que uma nova aliança seria estabelecida para substituir a mosaica, realizada no Sinai (31-32), referiu-se ao Messias como o "renovo justo", "renovo de justiça" que reinará no trono de Davi e executará julgamento e justiça na terra (23: 5-6; 33: 14-17).

Conteúdo e abrangência dos temas

Jeremias ministrou em Jerusalém por aproximadamente 40 anos (627-586 a.C.) e no Egito.

8.24 Lamentações[29]

Autoria

Apesar de o livro não mencionar o nome do autor, as tradições cristã e judaica têm atribuído a autoria de Lamentações a Jeremias.

29 **Fonte das citações**: Bíblia (1994, p. 994; 1996, p. 1159; 1998, p. 1261; 1999a, p. 857; 1999b, p. 918; 1999c, p. 1400; 2000, p. 1141; 2001, p. 772; 2003, p. 1021); Dockery (2001, p. 471); Ellisen (1999, p. 239); Halley (2001, p. 286); Horton (2002); Josefo (1990, p. 679); Malta ([S.d.], p. 224); Pearlman (1999a, p. 127); Pfeiffer; Harrison (1995, p. 115); Shedd (1997, p. 780).

Temática

O tema de Lamentações é a destruição da cidade santa. As dores e lamentações expressas nas profecias de Jeremias encontram aqui o seu auge. A cidade escolhida por Deus fora arrasada, o templo projetado e habitado pelo Senhor tornara-se um monte de cinzas, o povo escolhido havia sido levado cativo para a Babilônia. Jerusalém, que fora rainha, agora era escrava.

O objetivo principal do cativeiro era ensinar os israelitas a reconhecer a mão castigadora de Deus em suas calamidades para que se voltassem a Este com arrependimento sincero. O triste cântico de Jeremias foi adotado pela nação judaica.

Os judeus cantam esse livro todas as sextas-feiras junto ao Muro das Lamentações, em Jerusalém, e o leem nas sinagogas, em jejum, no nono dia, destinado à lamentação dos cinco grandes lamentos[30] que sobrevieram à nação.

Conteúdo e abrangência dos temas

De forma poética e dramática, o livro retrata o lamento do profeta Jeremias em virtude do cativeiro babilônico.

30 1) A ruína de Jerusalém e o sofrimento dos exilados, devido aos seus pecados; 2) O senhor, o defensor de Israel desde a Antiguidade, abandonou seu povo ao seu terrível destino; 3) A dor de Jeremias sobre as aflições de seu povo, sua confiança em Deus e sua própria perseguição; 4) A glória passada de Israel em contraste com a aflição atual; 5) A oração pedindo misericórdia.

8.25 Ezequiel[31]

Autoria

O Livro de Ezequiel é atribuído, pela maioria dos estudiosos, ao próprio Ezequiel. Entretanto, mestres modernos frequentemente desafiam a unidade e a autoria única do livro.

Temática

O tema do Livro de Ezequiel é a destruição e a restauração de Jerusalém. Ezequiel exerceu seu ministério de profeta na Babilônia, começando-o 7 anos antes da destruição de Jerusalém e encerrando-o cerca de 15 anos depois. Exilado por ocasião do segundo cerco de Jerusalém, ele escreveu para aqueles que ainda se encontravam em Jerusalém, afirmando que a cidade e o templo seriam destruídos, incluindo a retirada da presença de Deus, e que o Egito seria uma falsa esperança de auxílio, pois também seria conquistado pela Babilônia. Cumprida a profecia, Ezequiel tornou-se o profeta da esperança, anunciando a restauração de Israel.

Conteúdo e abrangência dos temas

"Ele recebeu seu chamado profético em 593 e profetizou entre 593 e 571 como indicam treze datas específicas fornecidas no livro (1: 1; 8: 1; 20: 1; 24: 1; 26: 1; 29: 1; 29: 17; 30: 20; 31: 1; 32: 1; 32: 17; 33: 21; 40: 1)" (FTB, 2014, p. 176).

31 **Fonte das citações**: Bíblia (1994, p. 1002; 1996, p. 1169; 1998, p. 1274; 1999a, p. 865; 1999b, p. 929; 1999c, p. 1400; 2000, p. 1152; 2001, p. 783; 2003, p. 1030); Dockery (2001, p. 475); Ellisen (1999, p. 246); Malta ([S.d.], p. 228); Pearlman (1999a, p. 129); Pfeiffer; Harrison (1995, p. 123); Shedd (1997, p. 787).

8.26 Daniel[32]

Autoria

Esse livro tem sido tradicionalmente atribuído a Daniel com base em declarações impressas em suas páginas (9: 2; 10: 2) e em testemunho de Cristo (Mateus, 24: 15). Entretanto, a autoria é contestada pelos críticos modernos.

Daniel era da tribo de Judá e provavelmente membro da família real (1: 3-6). Quando era ainda muito jovem, ele foi levado cativo à Babilônia no terceiro reinado do rei Joaquim (II Crônicas, 36: 4-7), e oito anos antes de Ezequiel, com o primeiro grupo de cativos, na primeira tentativa de Nabucodonosor de tomar a cidade.

Temática

O tema desse livro é a soberania de Deus, como aquele que levanta e derruba governantes e determina com antecedência o futuro das nações. Impérios surgem e desaparecem, mas, no final, o Senhor esmagará a oposição e estabelecerá Seu reino sobre a terra.

Em razão de suas muitas visões, o Livro de Daniel tem sido chamado "O Apocalipse do Antigo Testamento". De acordo com Ellisen (1999, p. 264), "é um livro 'apocalíptico' no verdadeiro sentido de 'apocalipse', uma 'revelação' de Deus".

---

32 **Fonte das citações**: Bíblia (1994, p. 1071; 1996, p. 1241; 1998, p. 1353; 1999a, p. 915; 1999b, p. 982; 1999c, p. 1401; 2000, p. 1225; 2001, p. 835; 2003, p. 1088); Calvino (2000); Dockery (2001, p. 492); Ellisen (1999, p. 257); Gilberto (1984, p. 13); Halley (2001, p. 299). Malta ([S.d.], p. 234); Mesquita (1986, p. 9); Pearlman (1999a, p. 135); Pfeiffer; Harrison (1995, p. 209); Shedd (1997, p. 816).

Conteúdo e abrangência dos temas

A narrativa aponta desde Nabucodonosor até Ciro, abrangendo um período de cerca de 70 anos; Daniel serviu a seis reis governadores babilônicos e a dois persas.

8.27 Oseias[33]

Oseias é o primeiro dos livros denominados *Profetas*, considerados pela Bíblia hebraica um único livro. Chamavam-no de "O Livro dos Doze". As designações "profeta maior" e "profeta menor" foram cunhadas por Agostinho de Hipona, no início do século IV d.C., em sua obra *A Cidade de Deus*. Esses livros são chamados de *menores* não em razão de sua importância, mas em relação ao seu tamanho. Os Livros Profetas Menores vão de Oseias a Malaquias.

Autoria

Oseias foi um profeta do reino do Norte (Israel ou Efraim). Profetizou na mesma época que Amós (1: 1), Isaías (1: 1) e Miqueias (1: 1) em Judá.

33 **Fonte das citações**: Bíblia (1994, p. 1096; 1996, p. 1271; 1998, p. 1378; 1999a, p. 935; 1999b, p. 1005; 1999c, p. 1401; 2000, p. 1249; 2001, p. 852; 2003, p. 1114); Dockery (2001, p. 506); Ellisen (1999, p. 272); Feinberg (1996, p. 12); Halley (2001, p. 314); Malta ([S.d.], p. 244); Pearlman (1999a, p. 143); Pfeiffer; Harrison (1995, p. 249); Shedd (1997, p. 833); Soares (2002, p. 20).

Temática

O tema de Oseias é o amor de Deus e a restauração, é uma grande exortação ao arrependimento dirigida ao reino do Norte, durante um longo lapso de tempo.

Oseias descreve as perturbações de sua época:

> *os sacerdotes haviam se unido ao povo para atacar e assassinar peregrinos no caminho para Siquém (4: 11-14, 18; 6: 9). A nação mergulhara nas densas trevas, ficando destituída de verdade, de bondade e de conhecimento de Deus (4: 6) e cheia de perjuro, de mentira, de morte, de furto, de adultério e de derramamento de sangue [...]. Essa decadência espiritual, social e política foi se intensificando à medida que o tempo passava, culminando com o cativeiro Assírio em 722 a.C., por Salmanaser V (II Reis, 17: 3) e consumado por Sargão II (Isaías, 20: 1).* (FTB, 2014, p. 179)

Conteúdo e abrangência dos temas

Os quatro reinados de Judá, Uzias, Jotão, Acaz e Ezequias somam um período de 113 anos: 52 de Uzias, 16 de Jotão, 16 de Acaz e 29 de Ezequias (II Crônicas, 29: 1). É evidente que o ministério de Oseias não abarcou todos esses anos. Os acontecimentos históricos a que se refere o Livro de Oseias cobrem um período de aproximadamente 60 anos.

8.28 Joel[34]

Autoria

Tradicionalmente, o Livro de Joel tem sido aceito como obra de um só autor, que é o próprio Joel. Os dados sobre o autor são escassos, com exceção do nome de seu pai, Petuel. Enquanto Joel fez considerações proféticas ao povo de Judá (reino do Sul), Elias o fez em Israel (reino do Norte).

Temática

O tema desse livro é o dia do Senhor. Joel inicia seu ministério paralelamente a uma invasão terrível de gafanhotos, que devastou a terra, destruiu as colheitas e trouxe a fome geral. Segundo Pearlman (1999a, p. 149), "o profeta vê nessa calamidade uma visitação do Senhor e se refere a ela como um tipo do castigo final do mundo o dia do Senhor (1: 15)". Em meio à calamidade, Joel conclama os líderes espirituais a guiar o povo ao arrependimento (1: 13-14). Havia esperança, caso o povo se arrependesse (2: 18-27); o povo saberia que Deus estava presente em Israel e que somente Ele é Deus (2: 27). Esse arrependimento, disse Deus, "removeria as pragas dos gafanhotos e da estiagem e restauraria as bênçãos da chuva, colheitas abundantes e proteção contra os inimigos (2: 19-20)" (FTB, 2014, p. 180).

Após o arrependimento, um grande derramamento do Espírito de Deus traria renovação espiritual antes de o "grande

---

34 **Fonte das citações**: Bíblia (1994, p. 1108; 1996, p. 1285; 1998, p. 1394; 1999a, p. 947; 1999b, p. 1020; 1999c, p. 1402; 2000, p. 1261; 2001, p. 863; 2003, p. 1129); Dockery (2001, p. 510); Ellisen (1999, p. 279); Feinberg (1996, p. 69); Halley (2001, p. 318); Malta ([S.d.], p. 250); Pearlman (1999a, p. 147); Pfeiffer; Harrison (1995, p. 271); Shedd (1997, p. 843).

e terrível Dia do Senhor" (2: 31). Seria um dia de terror para o pecador (1: 15; 2: 11) e um dia de bênção para os redimidos (2: 12-14; 2: 19-29). Todos os que invocassem o Senhor seriam salvos (2: 32).

Conteúdo e abrangência dos temas

O livro apresenta como pano de fundo a figura de gafanhotos destruidores, demonstrando assim as consequências decorrentes do pecado praticado pelo povo de Israel.

8.29 Amós[35]

Autoria

Amós era natural de Tecoa, cidade de Judá, reino do Sul, situada a cerca de 10 quilômetros ao sul de Belém e 20 quilômetros a sudeste de Jerusalém. Era boiadeiro, cuidador de ovelhas e cultivador de sicômoros (7: 14-15). Foi contemporâneo de Oseias e, embora fosse natural de Judá, Deus enviou-o a profetizar em Betel, centro religioso do reino do Norte.

Temática

O Livro de Oseias trata de um chamado à justiça. Profetizou durante os reinados de Uzias, rei de Judá (II Crônicas, 26) e

35 **Fonte das citações**: Bíblia (1994, p. 1113; 1996, p. 1295; 1998, p. 1401; 1999a, p. 952; 1999b, p. 1026; 1999c, p. 1402; 2000, p. 1266; 2001, p. 870; 2003, p. 1135); Dockery (2001, p. 512); Ellisen (1999, p. 286); Feinberg (1996, p. 84); Halley (2001, p. 319); Malta ([S.d.], p. 252); Pearlman (1999a, p. 149); Pfeiffer; Harrison (1995, p. 283); Shedd (1997, p. 852).

Jeroboão II, rei de Israel (II Reis, 14: 23-29), aproximadamente 60 a 80 anos antes do cativeiro na Assíria. De acordo com FTB (2014, p. 181),

> *A mensagem de Amós é de um castigo que recairá sobre a aristocracia em virtude das injustiças sociais praticadas contra os pobres e fracos. Amós, como fizera Joel 60 anos antes, enfatizou o dia vindouro do Senhor, porém, ao contrário de Joel, apresentou-o como um "dia de trevas, e não de luz" (5: 18).*

Em virtude dos privilégios que Deus lhes havia concedido e por não valorizá-los, o castigo para Israel seria maior do que para aqueles que não gozavam dos mesmos benefícios (3: 2), ou seja, o castigo é proporcional ao privilégio. Pearlman (1999a, p. 149, citado em FTB, 2014, p. 181) resume o tema de Amós: "exposição dos pecados de um povo privilegiado, cujos privilégios lhes trouxeram grande responsabilidade e cujas faltas sob essa responsabilidade lhes acarretaram um castigo de acordo com a luz que tinham recebido".

Conteúdo e abrangência dos temas

No Livro de Amós, identificamos a mensagem de Deus sendo proferida pelo referido profeta; essa mensagem de Deus é proferida a partir do contexto de vida de um homem que trabalhava com gado.

8.30 Obadias[36]

Autoria

Nada se sabe acerca de Obadias, a não ser que seu nome significa "servo do Senhor".

Temática

De acordo com FTB (2014), o tema de Obadias é o grande pecado de Edom. Os edomitas provinham de Esaú, irmão gêmeo de Jacó. O Livro de Gênesis retrata a inimizade que existia entre esses irmãos. Edom se tornou uma grande nação (Gênesis, 36; Êxodo, 15: 15; Números, 20: 14). Quando os israelitas subiram da terra do Egito, os edomitas negaram-lhes passagem através de sua terra (Números, 20: 20-21), entretanto, Deus ordenou a Israel que tratasse Edom como irmão (Deuteronômio, 23: 7-8). Não obstante, Edom sempre persistiu em prejudicar Israel, como atestam com abundância as Escrituras.

Devido à sua insistente perseguição ao povo escolhido, o profeta Obadias anuncia a destruição final de Edom, assim como, no futuro próximo, de todas as nações que têm dessa forma maltratado o povo de Deus.

36 **Fonte das citações**: Bíblia (1994, p. 1123; 1996, p. 1309; 1998, p. 1414; 1999a, p. 961; 1999b, p. 1038; 1999c, p. 1401; 2000, p. 1276; 2001, p. 881; 2003, p. 1146); Ellisen (1999, p. 293); Feinberg (1996, p. 125); Halley (2001, p. 322); Malta ([S.d.], p. 253); Pearlman (1999a, p. 153); Pfeiffer; Harrison (1995, p. 294); Shedd (1997, p. 867).

Conteúdo e abrangência dos temas

Nesse livro, percebe-se a mensagem de Deus para confrontar o pecado praticado pelos edomitas: o profeta usado por Deus proclama a destruição dos edomitas como consequência de suas falhas.

8.31 Jonas[37]

Autoria

Conforme a tradição, o Livro de Jonas é de autoria de Jonas. Ele era galileu, da cidade de Gate-Hefer, localizada em Zebulom (Josué, 19: 13), ao norte de Nazaré, na Galileia. Jesus deu testemunho da existência de Jonas, do livramento miraculoso e do seu ofício profético (Mateus, 12: 40).

Temática

O grande amor de Deus. Jonas foi convocado para profetizar em Nínive. O profeta foi comissionado para pregar contra Nínive, em virtude de grande pecado e corrupção da cidade. Deus falou a Jonas que fosse a Nínive, mas ele era de opinião contrária e fugiu para Társis (1: 3). De acordo com FTB (2014, p. 183):

37 **Fonte das citações**: Bíblia (1994, p. 1126, 1996, p. 1313; 1998, p. 1417; 1999a, p. 963; 1999b, p. 1041; 1999c, p. 1403; 2000, p. 1279; 2001, p. 885; 2003, p. 1150); Dockery (2001, p. 516); Ellisen (1999, p. 300); Feinberg (1996, p. 132); Halley (2001, p. 324); Malta ([S.d.], p. 256); Pearlman (1999a, p. 155); Pfeiffer; Harrison (1995, p. 298); Shedd (1997, p. 871).

> *Nínive ficava ao leste da Palestina e Társis a oeste. Compra a passagem em um navio que se destina ao contrário de sua direção. Ele se isola e dorme. Logo após a partida do navio, desencadeia-se uma severa tempestade. Os marinheiros aterrorizados lançavam ao mar a carga do navio e começaram a invocar seus deuses (1: 6). Por meio de sortes, Jonas é identificado como o causador de todos aqueles males. Por sua sugestão, é lançado ao mar, cessando sua fúria (1: 15). É engolido por um grande peixe (1: 17). Arrependido no ventre do peixe, ora sinceramente pedindo salvação, quando Deus o coloca ileso sobre a terra (2: 10).*

O profeta obedece à ordem de ir a Nínive e proclama em altas vozes a mensagem de arrependimento. Todo o povo reage com sincero arrependimento voltando-se para Deus, que consequentemente suspendeu o julgamento que havia notificado (3: 10).

Ainda conforme FTB (2014, p. 183),

> *o "livro de Jonas é uma repreensão contra o exclusivismo, o povo de Deus hoje tem a responsabilidade de pôr de lado o nacionalismo inflexível e o ódio racial e compartilhar o amor de Deus com todas as nações, tribos, povos e línguas".*

Conteúdo e abrangência dos temas

O famoso profeta rebelde, em desobediência a Deus, procura tomar um rumo na sua vida contrário aos planos de Deus. Após uma tragédia, Jonas resolve render-se ao Senhor e obedecer ao plano de Deus. Esse livro retrata um profeta instável emocionalmente.

8.32 Miqueias[38]

Autoria

A autoria de Miqueias é geralmente reconhecida. Era natural de Moresete-Gate, uma aldeia localizada cerca de 32 quilômetros ao sudoeste de Jerusalém. Viveu na época de Isaías (Isaías, 1: 1; Miqueias, 1: 1); profetizou durante os reinados de Pecaías, Peca e Oseias em Israel, e de Jotão, Acaz e Ezequias em Judá (II Reis, 15: 23-30).

Temática

O tema de Miqueias é a compaixão de Deus. Miqueias usou figuras de prostituição para descrever o culto idólatra, como fizera Oseias (1: 7). A ira de Deus recairia sobre a nação, em razão dos pecados de violência e da injustiça social. O profeta observou que Israel havia rejeitado a verdade e que "pereceu da terra o piedoso, e não há entre os homens um que seja reto; todos espreitam para derramarem sangue; cada um caça a seu irmão com rede" (7: 2). Devido às maquinações más de um povo que se levanta contra os ensinamentos de Deus, o justo Deus adverte a nação sobre a invasão da terra pelo inimigo e o exílio do povo de sua terra. Apesar do tom de castigo vindouro, a visão de Miqueias vai além do juízo de Deus e mostra a restauração

---

38 **Fonte das citações**: Bíblia (1994, p. 1130; 1996, p. 1319; 1998, p. 1422; 1999a, p. 967; 1999b, p. 1046; 1999c, p. 1403; 2000, p. 1283; 2003, p. 1156); Dockery (2001, p. 518); Ellisen (1999, p. 308); Feinberg (1996, p. 151); Halley (2001, p. 326); Malta ([S.d.], p. 259); Pearlman (1999a, p. 161); Pfeiffer; Harrison (1995, p. 308); Shedd (1997, p. 878).

e as bênçãos futuras. Deus se apiedaria de seu povo e dirimiria completamente seus pecados (FTB, 2014, p. 184).

Conteúdo e abrangência dos temas

Deus revela sua ira por meio do profeta; através de Seu amor, Deus procura justiça na terra. A mensagem principal do profeta demonstra a necessidade de justiça na terra; ocorrendo o contrário, Deus age com poder.

8.33 Naum[39]

Autoria

Praticamente nada se sabe a respeito da trajetória de Naum. Além da declaração de que ele era um elcosita[40], nenhuma evidência válida tem sido apresentada para declarar que qualquer outra pessoa tenha sido autora do Livro de Naum.

Temática

O tema de Naum é a destruição de Nínive. A cidade, que há pouco mais de um século se voltou de seus pecados pelas exortações do profeta Jonas, entregou-se à idolatria, crueldade e opressão. Passados 120 anos, Naum revelou com detalhes o plano divino

39 **Fonte das citações**: Bíblia (1994, p. 1138; 1996, p. 1329; 1998, p. 1433; 1999a, p. 974; 1999b, p. 1053; 1999c, p. 1403; 2000, p. 1290; 2001, p. 898; 2003, p. 1164); Dockery (2001, p. 522); Ellisen (1999, p. 313); Feinberg (1996, p. 190); Halley (2001, p. 328); Malta ([S.d.], p. 261); Pearlman (1999a, p. 165); Pfeiffer; Harrison (1995, p. 321); Shedd (1997, p. 886).

40 Uma designação do profeta Naum, significando provavelmente que ele era nativo ou cidadão de Elcós. Contudo, Elcós ainda não pôde ser definitivamente identificada.

para destruir e devastar Nínive completamente. Ellisen (1999, p. 31) conclui com maestria "que a 'lei da selva' não é a Lei de Deus. Embora o pecado e a violência possam ficar sem punição por algum tempo dentro da longanimidade divina, todavia não serão esquecidos".

Conteúdo e abrangência dos temas

A destruição da cidade de Nínive. Os ninivitas, depois da mensagem de Jonas, voltaram à prática dos pecados da idolatria.

8.34 Habacuque[41]

Autoria

Pouco se sabe de Habacuque, exceto o que se pode deduzir desse livro que leva o seu nome. Ele não é mencionado em nenhum outro lugar da Bíblia, mas duas vezes em seu Livro (1: 1; 3: 1). "Alguns autores o têm identificado como levita, em virtude de algumas observações musicais feitas ao salmo litúrgico (capítulo 3). Entretanto, tal raciocínio não se mostra lógico, pois, do mesmo modo, Davi escreveu vários salmos litúrgicos e não era levita" (FTB, 2014, p. 186).

41 **Fonte das citações**: Bíblia (1994, p. 1143; 1996, p. 1334; 1998, p. 1438; 1999a, p. 978; 1999b, p. 1058; 1999c, p. 1403; 2000, p. 1294; 2001, p. 903; 2003, p. 1169); Dockery (2001, p. 524); Ellisen (1999, p. 317); Feinberg (1996, p. 207); Halley (2001, p. 332); Malta ([S.d.], p. 263); Pearlman (1999a, p. 169); Pfeiffer; Harrison (1995, p. 329); Shedd (1997, p. 892).

Temática

A aflição dos piedosos e a prosperidade dos ímpios. O profeta presencia por todos os lados a injustiça triunfante e não castigada. Habacuque lamenta os pecados do povo e, depois, dos inimigos. A princípio, seu clamor pelo julgamento aparentemente não é ouvido por Deus (1: 1-2). Quando respondeu o Senhor ao profeta, este ficou ainda mais surpreso, porque os agentes do julgamento de Deus, os caldeus, são mais ímpios e mais dignos de castigo do que suas vítimas.

Habacuque está perplexo. Mas, felizmente, ele conduz sua inquietação a Deus, que logo a faz cessar e apresenta uma solução dos problemas, resumida na declaração: "O justo viverá pela sua fé" (2: 4). Para Pearlman (1999a, p. 169), "isso quer dizer que, por mais triunfante que pareça o mal, o justo não deve julgar pelas aparências, mas sim pela palavra de Deus. Embora os ímpios vivam e prosperem nas suas impiedades e os justos sofram, estes últimos devem viver uma vida de fidelidade e confiança".

Conteúdo e abrangência dos temas

O profeta apresenta um contraponto em relação à prosperidade dos ímpios. A mensagem principal do livro diz respeito ao fato de que o justo vive pela fé.

8.35 Sofonias[42]

Autoria

No primeiro versículo, Sofonias traça a sua linhagem até o bisavô, Ezequias. Sofonias profetizou durante o reinado de Josias, rei de Judá, e antes da destruição de Nínive em 612 a.C. (1: 1; 2: 13).

Temática

A grande ênfase de Sofonias é o Dia do Senhor, quando Deus consumirá e destruirá tudo sobre a face da terra, seja homem, seja animal. Deus consome a terra com o fogo da sua indignação em virtude do pecado e da intransigência dos homens (1: 8; 3: 8).

Como Sofonias, mais dois profetas falaram do "grande" Dia do Senhor: Joel (2: 31) e Malaquias (4: 5), sugerindo uma mensagem de julgamento do Senhor e indicando o Deus de Israel como um lugar de descanso para o arrependido.

O profeta Sofonias conclui sua profecia com palavras de bênção e promessas para as nações e para Israel (3: 20).

Conteúdo e abrangência dos temas

Esse livro abrange o grande dia do Senhor, o dia do juízo que irá chegar; Deus, na Sua justiça, irá julgar a terra.

---

42 **Fonte das citações**: Bíblia (1994, p. 1147; 1996, p. 1340; 1998, p. 1444; 1999a, p. 982; 1999b, p. 1064; 1999c, p. 1404; 2000, p. 1299; 2001, p. 908; 2003, p. 1174); Dockery (2001, p. 526); Ellisen (1999, p. 324); Feinberg (1996, p. 224); Halley (2001, p. 333); Malta ([S.d.], p. 265); Pearlman (1999a, p. 173); Pfeiffer; Harrison (1995, p. 343); Shedd (1997, p. 898).

8.36 Ageu[43]

Autoria

Ageu é o primeiro dos profetas pós-cativeiro que ministraram após o retorno de Israel do exílio babilônico. São raras as informações sobre a vida de Ageu, além do livro que traz seu nome, que somente Esdras menciona (Esdras, 5: 1; 6: 14). Seu nome significa "festivo" ou "alegre", sendo o único com esse nome no Antigo Testamento (FTB, 2014, p. 189).

Temática

O tema de Ageu é a reconstrução do templo de Jerusalém. Após destruir o poder babilônico, por meio de decreto, Ciro permitiu que os judeus retornassem à terra da promessa para a reconstrução do santuário em Jerusalém, sob a direção de Zorobabel, o governador, e Josué, o sumo sacerdote (Esdras, 5: 3).

Depois de estabelecer-se na terra de Jerusalém, o povo erigiu um altar de holocaustos no local do templo. Dois anos mais tarde, em meio a grandes regozijos, foram lançados os alicerces do templo.

No entanto, como aponta FTB (2014, p. 189),

> *Logo vizinhos hostis (os samaritanos) empregaram seus ardis para interromper a obra. Foi ordenado, por um decreto imperial, que a obra fosse interrompida. Um estado de indiferença apoderou-se dos exilados que haviam retornado com o intento de reconstruir a casa*

43 **Fonte das citações**: Bíblia (1994, p. 1151; 1996, p. 1346; 1998, p. 1450; 1999a, p. 986; 1999b, p. 1069; 1999c, p. 1404; 2000, p. 1303; 2001, p. 914); Dockery (2001, p. 528); Ellisen (1999, p. 329); Feinberg (1996, p. 240); Halley (2001, p. 334); Malta ([S.d.], p. 266); Pearlman (1999a, p. 177); Pfeiffer; Harrison (1995, p. 350); Shedd (1997, p. 907); Wolf (1986, p. 9).

de Deus; ao invés de construírem o templo, estavam ocupados adornando suas próprias casas. Como resultado desta negligência, foram castigados com seca e esterilidade.

Durante 16 anos, o templo permaneceu inacabado, até o reinado de Dario Hystaspes, que publicou uma ordem permitindo a conclusão da obra.

Fortalecidos por Deus, o povo iniciou as obras da casa do Senhor, retomando o projeto. Três vezes o profeta repete o imperativo "sê forte" (ou tem coragem), uma vez dirigido a Zorobabel, outra a Josué e também a todo o povo (2: 4). Em seguida, o imperativo plural é dirigido a todos: "e trabalhai".

Em suma, como indica FTB (2014, p. 189), "os fracassos em outros setores da vida são resultados da negligência na obra de Deus".

Conteúdo e abrangência dos temas

O Livro de Ageu abrange a reconstrução do templo de Israel, em cujo processo Ageu tem um papel importante.

8.37 Zacarias[44]

Autoria

Zacarias provavelmente nasceu na Babilônia, descendente de uma família sacerdotal. Retornou a Jerusalém com sua família

44 **Fonte das citações**: Bíblia (1994, p. 1155; 1996, p. 1351; 1998, p. 1454; 1999a, p. 989; 1999b, p. 1073; 1999c, p. 1404; 2000, p. 1306; 2001, p. 918; 2003, p. 1184); Dockery (2001, p. 531); Ellisen (1999, p. 334); Feinberg (1996, p. 240); Halley (2001, p. 336); Malta ([S.d.], p. 268); Pearlman (1999a, p. 181); Pfeiffer; Harrison (1995, p. 359); Shedd (1997, p. 914); Wolf (1986, p. 9).

juntamente com os 50 mil exilados que regressaram sob a ordem de Ciro em 536 a.C. Iniciou seus trabalhos "ainda jovem (2: 4), dois meses depois de Ageu ter iniciado o seu ministério (Ageu, 1: 1; Zacarias, 1: 1)" (FTB, 2014, p. 190).

Temática

Palavras de consolo são o tema do Livro de Zacarias. Seu ministério, assim como o de Ageu, foi o de estimular o restante do povo que voltou para reconstruir o templo de Jerusalém. Apesar da oposição local e ao desestímulo de seus pares, Zacarias reverteu a situação, transformando-a em uma cena gloriosa, enquanto descrevia, por meio de uma série de visões e profecias, uma Jerusalém restaurada, protegida e habitada pelo Messias, sendo ela a capital de uma nação elevada acima de todas as demais nações. O povo reagiu, e a construção foi concluída em 516 a.C., o sexto ano do reinado de Dario.

Zacarias finaliza o Livro com uma descrição da culminante batalha na terra quando o próprio Senhor se envolverá na peleja (14: 2-4), e então "O Senhor será Rei sobre toda a terra" (14: 9).

Conteúdo e abrangência dos temas

O Livro de Zacarias apresenta o profeta com uma mensagem de incentivo para o povo; aqueles que voltaram do exílio babilônico deveriam se dedicar à reconstrução do templo.

8.38 Malaquias[45]

Autoria

Além do que está exposto em seu pequeno Livro, não há muito conhecimento a respeito das bases familiares ou da vida de Malaquias. A tradição judaica diz que Malaquias (com Ageu e Zacarias) era membro da Grande Sinagoga.

Temática

> *O tema de Malaquias é a grandeza de Deus. O profeta Malaquias apresenta o quadro de um povo religioso externamente, mas interiormente indiferente e falso; tendo o culto se tornado enfadonho e cansativo para eles (1: 13), porque nele não colocavam o coração (Isaías, 43: 22-24; Miqueias, 6: 3); os sacerdotes pouco se importavam com o que ofereciam a Deus, de modo que ofereciam o animal cego, o coxo e o enfermo (1: 6-8). A grave natureza do pecado dos sacerdotes e do povo em geral inevitavelmente ocasiona o juízo de Deus. Questionavam o Seu amor (1: 2), Sua honra e grandeza (1: 14; 2: 2), Sua justiça (2: 17) e Seu caráter (3: 13-15).*
>
> *Por três vezes em 1: 11-14, o Senhor declara Sua "grandeza", e dez vezes em todo o Livro Ele chama a atenção para a honra devida ao Seu nome (1: 6, 11-14; 2: 2-5; 3: 16; 4: 2). O Livro de Malaquias termina com uma profecia da vinda de Elias, o precursor do Messias, antes do "grande e terrível Dia do Senhor"* (4: 5). (FTB, 2014, p. 191)

45 **Fonte das citações**: Bíblia (1994, p. 1169, 1996, p. 1368, 1998, p. 1.470, 1999a, p. 1001, 1999b, p. 1087, 1999c, p. 1.405, 2000, p. 1320, 2001, p. 930, 2003, p. 1199); Dockery (2001, p. 531); Ellisen (1999, p. 334); Feinberg (1996, p. 329); Halley (2001, p. 342); Malta ([S.d.], p. 273); Pearlman (1996a, p. 185); Pfeiffer e Harrison (1995, p. 377); Shedd (1997, p. 933); Wolf (1986, p. 61).

Conteúdo e abrangência dos temas

Nesse livro, o profeta Malaquias confronta o povo religioso que não pratica a verdadeira adoração a Deus.

Questionário de Panorama do Antigo Testamento

1. O que relata o Livro de Gênesis?
2. O que significa o nome *Êxodo* e qual é a sua procedência?
3. Qual é a mensagem do Livro de Levítico?
4. Qual é o tema de Números?
5. Como é apresentado Israel no Livro de Josué?
6. Qual é o período que abrange o Livro de Juízes?
7. Qual é o tema do Livro de Rute?
8. O que relata o Primeiro Livro de Samuel?
9. O que registra o Livro de Esdras? E como esse livro termina?
10. Em quantos dias Neemias reconstrói os muros de Jerusalém?
11. O que ensina o Livro de Jó?
12. Qual é o propósito do Livro de Provérbios?
13. Qual é o tema do Livro das Lamentações?
14. Quem foi autor do Livro de Naum?
15. Como termina o Livro de Malaquias?

Referências

BÍBLIA. Português. *Bíblia anotada*. Barueri: SBB, 1994.

_____. Português. *Bíblia de estudo*: aplicação pessoal. Rio de Janeiro: CPAD, 2003.

_____. Português. *Bíblia de estudos Almeida*. Barueri: SBB, 1999a.

BÍBLIA. Português. *Bíblia de estudos de Genebra*. Barueri: SBB, 1999b.

_____. Português. *Bíblia de estudos Pentecostal*. Rio de Janeiro: CPAD, 1996.

BÍBLIA. Português. *Bíblia de estudos Plenitude*. Barueri: SBB, 2001.

_____. Português. *Bíblia de estudos Vida*. Barueri: SBB, 1998.

_____. Português. *Bíblia de Jerusalém*. 4. ed. rev. e atual. São Paulo: Paulus, 2002.

_____. Português. *Bíblia de referência Thompson*. São Paulo: Vida, 1999c.

_____. Português. *Bíblia Shedd*. Barueri: SBB, 2000.

CALVINO, J. *O livro dos salmos*. São Paulo: Paracletos, 1999.

_____. *Daniel*. São Paulo: Parakletos, 2000.

CIP – Congregação Israelita Paulista. *Bemidbar*. São Paulo, 21 maio 2012. Disponível em: <http://www.cip.org.br/2012/05/bamidbar>. Acesso em: 24 jul. 2014.

DAVID, B. *Eclesiastes e rei Salomão*. São Paulo: Maayanot, 1998.

DOCKERY, D. *Manual bíblico*. São Paulo: Vida Nova, 2001.

ELLISEN, S. A. *Conheça melhor o Antigo Testamento*. Tradução de Emma Anders de Souza Lima. São Paulo: Vida, 1999.

FEINBERG, C. L. *Os profetas menores*. São Paulo: Vida, 1996.

FTB – Faculdade Teológica Betesda. *Curso de Teologia*: módulo 1. 15 de jan. 2014. Disponível em: <http://pt.scribd.com/doc/210786769/F-B-MODULO-1>. Acesso em: 21 ago. 2014.

GILBERTO, A. *Daniel e Apocalipse*: compreendendo o plano de Deus para estes últimos dias. Rio de Janeiro: CPAD, 1984.

HALLEY, H. H. *Manual bíblico de Halley*. Tradução de Gordon Chown. 2. ed. rev. e ampl. São Paulo: Vida, 2001.

HOFF, P. *O Pentateuco*. Tradução de Luiz Aparecido Caruso. São Paulo: Vida, 1993.

_____. *Os livros históricos*. São Paulo: Vida, 1996.

HORTON, S. M. *Isaías*: o profeta messiânico. Rio de Janeiro: CPAD, 2002.

HOUAISS, A.; VILLAR, M. de S.; FRANCO, F. M. de M. *Dicionário Houaiss da língua portuguesa*. Rio de Janeiro: Instituto Antônio Houaiss; Objetiva, 2001.

JOSEFO, F. *História dos hebreus*. Rio de Janeiro: CPAD, 1990.

MALTA, I. V. *Caminhando pela Bíblia*. São Paulo: Mensagem para Todos, [S.d.].

MESQUITA, A. N. de. *Estudo no livro de Daniel*. 3. ed. Rio de Janeiro: Juerp, 1986.

_____. *Estudo no livro de Êxodo*. 5. ed. Rio de Janeiro: Juerp, 1987.

_____. *Estudo nos livros de Crônicas, Esdras, Neemias e Ester*. Rio de Janeiro: Juerp, 1983a.

_____. *Estudo nos livros dos Reis*. Rio de Janeiro: Juerp, 1983b.

PEARLMAN, M. *Através da Bíblia*: livro por livro. São Paulo: Vida, 1999a.

PEARLMAN, M. **Conhecendo as doutrinas da Bíblia**. São Paulo: Vida, 1999b.

_____. **Salmos**: orando com os filhos de Israel. São Paulo: CPAD, 1996.

PFEIFFER, C. F.; HARRISON, E. F. **Comentário bíblico Moody**. São Paulo: IBR, 1995. v. 3.

SHEDD, R. **O novo comentário da Bíblia**. 3. ed. Vida Nova, 1997.

SILVA, De Plácido e. **Vocabulário jurídico**. 24. ed. rev. e atual. Rio de Janeiro: Forense, 2004.

SOARES, E. **Oseias**: a restauração dos filhos de Deus. Rio de Janeiro: CPAD, 2002.

WALTON, J. **O Antigo Testamento em quadros**. São Paulo: Vida, 2001.

WOLF, H. **Ageu e Malaquias**. São Paulo: Vida, 1986.

Respostas

Capítulo 8

1. A criação, o plano de Deus para com o povo de Israel, o justo Noé, o dilúvio, o chamado de Abrão, a vida de Ismael, Isaque e Jacó, culminando com a vida de José do Egito.
2. *Êxodo* vem do grego, significando sair. Os tradutores da *Septuaginta* deram ao livro esse título (Êxodo) porque narra a saída do povo de Deus do Egito.
3. O Livro de Levítico indica que o acesso a Deus se dá somente por meio do sangue, e o acesso assim obtido exige a santidade do adorador. Deus

é intrinsecamente santo e chama o Seu povo para ser santo, dando-lhe o padrão de obediência pelo qual pode manter a santidade.

4. O tema de Números é o fracasso de Israel. O livro mostra como os israelitas fracassaram em cumprir os mandamentos de Deus.
5. Josué é um livro de vitória e possessão, que apresenta o quadro de Israel, outrora rebelde, agora transformado num exército disciplinado de guerreiros.
6. O Livro de Juízes é o único que registra um longo período da história de Israel. Abrange o período que vai da morte de Josué à magistratura de Samuel.
7. Deus recompensa o viver pela fé. O Livro de Rute nos apresenta o galardão a quem, diante das adversidades da vida, permanece fiel. É uma história de fidelidade tanto humana quanto divina.
8. O tema do Primeiro Livro de Samuel é o governo humano. É um livro de transição que registra a passagem do governo de Israel por juízes ao governo por reis e a passagem do governo teocrático ao governo humano. O Livro de Samuel relata o estabelecimento da monarquia e narra a história das vidas diretamente relacionadas com o reino.
9. O tema de Esdras é a restauração de Israel. O retorno do povo de Deus realizou-se em três etapas, sob vários dirigentes: o primeiro retorno esteve sob a direção de Zorobabel em 538 a.C., sendo o mais numeroso; o segundo, dirigido por Esdras, em 458 a.C.; e o terceiro, em 444 a.C., por Neemias. O Livro de Esdras registra o retorno à Terra Prometida como cumprimento da promessa de Deus ao Seu povo (Jeremias, 25: 2; 29: 10; Esdras, 1: 1).
10. Cinquenta e dois dias.
11. Esse livro trata de um dos maiores mistérios, o do sofrimento. "A pergunta que ressoa por todo o Livro é: Por que sofrem os justos? O Livro de Jó descortina o mundo espiritual [...]" (FTB, 2014, p. 163).
12. A função do Livro de Provérbios é esclarecida já no seu início: "Para aprender a sabedoria e o ensino; para entender as palavras de inteligência; para obter o ensino do bom proceder, a justiça, o juízo e a equidade;

para dar aos simples prudência e aos jovens, conhecimento e bom siso" (1: 2-4) (FTB, 2014, p. 167).

13. O tema de Lamentações é a destruição da cidade santa. As dores e lamentações expressas nas profecias de Jeremias encontram aqui o seu auge. A cidade escolhida por Deus fora arrasada, o templo projetado e habitado pelo Senhor tornara-se um monte de cinzas, o povo escolhido havia sido levado cativo para a Babilônia. Jerusalém, que fora rainha, agora era escrava.
14. Praticamente nada se sabe a respeito trajetória de Naum. Além da declaração de que ele era um elcosita, nenhuma evidência válida tem sido apresentada para declarar que qualquer outra pessoa tenha sido autora do Livro de Naum.
15. O Livro de Malaquias termina com uma profecia da vinda de Elias, o precursor do Messias, antes do "grande e terrível Dia do Senhor" (4: 5).

Parte 4

* Todas as passagens bíblicas indicadas neste capítulo são citações de Bíblia (2002).

Síntese do Novo Testamento*

Capítulo 9

Nesta obra, traçamos um panorama sobre os livros que formam o Novo Testamento, apontando itens importantes como tema, autor, conteúdo, para quem o livro foi escrito, entre outras indicações importantes.

O Novo Testamento é constituído por 27 livros em seu todo. Em geral, costuma-se dividi-los em partes, conforme as características próprias das obras.

Inicia-se com os quatro Evangelhos chamados *canônicos*[1]: Mateus, Marcos, Lucas e João. A lista atualmente usada para determinar os livros do Novo Testamento foi concluída por Atanásio em 367 d.C. e depois foi várias vezes confirmada nos séculos posteriores.

Após os Evangelhos, encontra-se o livro Atos dos apóstolos, que narra a história dos primeiros cristãos. Depois, iniciam-se as cartas dirigidas às igrejas que se formaram em várias partes,

1 Pertencentes ao *cânon*, seleção dos livros considerados inspirados divinamente.

como determinação de doutrina, junto com outras dirigidas a pessoas, líderes de igrejas locais, com indicações do caminho a ser seguido. Em seguida, aparecem outras cartas, chamadas *universais*, atribuídas a vários apóstolos. Por fim, consta o profético livro do Apocalipse.

Esses são os livros que compõem o Novo Testamento, assim chamado por conter a Nova Aliança de Deus com seu povo.

9.1 Evangelho segundo São Mateus

Autor

O Evangelho segundo São Mateus não menciona seu autor pelo nome, entretanto, os primeiros pais da Igreja primitiva[2] atribuíram de forma unânime a Mateus a autoria do livro. Pouco se diz acerca de São Mateus no Novo Testamento.

Também conhecido como Levi, um dos 12 apóstolos de Jesus, Mateus era coletor de impostos do governo romano e foi chamado pelo Senhor para ser seu discípulo e apóstolo (9: 9-13; 10: 3).

Tema

O tema central do Evangelho segundo São Mateus é Jesus, o Messias da promessa. Ele é o rei que governa em retidão, justiça e, ao mesmo tempo, é o servo sofredor ou o varão de dores, conforme predito pelo profeta Isaías. Mateus, escrevendo aos

2 Expressão usada para definir a Igreja do período de Atos dos apóstolos, também chamado de *período dos pais da Igreja*.

judeus e conhecendo as suas grandes esperanças, apresenta Jesus como aquele de quem Moisés e os profetas escreveram no Antigo Testamento. Por meio de numerosas citações da Antiga Aliança[3], Mateus nos conduz aos grandes ideais da profecia messiânica do Antigo Testamento: ele mostra o que o Messias deve ser.

Em Mateus, as palavras e obras de Jesus testificam que Ele era realmente esse Messias prometido (1: 22; 2: 15; 2: 17; 2: 23; 4: 14; 8: 17; 13: 35; 21: 4; 26: 56; 27: 9). Essas passagens geralmente se iniciam com um trecho semelhante ao seguinte: "Para que se cumprisse o que foi dito da parte do Senhor pelo profeta". É o livro mais detalhado sobre a vida de Jesus, contendo a genealogia, demonstrando a descendência abraâmica e davídica de Jesus.

A expressão *Reino* ou *Reino dos Céus* ocorre com frequência (43 vezes), revelando outro tema importante desse Evangelho. Expõe o reino dos céus prometido no Antigo Testamento (11: 13), proclamado por João Batista e Jesus (3: 2; 4: 17), representado atualmente pela Igreja (16: 18-19), e a segunda vinda de Jesus (25: 31-34). Dos quatro Evangelhos, o livro de São Mateus é o único a falar sobre a "Igreja" (16: 18; 18: 17).

Para quem foi escrito

Para toda a humanidade em geral, mas para os judeus em particular. A intenção de dirigir-se primeiramente aos judeus pode ser notada pelos seguintes fatos:

- Ele cita o Antigo Testamento e faz mais referências a ele que qualquer outro autor do Novo testamento, de modo que, se alguém deseja pregar aos judeus, este deve provar

3 Pacto de Deus com Abraão.

a sua doutrina pelas Escrituras Antigas. Mateus faz dessas citações a verdadeira base do seu Evangelho.

- Ele trata do preparo do Messias para o desempenho de sua missão. Diante de Jesus, de Seus ensinamentos e de Suas obras poderosas, os discípulos reconheceram que o mestre da Galileia não era mero homem, mas Deus-homem, o "Emanuel".
- A ausência geral de explicações dos costumes judaicos demonstra que o evangelista escreveu a um povo familiarizado com esses costumes.

9.2 Evangelho segundo São Marcos

Autor

O autor desse livro é João Marcos, filho de uma ilustre senhora chamada Maria, cuja residência, em Jerusalém, era local de reuniões para os discípulos de Jesus (Atos, 12: 12). No livro aos colossenses, somos informados que Marcos era primo de Barnabé (4: 10). Marcos acompanhou o apóstolo Paulo e Barnabé a Antioquia, em sua primeira viagem missionária (Atos 12: 25). Entretanto, ao chegar a Perge, da Panfília, retornou para Jerusalém (Atos, 13: 13).

Tema

Marcos retratou Cristo como o "Servo" exposto por Isaías. A ênfase especial de São Marcos recai sobre o poder sobrenatural de Jesus, apontando Sua divindade por meio de milagres. Segundo Pearlman (1996, p. 201),

> *escrito para um povo militar (os romanos), o Evangelho segundo São Marcos fornece uma breve narrativa de três anos do Capitão da nossa salvação, dirigida e terminada em prol da libertação de nossas almas e a derrota de Satanás, pelas obras de Cristo e seus sofrimentos, morte, ressurreição e triunfo final.*

Quando foi escrito

Acredita-se que foi escrito em Roma entre 60 e 70 d.C. Ao produzir seu Evangelho, Marcos visava apresentar a Pessoa, a obra e os ensinamentos de Jesus aos cristãos em Roma.

Conteúdo

Marcos apresenta a Pessoa de Cristo como servo de Yahweh (Isaías, 52: 13; 53: 11). O uso do título *Filho do Homem*, que identifica a forma humana de Jesus, ocorre 14 vezes nesse Evangelho, e se interpreta na maioria dos casos de acordo com esse conceito (8: 31; 9: 9; 9: 31; 10: 33; 10: 45; 14: 21; 14: 41). Entretanto, desde o início de seu Evangelho, Marcos identifica o humilde Servo como sendo o próprio Filho de Deus, cujo ministério é autenticado por Suas obras poderosas.

9.3 Evangelho segundo São Lucas

Autor

A autoria do terceiro Evangelho tem sido atribuída a Lucas por toda a Igreja cristã. Lucas é o único autor sagrado do Novo Testamento e da Bíblia que não foi judeu. Era médico (Colossenses, 4: 14), companheiro inseparável do apóstolo Paulo, tanto na evangelização quanto nas prisões (Colossenses, 4: 14; II Timóteo, 4: 11).

Tema

O Evangelho segundo São Lucas nos apresenta um relato preciso da vida de Cristo, homem perfeito e salvador. Mateus apresentou Jesus como rei messiânico; Marcos, como servo sofredor; e Lucas, como o homem perfeito, cheio de simpatia para com toda a humanidade, salvador de todos os homens, sem distinção de qualquer espécie. Embora os Evangelhos fossem destinados, em última análise, à totalidade da raça humana, parece que Mateus tinha em vista os judeus; Marcos, os romanos; e Lucas, os gregos. Lucas escreveu especialmente para o povo grego, símbolo da cultura, da filosofia, da sabedoria, da educação, a fim de apresentar a gloriosa beleza e perfeição de Jesus, o homem perfeito.

Para quem foi escrito

O livro de São Lucas é endereçado a um cristão particular chamado Teófilo (1: 1-4). Não há dúvida de que o relato foi dirigido a um vasto círculo de leitores, incluindo os gentios e as pessoas em todas as partes.

9.4 Evangelho segundo São João

Autor

As tradições e correntes teológicas antigas têm atribuído ao apóstolo João, filho de Zebedeu e irmão de Tiago, a autoria do Evangelho segundo São João. De todos os apóstolos, foi João quem desfrutou de maior intimidade com o Mestre. Pertenceu ao círculo íntimo de Cristo, que consistia de São João, Pedro e Tiago, que tiveram o direito exclusivo de estarem presentes nas grandes crises do ministério de Jesus, tais como a transfiguração e a agonia no Getsêmani. Foi João quem se inclinou sobre o peito do Mestre durante a Ceia Pascoal; foi ele que, quando os outros discípulos tinham fugido, acompanhou seu Senhor ao julgamento (João, 18: 15). De todos os apóstolos, foi ele o único que esteve ao pé da cruz para receber a mensagem do Senhor antes de Este expiar (João, 19: 25-27). Essa intimidade e comunhão com o Senhor, juntamente com o meio século de experiências como pastor e evangelista, qualificaram-no muito bem para escrever esse Evangelho que contém as doutrinas mais espirituais e sublimes concernentes à Pessoa de Cristo.

Tema

O Evangelho segundo São João é um acervo de testemunhos que provam que Jesus é o Cristo, o Filho do Deus vivo, conforme está declarado em João (20: 31): "Estes porém, [atos do Cristo ressurgido] foram escritos para que creiais que Jesus é o Cristo, o Filho de Deus, e para que, crendo, tenhais vida em seu nome".

Para quem foi escrito

O Evangelho segundo São João foi escrito para novos cristãos e não cristãos, muitos anos depois dos outros Evangelhos, provavelmente entre 80-90 d.C. João, a testemunha ocular, escolheu oito milagres de Jesus (*sinais* ou *prodígios*, como o escritor os chama) para revelar a natureza humana e divina e também a missão vivificante do Senhor. Os sinais são os seguintes:

- a transformação da água em vinho (2: 1-11);
- a cura do filho de um oficial do rei (4: 46-54);
- a cura do homem coxo no tanque de Betesda (5: 1-9);
- a alimentação de mais de 5 mil pessoas pela multiplicação de alguns pães e peixes (6: 1-14);
- a caminhada de Jesus sobre as águas (6: 16-21);
- a restauração da vista de um homem cego (9: 1-41);
- a ressurreição de Lázaro (11: 1-44);
- a surpreendente pesca após a ressurreição de Cristo (21: 1-14).

9.5 Atos dos Apóstolos

Autor

O autor de Atos dos apóstolos não se identifica pelo nome, porém podemos saber que esse livro e o terceiro Evangelho certamente foram escritos pelo mesmo autor. O grego *koyné*[4], utilizado em Lucas e Atos, quase clássico, demonstra que ambos os livros foram escritos por um único autor. A dedicatória comum e os

4 Grego popular; linguagem menos formal.

interesses e a unidade de linguagem e estilo eliminam toda dúvida. Tradicionalmente, Lucas, o médico e companheiro do apóstolo Paulo, é visto como autor do evangelho e de Atos.

Tema

O livro Atos dos apóstolos fornece um relato preciso do nascimento e desenvolvimento da Igreja cristã e da proclamação do Evangelho ao mundo então conhecido, de acordo com o mandamento de Cristo e pelo poder de seu Espírito (Atos, 1: 8). Podemos afirmar que esse livro é o relato do ministério de Cristo continuado por seus servos. No Livro de Atos dos apóstolos, seguimos a rota em que o Evangelho foi anunciado: de Jerusalém para Samaria, da Palestina para a Ásia Menor e da Grécia até Roma. Portanto, um dos assuntos principais de Atos dos apóstolos é a propagação do Evangelho entre os gentios.

A quem foi dirigido

Foi dedicado particularmente a certo Teófilo (Lucas, 1: 3; Atos 1: 1). Teófilo parece ter sido uma pessoa de certa distinção, à vista do tratamento que Lucas lhe dá – *excelentíssimo* – atribuído alhures aos governadores romanos da Judeia (Atos, 23: 26; 24: 3; 26: 25).

9.6 Epístola de Paulo aos Romanos

Tema

A carta aos romanos é uma resposta completa, lógica e reveladora à grande pergunta dos séculos: "Como pode o homem ser justificado para com Deus?" (Jó, 9: 2). Nessa epístola, o homem encontra sua justificação única e exclusivamente na misericórdia de Deus, em Cristo, mediante ao fato de ser oferecida no Evangelho e recebida pela fé. Paulo explica o que o termo *fé* significa e como podemos alcançar a justiça de Cristo mediante essa fé. Pearlman (1996, p. 253) resume o tema de romanos da seguinte maneira: "a justificação dos pecadores, a santificação dos justificados, pela fé e pelo poder de Deus".

Autor

Paulo estava em Corinto, no fim de sua terceira viagem missionária. Ali encontrou uma irmã cristã, chamada Febe, de Cencreia, subúrbio da cidade, que estava de viagem marcada para Roma (16: 1-2). Assim, Paulo aproveitou a oportunidade para enviar, por meio de Febe, uma carta à Igreja de Cencreia, falando de sua futura visita e dando aos romanos uma declaração das verdades que lhe tinham sido reveladas.

Quando foi escrita

A Epístola de Paulo aos Romanos foi escrita na última visita de Paulo a Corinto, provavelmente na primavera de 57 d.C. ou no inverno de 57-58 d.C. (II Coríntios, 13: 1; Atos, 20: 1-2).

9.7 Primeira Epístola de Paulo aos Coríntios

Tema

A Primeira Epístola aos Coríntios foi escrita com o propósito de corrigir desordens que haviam surgido no seio da Igreja na cidade de Corinto e também para estabelecer aos fiéis um modelo de conduta cristã. Sem a presença de Paulo, a Igreja de Corinto caiu em divisões e desordem. Assim, o propósito dessa carta foi identificar os problemas na Igreja, oferecendo soluções, e ensinar aos crentes como viverem para Cristo em uma sociedade corrupta.

Por que foi escrita

A primeira visita do apóstolo Paulo a Corinto verificou-se no que chamamos de *segunda viagem missionária*. Enquanto estava em Éfeso, cerca de 440 km a leste de Corinto, do outro lado do mar Egeu, Paulo ouviu falar, por meio de uma delegação vinda dessa cidade, de desordens perpetradas na Igreja de Corinto. Ao que parece, Paulo já havia escrito uma epístola (agora perdida), instruindo os coríntios acerca da sua atitude para com os membros da Igreja que tinham cometido pecados (I Coríntios, 5: 9). Na carta, Paulo responde várias questões levantadas pela delegação, como um grave problema doutrinário que dizia respeito à ressurreição e outros problemas da comunidade, tais como: imoralidade; ações judiciais entre irmãos; falta de entendimento quanto a certas questões práticas (o casamento, a adoração pública, a celebração da Ceia do Senhor e o uso dos dons espirituais).

Quando foi escrita

Paulo demorou 18 meses em Corinto, na sua primeira visita, viajando em seguida até Éfeso, por mar; visitou Jerusalém e Antioquia, percorreu os lugares da Ásia Menor onde, anteriormente, realizara trabalhos missionários, voltando então a Éfeso, onde demorou 2 anos (Atos, 18: 11-23; 19: 1). Escreveu em Éfeso a Primeira Carta aos Coríntios, talvez um ano após sua chegada ali, no ano 55 d.C.

9.8 Segunda Epístola de Paulo aos Coríntios

Tema

A Segunda Epístola de Paulo aos Coríntios afirma o ministério de Paulo, defende sua autoridade como apóstolo e refuta os falsos mestres em Corinto.

De todas as epístolas de Paulo, a segunda carta aos coríntios é a mais pessoal. É uma revelação de seu coração, dos sentimentos mais íntimos e dos motivos mais profundos. Essa exposição de seu coração não foi uma tarefa fácil para o apóstolo, mas sim uma tarefa bem desagradável. A presença de mestres falsos em Corinto colocava em dúvida a condição de Paulo como apóstolo e sua autoridade como líder. Ele, então, escreveu a segunda carta aos coríntios para defender sua posição e denunciar aqueles que estavam distorcendo a verdade.

Deve ter sido difícil para Paulo escrever a segunda carta aos coríntios, porque teve de listar suas credenciais como apóstolo. Ao fazer essa defesa, ele foi obrigado a relatar experiências a respeito das quais ele preferia se calar por ser um humilde servo de Cristo; mas sabia que era necessário.

A quem foi dirigida

Paulo enviou a carta a Corinto pelas mãos de Tito (II Coríntios, 2: 12; 7: 5-7). Isso deixou o apóstolo muito preocupado e ansioso por saber, logo que possível, como os coríntios tinham reagido a tal reprovação. Tito teria de voltar pela Macedônia; Paulo deixou Éfeso e foi a Trôade no intuito de encontrar Tito o mais breve possível (II Coríntios, 2: 13). Desapontado em sua expectativa, Paulo foi à Macedônia, onde encontrou Tito, que lhe deu as novas de que aquela carta tivera efeito benéfico e que os coríntios haviam reconhecido plenamente o ministério apostólico de Paulo. Entretanto, havia uma pequena minoria que recusara a sua autoridade. Para consolar e animar os primeiros, e admoestar os últimos, Paulo escreveu a sua segunda carta.

Onde foi escrita

A segunda carta de Paulo aos coríntios provavelmente foi escrita da Macedônia, durante a sua terceira viagem missionária.

9.9 Epístola de Paulo aos Gálatas

Tema

Algum tempo depois de Paulo ter partido da Galácia, surgiram alguns mestres judeus insistindo que os gentios deveriam observar a Lei de Moisés. Essa questão foi resolvida no Concílio de Jerusalém (Atos, 15). Os pais da Igreja, ou seja, os apóstolos seguidores de Jesus, entenderam que os gentios eram justificados pela fé sem as obras da Lei. Entretanto, a decisão não convenceu o partido judaizante, que continuava a insistir que, apesar de os gentios serem salvos pela fé, esta seria aperfeiçoada pela obediência à Lei de Moisés.

Tem-se tornado evidente que a principal preocupação do apóstolo era que os gálatas não perdessem sua confiança no único e verdadeiro Evangelho. É significativo observar a importância que é dada à palavra *evangelho* nessa pequena epístola, ora como substantivo, ora como elemento componente de um verbo (Gálatas, 1: 6-9; 1: 11; 16; 23; 2: 2; 2: 5; 2: 7; 2: 14; 3: 8; 4: 13). A essência ou conteúdo desse Evangelho é também afirmado e reafirmado: "Que o homem não é justificado por obras da lei e sim mediante a fé em Cristo Jesus" (Gálatas, 2: 16; 2: 21; 3: 9; 3: 11; 4: 2-6; 5: 2-6; 6: 14-16).

Conforme Tognini e Bentes (1992, p. 225), a Epístola de Paulo aos Gálatas tem sido chamada de "o grito de guerra da Reforma, [...] a grande autora da liberdade religiosa, [...] a declaração da independência do cristão".

Por que foi escrita

Para refutar os mestres judaizantes (que ensinavam que os crentes gentios deveriam obedecer à Lei judaica a fim de se salvarem) e conclamar os cristãos à fé e à liberdade em Cristo.

Quando foi escrita

Há uma grande diversidade de opiniões sobre esse assunto. Alguns aceitam como data dessa carta o encerramento da primeira viagem missionária (cerca de 50 d.C.), e como lugar de composição a Antioquia. Há também aqueles, no outro extremo, que dizem que a carta foi escrita na prisão romana do apóstolo (60 d.C. e depois). Segundo Hendriksen (1999), o livro teria sido escrito na segunda viagem de Paulo, em Corinto, antes da chagada de Timóteo e Silas.

9.10 Epístola de Paulo aos Efésios

Tema

A carta aos efésios é um dos documentos religiosos mais elevados que já foram produzidos. Segundo Cabral (1999, p. 7), a carta tem sido apresentada por teólogos e estudiosos do Novo Testamento como a "epístola do terceiro céu" escrita pelo apóstolo Paulo, por conter as mais significantes e profundas declarações sobre os eternos propósitos de Deus concernentes aos homens.

Essa carta não foi escrita para combater heresias ou enfrentar qualquer problema específico. Ao contrário, trata-se de uma carta de encorajamento na qual Paulo descreve a natureza e a estrutura da Igreja cristã e desafia os crentes a agirem como representantes do corpo de Cristo na terra. Além disso, essa epístola encerra as mais claras revelações divinas acerca da natureza e do destino da Igreja (Efésios, 1: 3; 1: 5).

Pelos séculos seguintes, a Igreja irá exibir ante o universo a plenitude da vida divina, vivendo a vida de Deus, imitando o caráter de Cristo, usando a armadura, lutando nas batalhas, perdoando como Deus perdoa, educando como Ele educa; e tudo isso, para que se cumpra a obra mais ampla pela qual Cristo há de ser o centro do universo.

Por que foi escrita

O principal propósito dessa epístola de Paulo era fortalecer a fé dos crentes de Éfeso, ampliando seus horizontes e apertando ainda mais os laços de fraternidade que já os uniam, bem como explicar a natureza e o propósito da Igreja, o corpo visível de Cristo na terra.

Quando foi escrita

Essa é uma das quatro cartas que o apóstolo Paulo escreveu durante seu encarceramento em Roma (59-61 d.C. ou 62 d.C.). Com exceção de Filipenses, as demais foram escritas na mesma ocasião e enviadas pelo mesmo mensageiro, Tíquico (6: 21; Colossenses, 4: 7-9; Filemon, 10-12).

9.11 Epístola de Paulo aos filipenses

Tema

A cidade de Filipos era chamada de Crenides, ou seja, "pequenas fontes", tendo sido denominada posteriormente, no ano 350 a.C., Filipos, em homenagem a Felipe da Macedônia, pai de Alexandre, o grande. Por volta do ano 168 a.C., a cidade passou para o domínio romano, quando a província da Macedônia foi subjugada. Em 42 a.C., tornou-se colônia romana (Atos, 16: 12).

A história da fundação da Igreja é relatada em Atos 16. Trata-se da primeira Igreja que Paulo fundou na Europa, na segunda viagem missionária, por volta do ano 51 d.C.

Segundo Pearlman (1996, p. 227), a epístola aos filipenses foi chamada "o mais doce dos escritos de Paulo" e a "mais formosa de todas as cartas de Paulo", em que "expõe o seu próprio coração e onde em cada sentença brilha um amor mais terno do que o de uma mulher".

Embora Paulo estivesse escrevendo da prisão, a alegria é o tema predominante nessa carta. A fim de encorajar os filipenses na fé, Paulo mostra como viver uma vida cristã feliz, indicando que a verdadeira alegria só pode vir do conhecimento pessoal de Cristo e da dependência de sua força.

Por que foi escrita

Os fiéis da Igreja de Filipo haviam enviado a Paulo uma oferta que deveria ser entregue por Epafrodito (Filipenses, 4: 18), que quase perdera a vida na viagem. Quando Epafrodito se restabeleceu (Filipenses, 2: 25-30; 4: 18), Paulo enviou-o a Filipos com a epístola de agradecimento e exortação à Igreja acerca de cujas condições Epafrodito haviam notificado Paulo a respeito da oferta enviada.

Quando foi escrita

Que o apóstolo Paulo era um prisioneiro quando escreveu a carta aos filipenses, é incontestável, segundo se lê em Filipenses (1: 7-12). Sabe-se que Paulo sofreu aprisionamento em Jerusalém, em Cesareia, em Roma, e, na opinião de alguns autores, também em Éfeso. As cidades de Roma, Cesareia e Éfeso têm sido todas sugeridas como lugares de onde Paulo poderia ter escrito essa epístola.

Se porventura a Epístola aos Filipenses foi escrita em Éfeso, então teríamos de datá-la entre 53 e 54 d.C., o que significaria que foi escrita antes da primeira epístola aos coríntios. Por outro lado, se Paulo escreveu em Cesareia, então sua data teria sido entre 56 e 58 d.C. Se, porventura, ele a escreveu em Roma, então deve ser datada depois de 59 d.C., quando Paulo chegou pela primeira vez em Roma. Desde tempos antigos, tornou-se costume supor que todas as "epístolas da prisão" foram escritas em Roma, lugar onde Paulo passou seu mais prolongado e famoso período de encarceramento.

9.12 Epístola de Paulo aos Colossenses

Tema

A razão pela qual foi escrita a Epístola aos Colossenses foi a introdução de doutrinas errôneas na Igreja de Colossos. Paulo nunca tinha visitado Colossos. Evidentemente, a Igreja havia sido fundada por Epafras e outros cristãos que se converteram durante as viagens missionárias de Paulo. A Igreja, porém, havia sofrido a infiltração de um relativismo religioso, com alguns crentes tentando combinar elementos do paganismo e da filosofia secular com a doutrina cristã. Escrevendo da prisão, Paulo combateu esses falsos ensinos que haviam se infiltrado na Igreja de Colossos.

A heresia resultante desse amálgama de doutrinas, mais tarde se tornou conhecida como *gnosticismo*, enfatizando o conhecimento especial (do grego *gnosis*) e negando Cristo na condição de Deus e Salvador. Os gnósticos se vangloriavam de terem uma sabedoria muito mais profunda do que aquela revelada nas Escrituras Sagradas, uma sabedoria que era propriedade de alguns favorecidos.

Por que foi escrita

Os colossenses, tendo ouvido falar da prisão de Paulo, enviaram Epafras, o seu ministro, para informar ao apóstolo sobre a situação (Colossenses, 1: 7-8). Por meio de Epafras, Paulo ficou sabendo que falsos mestres procuravam acrescentar à fé cristã uma doutrina que misturava judaísmo e filosofia pagã. Para combater esse erro, Paulo escreveu a Epístola aos Colossenses.

Quando foi escrita

A Epístola aos Colossenses, enviada por Tíquico, mesmo mensageiro que levou as epístolas aos efésios e à Filemon, foi escrita aproximadamente no mesmo tempo da Epístola aos Efésios.

9.13 Primeira Epístola de Paulo aos Tessalonicenses

Tema

O tema dessa epístola é a volta de Cristo. Após receber informações da parte de Timóteo em Tessalônica concernentes à perseguição que estavam sofrendo, Paulo escreveu aos tessalonicenses, esclarecendo os diversos assuntos sobre os quais eles desejavam orientações suplementares, especialmente em relação ao ensino da volta de Cristo. Alguns membros da congregação tinham falecido desde que Paulo deixara a cidade, e os fiéis estavam ansiosos para saberem se, em consequência, sofreriam alguma desvantagem no regresso de Jesus, em comparação àqueles que ainda estivessem vivos. Entendemos que o seguinte trecho é a porção central dessa epístola: "Depois nós, os que ficarmos vivos, seremos arrebatados juntamente com eles, nas nuvens, a encontrar o Senhor nos ares, e assim estaremos sempre com o Senhor" (I Tessalonicenses, 4: 17).

Por que foi escrita

Essa carta foi ocasionada com o propósito de salientar a necessidade de encorajar os crentes em face das perseguições (I Tessalonicenses, 3: 1-5), além de eliminar dúvidas levantadas principalmente a respeito da segunda vinda do Senhor.

Quando foi escrita

A carta foi escrita em Corinto, pouco depois de Paulo partir de Tessalônica, na segunda viagem missionária.

9.14 Segunda Epístola de Paulo aos Tessalonicenses

Tema

O tema da Segunda Epístola de Paulo aos Tessalonicenses é a segunda vinda de Cristo. Chegou aos ouvidos do apóstolo Paulo – talvez pelos próprios homens que tinham entregado aos destinatários a primeira carta e que haviam agora retornado – que, em Tessalônica, embora houvesse certo crescimento espiritual, a perseguição aos cristãos havia aumentado e que alguns destes haviam interpretado mal o ensino de Paulo a respeito da segunda vinda de Cristo. O anúncio deste de que Jesus poderia voltar a qualquer momento fez com que alguns cristãos parassem de trabalhar e passassem apenas a esperar, procurando no ensino de Paulo justificativas para sua ociosidade.

Por que foi escrita

O propósito de Paulo nessa epístola é semelhante ao de I Tessalonicenses, tendo como finalidade:

- animar os novos convertidos durante um novo surto de perseguições (II Tessalonicenses, 1: 4);
- corrigir o mal entendido sobre a volta do Senhor, informando que certos eventos precisam ocorrer antes da segunda vinda (II Tessalonicenses, 2: 1-12);
- censurar aqueles que se comportavam desordenadamente (II Tessalonicenses, 3: 6), exortando-os a darem bom testemunho cristão e trabalhar cada um pelo seu sustento.

Quando foi escrita

De acordo com Hendriksen (1998, p. 25), essa epístola foi escrita pouco depois da primeira epístola de Paulo para a mesma Igreja. O lugar provável da escrita foi Corinto.

9.15 Primeira Epístola de Paulo a Timóteo

Tema

O tema da primeira carta de Paulo a Timóteo é o cuidado pastoral das Igrejas. Desde o século dezoito, três cartas do apóstolo Paulo a dois de seus cooperadores mais jovens, I e II Timóteo e Tito, são chamadas de "epístolas pastorais". A epístola de que tratamos nesta seção foi escrita a Timóteo, assíduo companheiro de viagens e amigo íntimo de Paulo. Paulo havia enviado Timóteo à Igreja em Éfeso para deter o falso ensino que ali havia surgido (I Timóteo, 1: 3-4). Timóteo provavelmente serviu por algum tempo como líder na Igreja de Éfeso. Paulo desejava visitá-lo (I Timóteo, 3: 14-15; 4: 13), mas enquanto isso escreveu essa carta para dar a Timóteo instruções práticas sobre o ministério.

Por que foi escrita

Essa epístola foi escrita por Paulo para proporcionar encorajamento e instrução a Timóteo concernente ao ministério e à vida pessoal deste; para dar autoridade a Timóteo perante a Igreja e para desempenhar a difícil tarefa de denunciar os ensinos dos falsos mestres dessa Igreja.

Quando foi escrita

A Primeira Epístola de Paulo a Timóteo foi escrita cerca de 64 d.C. e enviada provavelmente da Macedônia (talvez Filipos).

9.16 Segunda Epístola de Paulo a Timóteo

Tema

O tema da Segunda Epístola de Paulo a Timóteo é a fé inabalável. Depois de ter deixado Tito em Creta, Paulo navegou rumo ao Norte com a intenção de ir a Nicópolis, passando por Trôade e Macedônia (Tito, 3: 12). Trófimo, seu companheiro, adoeceu durante a viagem e ficou em Mileto (II Timóteo, 4: 20). Navegando para Trôade, Paulo permaneceu na casa de um homem chamado Carpo. Naquele tempo se levantou a perseguição contra os cristãos, instigada pelo imperador Nero, que os acusou de terem incendiado Roma. Paulo, o líder reconhecido dos cristãos, foi preso, provavelmente em Trôade, e a sua prisão deve ter sido tão repentina que algumas coisas que lhe pertenciam ficaram na casa de Carpo (II Timóteo, 4: 13). Ao chegar a Roma, o apóstolo foi encarcerado. Sabendo que seu ministério chegara ao fim e que sua morte se aproximava (II Timóteo, 4: 6-8; 18), Paulo pôs-se a escrever seus pensamentos finais a seu "filho" Timóteo, rogando a este que o visitasse o mais depressa possível (II Timóteo, 4: 9; 4: 21). Paulo necessitava muito do seu filho na fé, porque os cristãos da Ásia, que deviam apoiá-lo, o abandonaram.

Por que foi escrita

Timóteo é retratado como um jovem muito novo, enfermiço, tímido, carente de espírito enérgico. Assim, o apóstolo Paulo exorta Timóteo a incisivamente defender o Evangelho, a pregar a palavra de Deus, a perseverar na tribulação e a cumprir sua missão. Isso era possível somente mediante a ajuda do "Espírito Santo que habita em nós" (II Timóteo, 1: 14).

Quando foi escrita

Essa carta foi escrita aproximadamente entre os anos 66 d.C. ou 67 d.C., antes da iminente execução de Timóteo por ordem do imperador Nero, em Roma, e aproximadamente 35 anos depois de sua conversão a Cristo.

9.17 Epístola a Tito

Tema

A epístola de Paulo a Tito trata das instruções aos líderes da Igreja. De acordo com a carta que leva seu nome, Tito fora deixado na ilha de Creta (a sudoeste da Ásia Menor, no Mar Mediterrâneo), depois que Paulo e ele haviam evangelizado essa ilha. Algum tempo depois, Paulo escreveu a carta a Tito, encarregando-o de colocar em ordem aquilo que ainda não tinha sido realizado, a saber, a nomeação de presbíteros nas várias Igrejas da ilha (Tito, 1: 5). Nessa carta, o apóstolo Paulo informa sobre seus planos de enviar Ártemas ou Tíquico para substituir Tito dentro em breve (Tito, 3: 12).

Por que foi escrita

Paulo instrui Tito sobre como organizar e liderar as Igrejas. Paulo começa com uma saudação e uma introdução mais longa do que as habituais, esboçando a progressão da liderança: o ministério de Paulo (Tito, 1: 1-3), as responsabilidades de Tito (Tito, 1: 4-5) e os líderes que Tito designaria e treinaria (Tito, 1: 5). O apóstolo então lista as qualificações pastorais (Tito, 1: 6-9) e contrasta os presbíteros fiéis com os falsos líderes e mestres (Tito, 1: 10-16).

Em seguida, Paulo enfatiza a importância das boas obras na vida do cristão, dizendo a Tito como se relacionar com pessoas de variadas faixas etárias na Igreja (Tito, 2: 2-6). Ele exorta Tito a: ser um bom exemplo de um crente maduro, realizando boas obras (2: 7-8); ensinar com coragem e convicção (2: 9-15); estar pronto a fazer tudo o que é bom (3: 1); empenhar-se na prática de boas obras (3: 8); praticar boas obras a fim de ser produtivo (3: 14).

Quando foi escrita

A epístola de Paulo a Tito foi escrita em aproximadamente 64 d.C. e enviada provavelmente da Macedônia (talvez Filipos), na mesma época em que a primeira carta a Timóteo foi escrita.

9.18 Epístola a Filemon

Tema

O tema da epístola de Paulo a Filemon é a reconciliação. Paulo escreveu essa carta provavelmente durante sua primeira prisão em Roma (Atos, 28: 16-31). Trata-se de um pedido pessoal do apóstolo Paulo a favor de um escravo.

Filemon era membro da Igreja colossense, amigo de Paulo e proprietário legal do escravo Onésimo, o qual havia roubado seu dono e fugido para Roma, onde conheceu o apóstolo Paulo e lá respondeu às Boas Novas da Salvação e converteu-se à fé em Cristo (Filemon, 1: 10). Paulo escreveu essa epístola rogando a Filemon, como irmão na fé cristã (1: 8-9; 20-21), que receba Onésimo de volta, não como escravo, mas como irmão em Cristo (1: 15-16), oferecendo-se para restituir o dano causado (1: 18).

Por que foi escrita

Segundo a lei romana, um escravo fugitivo era passível de pena de morte. Diante desse fato, Paulo escreve essa epístola com o intuito de interceder a favor de Onésimo, escravo e fugitivo. A intercessão de Paulo por Onésimo ilustra o que Cristo fez por nós, que fomos escravos do pecado. Da mesma forma que Onésimo foi reconciliado com Filemon, nós somos reconciliados com Deus através de Cristo. Assim como Paulo se ofereceu para pagar as dívidas de um escravo, Cristo pagou nossa dívida de pecado. Como Onésimo, devemos nos voltar para Deus, nosso Mestre, e servi-Lo.

Quando foi escrita

De acordo com Halley (2001, p. 677), essa é uma das quatro cartas que o apóstolo Paulo escreveu durante seu encarceramento em Roma. Essa epístola, direcionada a Filemon, foi enviada pelo mesmo mensageiro que levou as epístolas aos colossenses e aos Efésios, Tíquico, sendo escrita mais ou menos no mesmo período da Epístola aos Efésios (59-61 d.C. ou 62 d.C.).

9.19 Epístola aos Hebreus

Tema

A carta versa sobre a suficiência e a superioridade de Cristo. Hebreus é um documento magistral, escrito tanto para judeus crentes quanto para os que estavam avaliando Jesus ou lutando com essa nova fé. Não há nenhum livro da Santa Escritura que tão claramente fale do sacerdócio de Cristo, tão sublimemente exalte a virtude e a dignidade daquele único e genuíno sacrifício que ele ofereceu através de Sua morte, que tão ricamente trate do uso das cerimônias tanto quanto de sua remoção e, numa palavra, tão plenamente explique que Cristo é o cumprimento da Lei.

A mensagem desse livro é que Jesus é o melhor, supremo e suficiente salvador. O autor procura demonstrar cuidadosamente a verdadeira identidade de Jesus Cristo, sendo superior aos anjos (Hebreus, 1: 4-6), aos líderes religiosos (Hebreus, 3: 1; 4: 13) e a qualquer sacerdote (Hebreus, 4: 14; 7: 28), um santuário melhor (Hebreus, 9: 1-10) e um sacrifício suficiente pelos pecados

(Hebreus, 9: 11; 10: 18). Tendo estabelecido a superioridade do cristianismo, o escritor parte para as implicações práticas de seguir a Cristo. Os leitores são exortados a se apegarem à sua nova fé, a se encorajarem uns aos outros e aguardarem ansiosamente a volta de Cristo (Hebreus, 10: 19-25). São advertidos das consequências de rejeitar o sacrifício de Cristo (Hebreus, 10: 26-31) e lembrados das recompensas da fidelidade (Hebreus, 10: 32-39). Então, o autor explica como viver pela fé, citando exemplos de homens e mulheres fiéis na história de Israel (Hebreus, 11: 1-40), encorajando-os e exortando-os quanto ao cotidiano cristão (Hebreus, 12: 1-17).

Por que foi escrita

O objetivo inicial dessa epístola é demonstrar aos judeus que Jesus, o filho de Maria, era o Cristo, o redentor que lhes fora prometido nas Escrituras.

Quando foi escrita

Essa carta foi escrita provavelmente antes da destruição do templo em Jerusalém, no ano de 70 d.C.

9.20 Epístola de São Tiago

Tema

O tema da carta de Tiago é a fé genuína. Aqui se inicia uma série de epístolas denominadas *universais*, que são diferentes das epístolas de Paulo, porque não são endereçadas a nenhuma Igreja em particular, mas aos crentes em geral, exceto a segunda e a terceira epístolas de São João. O escritor dessa carta foi Tiago, que era meio irmão de Jesus (Gálatas, 1: 19) e líder da Igreja em Jerusalém (Atos, 12: 17; 15: 13). Tiago começa sua carta esboçando algumas características gerais da vida cristã (Tiago, 1: 1-27). A seguir, exorta os cristãos a agirem de forma honesta na sociedade (2: 1-13); adverte-os solenemente contra a pecaminosidade de um língua desenfreada (3: 1-12); distingue dois tipos de sabedoria, a terrena e a divina. Tiago encerra ressaltando a paciência (5: 7-11), incentivando-os a orarem uns pelos outros (5: 13-18) e, por fim, a permanecerem fiéis a Deus (5: 19-20).

Nessa epístola, destaca-se a relação entre a fé genuína e a vida piedosa. A fé verdadeira é provada (1: 2-16), ativa (1: 19-27), instiga ao amor ao próximo (2: 1-13), manifesta-se pelas boas obras (2: 14-26), domina a língua (3: 1-12), deseja a sabedoria de Deus (3: 13-18), confia em Deus (4: 13-17), é paciente (5: 7-12) e diligente em oração (5: 13-20).

Por que foi escrita

A carta de Tiago foi escrita para encorajar os cristãos judeus que tinham sido espalhados por todo o Mediterrâneo por causa das várias provações e perseguições aos cristãos, expor as práticas hipócritas e ensinar o correto comportamento cristão.

Quando foi escrita

Acredita-se que essa epístola é o mais antigo de todos os documentos do Novo Testamento. Não há precisão quanto à data; alguns autores lhe dão a data de 48 d.C. (Bíblia, 2002), ao passo que outros ainda são mais radicais, datando em 40 d.C. Para outros

(Halley; 2001, Pearlman; 1996), essa carta foi escrita perto do fim da vida de Tiago, provavelmente em 60 d.C.

9.21 Primeira Epístola de São Pedro

Tema

O tema da Primeira Epístola de Pedro é o sofrimento como cristão. No decorrer do Império Romano, os cristãos estavam sendo torturados e mortos por causa de sua fé e a Igreja de Jerusalém estava dispersa. Pedro conhecia bem a perseguição. Espancado e preso, ele havia sido frequentemente ameaçado. Viu seus companheiros cristãos morrerem e a Igreja se dispersar. Todavia, ele conhecia a Cristo, e nada poderia abalar sua confiança em seu Senhor. Então Pedro escreve aos judeus expulsos de Jerusalém e espalhados ao longo da Ásia Menor, e a todos os cristãos, encorajando-os a permanecerem firmes em face dos sofrimentos advindos do fato de serem cristãos.

Por que foi escrita

Essa carta de Pedro foi escrita para proporcionar encorajamento à Igreja dispersa que sofria pela fé, oferecendo-lhe conforto e esperança, exortando-a a lealdade contínua a Cristo tal como fazem todos os demais documentos do Novo Testamento.

Quando foi escrita

Pedro escreveu de Babilônia (I Pedro, 5: 13). Várias identificações do local têm sido sugeridas, entre elas, pode referir-se a:

- um posto militar no Egito;
- literalmente, à cidade de Babilônia, na Mesopotâmia;
- uma expressão figurada referente a Roma.

As tradições apoiam a última alternativa, antes do irromper da perseguição ordenada por Nero, quando o apóstolo Pedro sofreu martírio, crucificado de cabeça para baixo, o que ocorreu no máximo no ano 68 d.C.

9.22 Segunda Epístola de São Pedro

Tema

A Segunda Epístola de Pedro trata dos falsos mestres. Enquanto a Primeira Epístola de Pedro trata do perigo externo (as perseguições), a segunda adverte do perigo interno (a falsa doutrina). Anteriormente, Pedro havia escrito com a finalidade de confortar e encorajar os crentes em meio ao sofrimento e à perseguição. Agora, três anos mais tarde, nessa carta, que continha suas últimas palavras, o apóstolo escreveu com a finalidade de advertir os cristãos contra um ataque de dentro – as heresias.

Por que foi escrita

Pedro sabia que seu tempo estava próximo (II Pedro, 1: 13-14). Por essa razão, escreveu sobre o que estava por vir, advertindo os cristãos sobre o que aconteceria após a sua partida, especialmente sobre a presença dos falsos mestres. Ele mesmo declara seu propósito, explicando por que a escreveu (II Pedro, 3: 1-18): para lembrá-los das palavras dos profetas e apóstolos que predisseram a vinda de falsos mestres, para dar razão da demora da volta de Cristo (II Pedro, 3: 1-13), e encorajá-los a estarem atentos às heresias e crescerem na fé genuína (II Pedro, 3: 14-18).

Quando foi escrita

Essa carta foi escrita possivelmente em Roma, aproximadamente em 67 d.C., três anos após a primeira carta de Pedro ter sido escrita.

9.23 Primeira Epístola de São João

Tema

O tema da Primeira Epístola de São João é Jesus, o Filho de Deus. Alguns falsos profetas tinham se inserido entre os irmãos da Igreja, questionando e lançando dúvidas sobre a divindade de Jesus, afirmando que Deus nunca poderia habitar em um corpo material de carne e sangue. Portanto, o corpo humano que Jesus possuía não era real, mas apenas aparente. João se refere a esses ensinamentos como enganosos (I João, 2: 26; 3: 7) e a seus mestres como "falsos profetas" (I João, 4: 1),"mentirosos" (I João, 2: 22) e "anticristos" (I João, 2:18-22; 4: 3). O apóstolo escreveu para corrigir os sérios erros deles, apresentando Deus como a "luz", simbolizando a pureza e santidade absoluta (I João, 1: 5-7), e explica como os cristãos podem andar na luz e ter comunhão com Deus (I João, 1: 8-10) através de seu Filho Jesus, que é o verdadeiro Deus e a vida eterna (I João 5: 20).

Por que foi escrita

Como testemunha ocular de Jesus Cristo, João escreveu essa carta com o propósito de reafirmar a confiança dos cristãos em sua fé e refutar as heresias dos falsos mestres.

Quando foi escrita

Provavelmente entre os anos de 85 d.C. e 90 d.C., em Éfeso.

9.24 Segunda Epístola de São João

Tema

A segunda epístola de São João trata da prática da verdade. O apóstolo escreve essa carta para uma senhora cristã e sua família com o intuito de instruí-los quanto ao tratamento para com os falsos mestres, a não dar-lhes hospitalidade. Aqueles que implantavam falsos ensinos eram um problema perigoso para a Igreja, pois atacavam os fundamentos do cristianismo. A palavra *verdade* é empregada cinco vezes nos quatro primeiros versículos (II João, 1: 1-4): "amo na verdade"; "Conhecem a verdade"; "A verdade que permanece em nós"; "A graça, a misericórdia e a paz [...] estarão conosco em verdade e em amor"; "andando na verdade".

Por que foi escrita

João escreveu a essa família e à Igreja, em geral, a fim de enfatizar os aspectos básicos de seguir a Cristo, verdade e amor e advertir contra os falsos mestres itinerantes.

Quando foi escrita

Provavelmente entre os anos de 85 d.C. e 90 d.C. em Éfeso.

9.25 Terceira Epístola de São João

Tema

O tema é a importância da hospitalidade. Essa carta é endereçada a um fiel cristão chamado Gaio (III João, 1), talvez convertido por Paulo (I Coríntios, 1: 14; Romanos, 16: 23), em cuja casa uma Igreja se reunia. Na carta anterior, o apóstolo João proibiu a hospitalidade para os falsos mestres; aqui, ele estimula a hospitalidade. Uma das palavras preferidas do apóstolo João é *verdade*. Ele a emprega mais de 20 vezes no Evangelho, 9 vezes em I João, 5 vezes em II João e 5 vezes nessa carta brevíssima: amar a verdade (III João, 1: 1), fidelidade à verdade, andar na verdade (III João, 1: 3), cooperar em favor da verdade (III João, 1: 8), testemunho da verdade (III João, 1: 12).

Por que foi escrita

João escreveu essa carta para estimular Gaio em sua generosidade e para repreender Diótrefes por sua arrogância, e também para anunciar a intenção de breve visitar a referida (III João, 1: 14).

Quando foi escrita

Como as outras duas cartas, a terceira carta de São João provavelmente tenha sido escrita entre os anos de 85 d.C. e 90 d.C., de Éfeso.

9.26 Epístola de São Judas

Tema

O tema de Judas é perseverança na fé. O autor dessa epístola tem sido identificado como sendo "Judas, servo de Jesus Cristo e irmão de Tiago" (Tiago, 1: 1). Seis homens aparecem nas Escrituras com esse nome: Judas Iscariotes, escolhido por Jesus para ser apóstolo (Mateus, 10: 4); o irmão de Jesus (Mateus, 13: 55); o apóstolo, filho de Tiago, também chamado de Tadeu (Mateus 10: 3; Lucas, 6: 16); um cristão de Damasco, em cuja casa Paulo se hospedou, após sua conversão (Atos, 9: 11); um cristão que se destacou na Igreja de Jerusalém, também chamado de Barsabás (Atos, 15: 22-32) e por fim Judas, o Galileu, um revolucionário (Atos, 5: 37). A Igreja primitiva tem identificado Judas como sendo o meio irmão de Jesus (Mateus, 13: 55; Marcos, 6: 3), que, assim como seus irmãos, não creu em Jesus senão após a sua ressurreição (Marcos, 3: 21; 3: 31; Atos, 1: 14).

Judas mostra urgência em seu propósito de advertir os cristãos contra os falsos mestres, conclamando os cristãos a batalharem pela fé que uma vez foi dada aos santos (Judas, 1: 3).

Por que foi escrita

Seu propósito era fazer com que os cristãos reconhecessem o perigo dos falsos ensinos e protegessem a si próprios e aos outros crentes. Ele exorta aos seus leitores para que cresçam no conhecimento da verdade cristã (1: 2), para que tenham um testemunho firme pela verdade (1: 3) e para que procurem resgatar aqueles cuja fé estava hesitante (1: 22-23).

Quando foi escrita

Não é pacífica a doutrina em relação à data em que essa carta foi escrita. Para alguns, essa epístola foi escrita antes de II Pedro, portanto, antes do ano de 65 d.C., para outros foi escrita depois de II Pedro, como muitos estudiosos acreditam, por volta do ano de 80 d.C.

9.27 Apocalipse

Tema

O tema desse livro é a soberania de Deus. O último livro da Bíblia encerra toda a revelação de Deus e narra o fim de todas as coisas. De maneira muito clara e detalhada, encontramos o registro do fim da história da humanidade e do destino de cada pessoa. Tudo isso está em um livro fechado com sete selos, os quais ninguém pode abrir a não ser o Cordeiro de Deus "[...] que foi morto, desde a fundação do mundo" (Apocalipse, 13: 8).

O apóstolo João inicia essa obra expondo como recebeu a revelação da parte de Deus (Apocalipse, 1: 1-20). Em seguida, registra mensagens específicas de Jesus às sete Igrejas que estavam na Ásia (Apocalipse, 2: 1-29; 3: 1-22). De repente, o cenário se transforma, e imagens dramáticas e majestosas irrompem perante os olhos de São João. Essa série de visões retrata o futuro ressurgimento do mal, culminando com a manifestação do Anticristo (Apocalipse, 13: 1-18). Em seguida, João faz a narração detalhada do triunfo do Rei dos reis (Apocalipse, 19: 16), das bodas do Cordeiro (Apocalipse, 19: 7), do juízo final e da chegada da Nova Jerusalém vinda do céu (Apocalipse, 21: 2), findando com a promessa da volta de Cristo (Apocalipse, 22: 6-21).

Uma chave para se entender o livro de Apocalipse é o estudo do livro de Daniel. O Apocalipse faz referência aos escritos de Daniel mais do que a qualquer outro livro das Sagradas Escrituras.

Por que foi escrito

O Apocalipse foi escrito a fim de mostrar que o Senhor não permitirá que o mal prevaleça, mas que o reino de Deus será instituído na terra. Um dia, a ira de Deus pelos pecados será plena e completamente liberada sobre a face da terra, porém aqueles que não rejeitaram a Cristo escaparão do castigo de Deus sobre os ingratos e desobedientes.

Quando foi escrito

Como a Epístola de São Judas, não há consenso em relação à data em que essa carta foi escrita, variando desde os dias do imperador Cláudio (41-54 d.C.), até aos dias de Trajano (98-112 d.C.). Entretanto, a corrente predominante é a que prefere pensar em 95 d.C., já em fins do governo de Domiciano (81-96 d.C.).

Questionário de Síntese do Novo Testamento

1. Qual é o tema encontrado no Evangelho segundo São Mateus?
2. De acordo com Pearlman (1996), quando e com que propósito foi escrito o Evangelho segundo São Marcos?
3. Como o Evangelho segundo São Lucas descreve Jesus?
4. Quais são os milagres descritos por João para revelar a natureza humana e divina de Jesus?
5. Qual foi a rota tomada pelo Evangelho segundo o livro de Atos dos apóstolos?
6. Como o homem encontra justificação no livro escrito aos romanos?
7. Quais eram os problemas na comunidade em Corinto, na época do ministério de Paulo?
8. Por que o apóstolo Paulo escreveu a segunda carta aos coríntios?

9. Qual era a preocupação do apóstolo Paulo em relação aos gálatas?
10. Com que intenção que o apóstolo Paulo escreveu aos efésios?
11. Qual é o tema predominante na carta aos filipenses?
12. Por que foi escrita a carta aos colossenses?
13. Quando foi escrita a segunda carta do apóstolo Paulo a Timóteo?
14. Para que foi escrita a carta a Filemon?
15. Por que foi escrita a Primeira Epístola de Pedro?

Referências

BÍBLIA. Português. **Bíblia de estudo de aplicação pessoal**. Barueri: SBB, 2003.

_____. Português. **Bíblia de estudo pentecostal**. Barueri: SBB, 1996.

_____. Português. **Bíblia de Jerusalém**. 4. ed. rev. e atual. São Paulo: Paulus, 2002.

_____. Português. **Bíblia de referência Thompson**. São Paulo: Vida, 1999.

BOYD, F. M. **Comentário bíblico**: Gálatas, Filipenses, 1 e 2 Tessalonicenses e Hebreus. Rio de Janeiro: CPAD, 1996.

CABRAL, E. **Comentário bíblico**: Efésios. 3. ed. Rio de Janeiro: CPAD, 1999.

CALVINO, J. **As pastorais**. São Paulo: Parakletos, 1998.

CALVINO, J. *Gálatas*. São Paulo: Parakletos, 1998.

_____. *Hebreus*. São Paulo: Parakletos, 1997.

_____. *Romanos*. São Paulo: Parakletos, 2001.

CHAMPLIN, R. N. *O Novo Testamento interpretado versículo por versículo*. São Paulo: Candeia, 1995.

DAVIDSON, F. (Org.). *O novo comentário da Bíblia*. 3. ed. Tradução de São João Bentes. São Paulo: Vida Nova, 1997.

FEE, G. D. *1 e 2 Timóteo, Tito*. São Paulo: Vida, 1994.

HALLEY. H. H. *Manual bíblico de Halley*. Tradução de Gordon Chown. 2. ed. rev. e ampl. São Paulo: Vida, 2001.

HENDRIKSEN, W. *1 e 2 Tessalonicenses, Colossenses e Filemon*. Tradução de Hope Gordon, Walter Graciano Martins e Ézia Cunha Mullins. São Paulo: Cultura Cristã, 1998.

_____. *Gálatas*. São Paulo: Cultura Cristã, 1999.

MICHAELS, J. R. *João*. São Paulo: Vida, 1994.

PEARLMAN, M. *Através da Bíblia*: Livro por Livro. 18. ed. São Paulo: Vida, 1996.

TOGNINI, E.; BENTES, J. M. *Janelas para o Novo Testamento*. São Paulo: Louvores do Coração, 1992.

WILLIANS, D. J. *Atos*. São Paulo: Vida, 1996.

Respostas

Capítulo 9

1. Jesus, o Messias da promessa. Ele é o rei que governa em retidão, justiça e, ao mesmo tempo, é o servo sofredor ou o varão de dores, conforme predito pelo profeta Isaías. Mateus, escrevendo aos judeus e conhecendo as suas grandes esperanças, apresenta Jesus como aquele de quem Moisés e os profetas escreveram no Antigo Testamento.
2. Acredita-se que foi escrito em Roma, entre 60 d.C. e 70 d.C. Ao produzir seu Evangelho, Marcos visava apresentar a Pessoa, a obra e os ensinamentos de Jesus aos cristãos em Roma.
3. O Evangelho segundo São Lucas nos apresenta um relato preciso da vida de Cristo, homem perfeito e salvador.
4. A transformação da água em vinho (João, 2: 1-11); a cura do filho de um oficial do rei (João, 4: 46-54); a cura do homem coxo no tanque de Betesda (João, 5: 1-9); a alimentação de mais de 5 mil pessoas pela multiplicação de alguns pães e peixes (João, 6: 1-14); a caminhada de Jesus sobre as águas (João, 6: 16-21); a restauração da vista de um homem cego (João, 9: 1-41); a ressurreição de Lázaro (João, 11: 1-44); a surpreendente pesca, após a ressurreição de Cristo (João, 21: 1-14).
5. No livro de *Atos dos apóstolos*, seguimos a rota em que o Evangelho foi anunciado: de Jerusalém para Samaria, da Palestina para a Ásia Menor e da Grécia até Roma. Portanto, um dos assuntos principais de *Atos dos apóstolos* é a propagação do Evangelho entre os gentios.
6. Nessa epístola, o homem encontra sua justificação única e exclusivamente na misericórdia de Deus, em Cristo, mediante o fato de ser oferecida no Evangelho e recebida pela fé.
7. Sem a presença de Paulo, a Igreja de Corinto caiu em divisões e desordem. Assim, o propósito dessa carta foi identificar os problemas na Igreja, oferecendo soluções, e ensinar aos crentes como viverem para Cristo em uma sociedade corrupta.
8. A presença de mestres falsos em Corinto colocava em dúvida a condição de Paulo como apóstolo e sua autoridade como líder. Ele, então, escreveu

a segunda carta aos coríntios para defender sua posição e denunciar aqueles que estavam distorcendo a verdade. Deve ter sido difícil para Paulo escrever a segunda carta aos coríntios, porque teve de listar suas credenciais como apóstolo. Ao fazer essa defesa, ele foi obrigado a relatar experiências a respeito das quais ele preferia se calar, por ser um humilde servo de Cristo; mas sabia que era necessário.

9. Tem-se tornado evidente que a principal preocupação do apóstolo era que os gálatas não perdessem sua confiança no único e verdadeiro Evangelho.

10. Essa carta não foi escrita para combater heresias ou enfrentar qualquer problema específico. Ao contrário, trata-se de uma carta de encorajamento na qual Paulo descreve a natureza e a estrutura da Igreja e desafia os crentes a agirem como representantes do corpo de Cristo na terra. Além disso, essa epístola encerra as mais claras revelações divinas acerca da natureza e do destino da Igreja (capítulos 1, 3 e 5).

11. Embora Paulo estivesse escrevendo na prisão, a alegria é o tema predominante nessa carta. A fim de encorajar os filipenses na fé, Paulo mostra como viver uma vida cristã feliz, indicando que a verdadeira alegria só pode vir do conhecimento pessoal de Cristo e da dependência de Sua força.

12. A razão pela qual foi escrita a Epístola aos Colossenses foi a introdução de doutrinas errôneas na Igreja. Paulo nunca havia visitado Colossos. A Igreja, porém, havia sofrido a infiltração de um relativismo religioso, com alguns crentes tentando combinar elementos do paganismo e da filosofia secular com a doutrina cristã.

13. Essa carta foi escrita aproximadamente entre os anos de 66 d.C. ou 67 d.C., antes de sua iminente execução por ordem do imperador Nero, em Roma, e aproximadamente 35 anos depois da sua conversão a Cristo.

14. Segundo a lei romana, um escravo fugitivo poderia sofrer pena de morte. Diante desse fato, Paulo escreve essa epístola com o intuito de interceder a favor de Onésimo, escravo e fugitivo. A intercessão de Paulo por Onésimo ilustra o que Cristo fez por nós, que fomos escravos do pecado.

15. Essa carta de Pedro foi escrita para proporcionar encorajamento à Igreja dispersa que sofria pela fé, oferecendo-lhe conforto e esperança, exortando-a à lealdade contínua a Cristo, tal como fazem todos os demais documentos do Novo Testamento.

Os papéis utilizados neste livro, certificados por instituições ambientais competentes, são recicláveis, provenientes de fontes renováveis e, portanto, um meio responsável e natural de informação e conhecimento.

FSC
www.fsc.org
MISTO
Papel produzido a partir de fontes responsáveis
FSC® C103535

Impressão: Reproset
Janeiro/2023